新编国际新闻报道
案例教程

主 编 杨 莉 唐时顺

西南交通大学出版社
·成 都·

图书在版编目（CIP）数据

新编国际新闻报道案例教程 / 杨莉，唐时顺主编
. —成都：西南交通大学出版社，2020.8（2024.1 重印）
ISBN 978-7-5643-7534-8

Ⅰ．①新… Ⅱ．①杨… ②唐… Ⅲ．①国际新闻 – 新
闻报道 – 案例 – 高等学校 – 教材 Ⅳ．①G212

中国版本图书馆 CIP 数据核字（2020）第 146259 号

Xinbian Guoji Xinwen Baodao Anli Jiaocheng

新编国际新闻报道案例教程

主编　杨　莉　唐时顺

责任编辑	赵玉婷
封面设计	原创动力

出版发行	西南交通大学出版社
	（四川省成都市金牛区二环路北一段 111 号
	西南交通大学创新大厦 21 楼）
邮政编码	610031
营销部电话	028-87600564　028-87600533
网址	http://www.xnjdcbs.com
印刷	成都中永印务有限责任公司

成品尺寸	185 mm×260 mm
印张	18.75
字数	470 千
版次	2020 年 8 月第 1 版
印次	2024 年 1 月第 3 次
定价	48.00 元
书号	ISBN 978-7-5643-7534-8

课件咨询电话：028-81435775
图书如有印装质量问题　本社负责退换
版权所有　盗版必究　举报电话：028-87600562

《新编国际新闻报道案例教程》
编委会

前｜言

随着中国实力的增强和中国地位的崛起，中国在国际舞台上日益活跃，与世界的联系越来越紧密，融入世界的程度越来越深，中国已成为世界新闻中心之一。在党的十九大报告中，习总书记指出："中国将继续发挥负责任大国作用，积极参与全球治理体系改革和建设，不断贡献中国智慧和力量。"在这个过程中，中国一方面要承担起与大国地位相匹配的国际传播责任，传播中国声音、阐明中国立场、讲好中国故事，向世界展现真实、立体、全面的中国；另一方面，我们也应看到以美国为首的西方媒体在国际舆论格局中仍占据着强势地位，由于文化历史、意识形态的差异，西方媒体的国际新闻报道仍然体现出自我中心意识、对发展中国家的偏见，输出本国的价值观和国家利益，并用西方文化价值观对中国进行解读。因此，在当前国际传播环境下，中国亟需具有"家国情怀、国际视野"的高素质全媒体复合型新闻传播人才，以提高中国的国际传播能力和赢得国际话语权，在全球舆论阵地发出中国声音。在这样的迫切需求下，国际新闻传播教育显得尤为重要。

本教程选取富有代表性的新闻报道作为案例，包括中国国内发生的对国际有着重大影响力的新闻事件和人物报道以及西方媒体对其他国家和地区发生的新闻事件及人物的报道。通过呈现中西方媒体对国际国内事务原汁原味的报道，让学生了解和熟悉主要新闻报道类型的基本概念、产生与发展、掌握基本写作特征与要素，引领学生思考新闻的真实性（truth）、客观性（objectivity）、中立性（neutrality），并从不同角度了解国际社会，培养学生对国际问题的敏感度，让学生关注全球化发展及国际新闻传播中的不平等现象，思考如何提高中国对外传播能力，向世界呈现独特的、能被世界接受并能深刻影响世界发展的文化价值观。

本教程的主要特色在于：

（1）大量采用中西方主流媒体如《人民日报》、新华社、央视网、《纽约时报》《华盛顿邮报》《洛杉矶时报》的鲜活案例，围绕国内报道、国际报道、突发性新闻报道、调查性报道、专题报道、新闻特稿、解释性报道、新闻时评、专栏评论和文艺批评 10 大新闻类型展开，作品题材涉及政治、经济、文化、教育、科技、社会等诸多领域，其中不乏经典的、获奖的优秀新闻报道与评论作品。

（2）英文报道均采用英美国家媒体原版资料，注重引进国内外国际新闻报道热点话题，体现对同一主题新闻报道角度、内容、方式的差异。通过对典型新闻报道的讲解、分析与讨论，包括作品新闻背景与意义、新闻源、新闻结构、新闻价值、写作立场与角度、作者主要观点、写作风格与手法以及表现形态等，让学生了解和熟悉各类中英文新闻报道与评论，帮助学生扎实掌握新闻专业基本理论和基本知识点。同时学生也能学习地道的英文表达方式，开阔国际视野，体验中西文化差异，提高跨文化传播意识和能力。

（3）采用案例教学，每个单元均选择类似主题的中英文报道，从国家的历史、经济、社会、技术、伦理等不同方面来理解媒体与社会。学生通过讨论作者观点或隐含在事实中的观点，表达自己的观点，对新闻作品进行评价，对语言中的文化内涵进行分析，培养独立思考能力（independent thinking）、创新思维（innovative thinking）与批判性思维（critical thinking），以及分析问题（problem analysis）、解决问题（problem solving）的能力。

（4）将新闻专业知识和英语语言技能结合起来，重视新闻写作基本原理与英语语言知识点的有机融合，以丰富的英文原版新闻作品内容作为语言训练的素材，增强语言训练的多样性、真实性，提高语言表达的准确性和地道性。同时通过对语言的学习进一步加深对新闻作品内容和作者意图的理解，将学生的新闻能力训练与英语语言能力训练进行有机融合。

（5）在教学目标、教学内容、教材结构的安排上，采用任务型教学（task-based language teaching）突出"在做中学"（learning by doing）的教学理念，通过课前讨论、深度阅读、延伸阅读、实务练习等循序渐进的环节，突出学生主体地位，让学生在探索、发现、体验、交际、归纳总结的过程中掌握新闻专业知识与英语语言点，启迪思维，激发兴趣，发掘潜力，提高教学效果。

本教程由重庆外语外事学院国际传媒学院教师编写，景熹、陈秋伶、阳欣蓓负责第一、三、四单元的编写，冉红庆、张译丹、谭江月负责第二、五单元的编写，周媛、胡宇晗、李杰负责第六、八、九单元的编写，王妍颖、刘俊、余洪康负责第七、十单元的编写。主编杨莉、唐时顺负责各单元主题与结构、风格与特色、任务环节、中英文报道文献的选定及全书的审校工作。吴云对本书做了最后的整理、校订。由于时间和能力有限，本教材若有错漏之处，敬请读者批评指正。

本教程适合高校新闻传播类专业、中文类专业、英语专业学生，新闻从业人员，以及爱好新闻与英语的读者阅读和使用。

目 | 录

国内报道

Unit One　National Reporting

Learning Objectives

- Understand what national reporting is and its writing characteristics and skills.
- Focus on the viewpoint and angle of national reporting writing.
- Understand the writing style of national news reports.
- Grasp the method of exploring questions and make national news reporting deep.
- Explore good solutions to problems and put forward constructive opinions and suggestions.

Part One   Preparing to explore

一、国内报道

（一）定义

国内报道是与国际报道相对指称的新闻报道，凡是本国内所发生的新闻事件及新闻人物都可列入国内报道的范围。

1. 普利策国内报道奖（The Pulitzer Prizes for Domestic News）

普利策国内报道奖于 1948 年设立，是美国新闻业最高荣誉普利策 14 个新闻奖中的 1 项大奖。获奖作品的选题广泛，涉及美国政治、经济、社会、军事等重要领域。20 世纪五六十年代，获奖作品内容涉及最多的是政治话题，包括美国总统艾森豪威尔的安全和身体状况及影响、美国总统林登·约翰逊的财富积累、肯尼迪遇刺、工会腐败、国会裙带关系等，同时，还涉及商业道德、肉联厂卫生和国家公园等公共话题。20 世纪七八十年代，政治话题仍然占据重要位置，如印巴战争期间的美国政策制定、国会议员的生活、尼克松的联邦收入税政策、总统选举、国防部预算、核军备竞赛、税改法案等，同时，环境和科学等新的话题开始出现。20 世纪 90 年代，政治话题开始减少，国内报道对象逐渐转向社会弱势群体，如受虐儿童、低收入者、艾滋病患者等。进入 21 世纪，国内报道获奖作品涉及的话题很广泛，新出现了包括反恐与媒体的影响及作用等方面的话题。

2. 国内报道的基本写作特征

从普利策奖评审委员会给予国内报道获奖作品的赞词来看，优秀的国内报道作品具有以下基本特征：

（1）全面性（comprehensive, balanced and informative）。对报道主题进行客观全面的报道，最大限度为受众提供多方位的信息。

（2）吸引力（compelling）。文章内容要有吸引力和感染力，既能够满足受众的好奇心又能引起受众的感情共鸣。

（3）启示性（revealing）。报道内容要给人带来思考和启发，让受众从阅读中有所收获。

（4）影响力（influential）。报道要产生一定的社会影响，使反映的问题能够得到社会的关注并解决问题。

（二）中国国内报道的发展

我国新闻报道的改革是在 1978 年党的十一届三中全会以后开始的，随着 20 世纪 70 年代末我国的工作重心从以阶级斗争为纲转到以经济建设为中心、90 年代初从计划经济向市场经济转轨，以及传播学、信息传播理论的大普及，我国的新闻报道从内容到形式，从方式到方法都发生了巨大的变化。我国新闻报道改革的基本动因还是时代发展、社会进步与受众需求。回顾 40 多年来我国新闻报道的改革历程，总结其成功经验，展望其发展趋势，对于当前新闻实施精品战略与品牌战略，实现有效传播，进一步深化新闻改革，提高新闻队伍的自身素养，乃至改进当前的新闻传播学教育工作等，都有着积极的现实指导意义。

1. 新闻观念的更新

我国 40 多年的新闻业务改革与新闻观念的更新、变革紧密相连。在社会主义市场经济条件下，新闻观念的更新与变革主要表现在以下八个方面：

（1）信息观念。

中国新闻界抛弃了"以阶级斗争为纲""报纸是阶级斗争工具"等过时的观念，承认新闻媒体是大众传播媒介，新闻的基本功能是传播信息。新闻报道只有在传播事实信息的基础上，才能发挥其应有的功能。新闻报道要努力扩大信息量，增强时效性。

（2）受众观念。

新闻要满足广大人民群众多层次、多方面的需要。新闻只有为受众接受，才能发挥其社会功能。办报办台，最要紧的是了解自己的读者、听众、观众。新闻要努力增强与群众的贴近性，做到可读性强、有知识、有高尚情趣。

（3）舆论导向观念。

新闻报道不仅要反映社会实际更要进行正确有效的舆论引导，要成为改革开放的舆论先导，要发挥舆论监督等功能，主持正义、揭露邪恶、推进社会进步，也就是要按新闻传播规律办事。

（4）主体观念。

强调新闻报道不能仅满足对客观现实的直观笔录，而应发挥主观能动性。新闻工作者要加强理论修养，具备深厚的学识功底，提高观察问题和分析问题的能力，能从整体上、本质属性上去把握新闻事实。

（5）市场观念。

市场日益成为主要的信息源、新闻源，采访方式与采访对象随之变化，新闻传播自身也将面临市场的选择。报纸、广播、电视成为群众在闲暇时间享用的精神消费品，群众的订报数和收听收视率日益成为新闻媒介受群众信任程度的晴雨表，新闻报道的内容与方式也要随之变化。

（6）竞争观念。

市场经济条件下，企业有竞争，新闻业也有竞争。竞争出活力，竞争能扫除怠惰和自满自足，竞争能推动改革、革新和进步。新闻业没有竞争，新闻只能变为旧闻。

（7）客观公正观念。

市场经济的公开、公平、公正原则，要求新闻报道必须客观公正。面对不同利益主体，新闻报道不能倾斜。对于同一个新闻事实，由于不同的价值取向而产生不同意见，新闻报道应当尽可能采取平衡手法，要学会用客观公正的信息对社会行为进行引导。

（8）新闻产业观念。

新闻业既是党和人民的"喉舌"，又是信息产业。新闻媒体要努力开发信息资源，获取巨大经济效益；同时要正确处理社会效益与经济效益的关系，把社会效益放在首位。建立新闻信息产业，既要反对把新闻业完全看作宣传工具、由国家出钱搞宣传的苏联模式，又要反对唯利是图的西方市场经济模式，要探索出一条具有中国特色的社会主义新闻业的崭新道路。

2. 国内报道的改革历程

我国新闻报道改革的历程，分为计划经济条件下的改革与市场经济条件下的改革两大阶段，其中第一阶段又可分为若干个小阶段。

（1）20 世纪 70 年代末至 90 年代初。

20 世纪 70 年代末至 80 年代初。我国新闻报道的改革，是在批判林彪和"四人帮"假话、大话、空话的恶劣文风与"报纸杂志化、新闻文章化"的错误倾向的基础上，与经济体制改革、政治体制改革同步进行的。

早在 1980 年 5 月 28 日，新华社原社长穆青在新华社国内新闻业务改革座谈会上的讲话中指出："新华社的改革，首先要抓新闻报道的改，因为新华社主要是发布新闻的……改革新闻报道，主要是抓'新'和'实'，同时要注意时效和精练，也就是要'快'和'短'……我们的报道，要紧密地联系实际，真实地反映实际，正确地指导实际。"1981 年 11 月 10 日下午，在新华社庆祝建社 50 周年的茶话会上，习仲勋代表中共中央书记处，对新闻报道提出五点希望：一是"真"，新闻必须真实；二是"短"，新闻、通讯、文章都要短；三是"快"，新闻报道的时效性很强，不快就成了旧闻；四是"活"，要生动活泼，不要老一套、老框框、老面孔；五是"强"，要做到思想性强、政策性强、针对性强。

20世纪80年代中期。随着我国改革开放的不断深入，西方传播学与信息理论在中国逐渐普及。我国的新闻报道开始讲究增加信息量，扩大报道面，尽可能多地提供人民群众所需要的各类信息。报纸的扩版热、晚报热、专业报热、企业报热从这时开始，电台、电视台的系列台热也已开始。这时期的显著特点是加强了经济新闻与社会新闻方面的报道，同时，会议新闻、人物新闻、文教卫生体育新闻、法制新闻等方面的报道也在加强与改进；在新闻报道面拓宽的同时，思想指导也进一步加强。新闻写作的结构与形式也有所突破。自由式、并列式、"金字塔"式等代替了"倒金字塔"式的一统天下；散文笔法、特写手法、白描手法等代替了带有"八股腔"的枯燥写法。短新闻、一句话新闻、新闻故事、特写、现场速写、人物新闻、工作札记等报道，在中央与地方的报纸、广播中争奇斗艳。

1986—1991年，随着经济体制改革与政治体制改革的深入，受众需要一种解释性、探讨性的报道样式；同时新闻竞争也促进了报道方式的进一步改进，于是深度报道迅速崛起与发展。比如，《人民日报》全方位报道我国改革形势的《中国改革的历史方位》、新华社的《上海在反思中奋起》等，构成了当时一道光辉灿烂的主流文化风景线。深度报道更要求文字精练，尽可能精益求精；而且，深度报道大多采用组合报道、跟踪报道、连续报道的方式，就每一篇来讲，选取事物的一个方面或事件发展的一个阶段来写，还是可以简短精练的。1989年11月中旬以后，主要报纸竞相在第一版显著位置开辟专栏，为发表短新闻提供版面，如《光明日报》的《新闻速写》等。这一时期，新闻工作者更注重现场目击采访，注重深入调查研究，注重从微观到宏观的考察与思考，因而在报道方式方法上打破清规戒律，不拘一格地写作，探索新的反映时代与社会生活的新闻报道形式。

（2）20世纪90年代初至今。

1992年春天邓小平同志发表南方谈话，同年党的十四大召开，确立了社会主义市场经济体制的改革目标，我国开始从计划经济向市场经济转轨。市场经济条件下的新闻改革，与计划经济条件下的新闻改革不同，社会主义市场经济条件下的新闻改革是一个十分复杂的系统工程。新闻业的发展不仅受自身条件的影响，而且受到社会、经济、政治、文化、受众心理等诸方面客观条件的制约。新闻改革不仅仅是新闻业务、新闻工作的改革，而且涉及新闻观念的更新与变革、新闻媒体多功能开发、新闻信息产业发展、新闻体制改革、新闻队伍建设、新闻业管理等各个方面。由于新闻观念的变革，新闻传播的方式发生很大变化，由过去的灌输式、指导式、居高临下式转变为服务式、谈心式、平等交流式。全国各城市都市报的崛起与热销，有线电视、卫星电视的发展等，都与受众的信息需求激增有关。以上海为例，《新闻报》分为晨刊、午刊、晚刊三种版本；电视新闻也更多采用现场直播的"原生态"报道方式，加强了早新闻栏目与深度报道栏目，都在贴近百姓生活、加强节目思想深度上下功夫。进入21世纪以来，特别是 2003 年春，党中央提出了新闻宣传要"三贴近"，新闻工作要更加求真务实，为老百姓所喜闻乐见。

从国内新闻的发展改革历程可以总结出几点：事实选择回归新闻价值标准；新闻报道的道德理念逐渐以人为本，特别加强了对弱势群体的关注；报道结构呈现职业化。

（三）国内报道的意义

新闻的本源是讲究用事实说话，新闻是对客观事实进行报道和传播而形成的信息，所以反映在新闻报道中的内容必须真实可信。国内报道的内容主要涉及所属国家每天发生的大事小事，从民生到政治，包罗万象。因新闻的特性（真实性、时间性），受众可以通过国内新闻报道知道所属国家、城市以及身边每天发生了什么。同时，在国内报道中也可以传播符合本国政治背景和文化的社会核心价值观。

二、课前讨论

■ With the change of social environment, what do you think of the national reporting?

■ Do you think other countries agree with our B&R concept?

■ What are the differences between the media coverage of B&R in China and the United States?

Part Two   Exploring the text A

一、中文国内报道案例

国际论坛：战略对接奠定互利合作基石

季格兰·萨尔基相

2019 年 05 月 31 日

欧亚经济联盟成员国建立起同中国更紧密的经贸联系，能够在相当大程度上促进自身经济增长。

欧亚经济联盟是一个年轻的一体化组织，今年是该组织成立的第五年。在 5 年时间里，欧亚经济联盟始终遵循着促进联盟内部商品、服务、资本和劳动力自由流动的目标，不断发展完善，取得显著成果。国际上对欧亚经济联盟的兴趣也在逐年提高。"一带一路"是促进国际合作的一项重大倡议。将欧亚经济联盟同"一带一路"倡议相对接，无疑是至关重要的。

2018 年 5 月 17 日，中国与欧亚经济联盟各成员国代表共同签署经贸合作协定，该协定是中国与欧亚经济联盟在经贸方面首次达成重要制度性安排。这一协定的签署，标志着"一带一路"倡议与欧亚经济联盟战略对接迈出实质性步伐，同时也为欧亚经济联盟五国与中国的互利合作奠定了基石。协定包括有关海关合作和贸易便利化、知识产权、部门合作以及政府采购等 13 个章节，将促进中国与欧亚经济联盟及其成员国经贸关系深入发展，为双方企业和人民带来实惠。

在具体项目合作方面，欧亚经济联盟各成员国都期待同中国伙伴开展合作，共同推进基础设施建设，目前已开展的项目超过 30 个。欧亚大陆幅员辽阔、资源丰富，双方基础设施建设、跨境贸易、跨境运输潜力无限。交通等基础设施的改善，将扩大过境运输量，这将促进中国及欧亚经济联盟成员国经济增长。

中国是世界经济增长的重要引擎之一，欧亚经济联盟成员国建立起同中国更紧密的经贸联系，能够在相当大程度上促进自身经济增长。中国拥有巨大的市场，对于联盟成员国的生产商具有强大的吸引力。与此同时，中国已成为新技术、新工艺、新解决方案、新设备诞生的前沿地带，无论是在产品质量还是价格方面都有巨大优势。毫无疑问，欧亚经济联盟成员国都有兴趣与中国开展互利合作。

习近平主席在中共十九大报告中对构建人类命运共同体做出了深刻阐释，呼吁各国人民同心协力，建设持久和平、普遍安全、共同繁荣、开放包容、清洁美丽的世界。构建人类命运共同体，使各方增进合作交流，让世界变得更和谐美好。与此同时，中国始终坚持促进贸易和投资自由化便利化，推动经济全球化朝着更加开放、包容、普惠、平衡、共赢的方向发展。我高度赞同这些理念和行动。考虑到双方相互间巨大合作兴趣以及着眼于经济增长的共同目标，这些主张为欧亚经济联盟与中国相互信任与合作关系的发展打下了坚实基础。

（作者为欧亚经济委员会执委会主席、亚美尼亚前总理）

（文章来源：《人民日报》2019 年 05 月 31 日 03 版）

二、中文新闻报道分析

（一）事件背景与意义

传播学学者麦克卢汉在 20 世纪 60 年代提出了"地球村"的概念，不难看出，当今社会已经日益成为一个整体，世界的发展日益朝着全球化、多极化、信息化发展，在这个潮流中，文化的多样性也逐渐显现，全球的融合发展已是大势。2013 年秋天，习近平主席访问中亚和东南亚时提出了"一带一路"倡议。这个倡议旨在加强国家之间的互联互通，推动各国间的务实合作和人文交流，促进各国经济社会可持续发展。"一带一路"倡议的提出符合互利共赢、合作发展的时代要求。

随后，"一带一路"作为公共问题被广泛讨论，同时媒体也开始跟进对该新闻事件的报道和解读。随着"一带一路"倡议的演进，媒体在推动政策传达和执行过程中扮演着重要角色。当今社会，媒体的影响力与日俱增，影响范围也从过去的区域化转变为全球化，媒体在影响社会舆论和塑造社会价值观方面发挥着重要作用。为此，媒体报道可以营造有利于"一带一路"推进的和谐环境，在社会价值的传递上起到重要作用。从"一带一路"提出到现在，媒体的报道从未间断，许多媒体开设专题进行跟踪报道和详细解读。在这些报道中，媒体对"一带一路"倡议的报道方式、内容选取和文本构成以及呈现的报道特色是值得研究的，"一带一路"倡议是我国目前较热的一个新闻话题，相关媒体报道必然也是一项长期工作，对现有的报道进行梳理和分析，有益于查漏补缺，为以后的报道提供参考依据。

（二）写作立场与角度

报道视角即新闻记者在写作时的着眼点和侧重点，主要根据新闻采写者发现新闻事实、挖掘新闻价值能力的不同而有所区别。对于新闻角度的选取主要有以下几点：首先要尊重客观事实，从整体和本质上全面真实地把握事实；其次要抓新闻事实和人物的特点，即这一事物区别于其他事件、人物的地方；最后要有创新性，同样一件事，选取角度不同，文章立意就会不同，从而会给人以不同的感受。案例《国际论坛：战略对接奠定互利合作基石》选取角度时立意较高，从国家层面和社会影响力等进行考量。新闻采写者在选取报道视角时，对新闻事实切入点的不同选择、对新闻事实理解程度的不同，都会造成选取的报道角度有所不同。

根据不同的分类方法，可以分为不同的报道角度。如按照记者和受众的地位关系来分，主要将记者作为创作主体来说，可以分为俯视、仰视、斜视和平视视角。因为"一带一路"的议题并不是针对某个具体人物的报道，因而该类视角在报道中并未体现。其次根据议题重要程度和报道涉及对象的不同，可以分为政府、专家、百姓和国外等视角，"一带一路"倡议是从国家层面提出的，因而政府视角和专家视角的报道较多。而案例文章就是从政府视角出发的。从报道内容涉及对象的重大性和范围来看，可分为小视角和大视角，显而易见，"一带一路"的重要性和显著性都使得案例文章选取大视角进行报道。

除了以上三种分法外，在写作手法中常用的报道视角有内视角和外视角，"内视角"是指记者在叙述故事时将自身放入故事内，用经历者的眼光来撰写报道，所以内视角的报道方式会使得文章更具有感染力和代入感，让读者仿佛也一起经历了一般。"外视角"是指记者自身独立在故事之外，以旁观者的眼光，即第三人角度来叙事。所以外视角的文章更为客观真实。综上所述，案例文章的"一带一路"报道由于其严肃性和重大性，所以报道方式为外视角报道，使其显得更为客观、理性、真实。

（三）作者主要观点

从案例文章中不难看出《人民日报》作为中共中央机关报，在报道"一带一路"内容方面非常详尽，对其概念和内涵的阐释也较多，譬如文末引用习主席的话——"习近平主席在中共十九大报告中对构建人类命运共同体做出了深刻阐释，呼吁各国人民同心协力，建设持久和平、普遍安全、共同繁荣、开放包容、清洁美丽的世界"以及

"一带一路"是"构建人类命运共同体，使各方增进合作交流，让世界变得更和谐美好"的积极阐释。作者更多的是进行积极的、肯定的报道，努力建构"一带一路"倡议在国际上合作共赢的正面形象。

（四）写作风格与手法

1. 写作风格

新闻是构成新闻事业的主要因素，报道新闻是新闻事业最基本、最基础的活动。报纸媒体对新闻事件最直观的呈现即新闻文本的创作。"一带一路"因其重要性和严肃性，在文本呈现方面有其突出特色：

第一，语言庄重严肃。《人民日报》作为国家级媒体，行文和写作风格都比较严谨审慎，十分讲究用词用语。体现在"一带一路"报道中，主要是对"一带一路"的概念阐述和理论高度都是其他媒体所达不到的。同时，"一带一路"报道多涉及政治、经济方面，所以在语言风格方面会显得庄重严肃。

第二，行文多寄托美好祝愿，展望未来，增强信心。这一点在"一带一路"的报道中体现得尤为明显。不同于一般新闻的动态消息报道和事实告知报道，"一带一路"报道更多的是对该议题的理念阐释和理论意义讲解，是对一个政策的美好展望。因此，在"一带一路"报道中，经常会使用"包容、发展、共赢""共同繁荣""普惠"等词句，读起来温暖有力，亦无损于主题本身的严肃性。

第三，文章思想鲜明，理论概括性强。在"一带一路"报道中重点强调的思想就是习主席构建人类命运共同体的思想"呼吁各国人民同心协力，建设持久和平、普遍安全、共同繁荣、开放包容、清洁美丽的世界""与此同时，中国始终坚持促进贸易和投资自由化便利化，推动经济全球化朝着更加开放、包容、普惠、平衡、共赢的方向发展"。

2. 短小精悍，简明扼要的标题

新闻标题，即一篇文章的题目，主要是用来概括、评价、表现文本内容的，起到提示主题、引领全文的作用。在信息快速更新的时代，新闻标题的作用得到强化，一个好的标题，不但可以迅速吸引读者注意力，同时也可以对文本内容起到"居文之首，勾文之要"的作用。本文的标题为"国际论坛：战略对接奠定互利合作基石"，字数不多，但却简单明了。

国内将新闻标题分为实题和虚题两类，主要是以新闻标题的具体表现形式和写作手法等方式来进行区分。实题标题以叙事为主，着重表现具体人物、动作和事件，如"伊朗：已出售获释邮轮上的石油"等标题，直接简明交代何地何人发生何事；虚题标题在写作手法上更为形象化，着重说明原则、道理，并起到表达愿望等作用，重在表明愿望，进行展望。我们可以发现《人民日报》"一带一路"系列报道以实题为主。实题多使用动词，虚题多使用形容词；实题主要是叙述发生了何事或取得了什么结果，虚题多在进行情感表达，是一种隐喻式的写作方式。

本篇报道的标题具有短小精悍、用字较少的特点，而且采用陈述句表达，更显客观真实，让受众对报道内容肃然起敬。

（五）表达方式

表达方式指的是在对内容进行表述时所使用的语言方法、手段，是一篇文章形成的形式要素的总和，文学创作中所说的"表达方式"主要是指文章的写作方法以及这种方法所表现出来的文本语言形式特点。新闻是新发生的、事实性的报道，所以新闻的表达方式一般以叙述为主，主要起到记录社会事实和描述新闻事件的功用，将事实信息传达给广大受众。但按题材的不同和新闻媒介的不同，新闻的表达方式会也会显示出一定偏好。如传统的报刊是通过文字来传输信息的，在叙述的基础上可展现的表达方法较少。电视广播在表达方式上除了记录事实，还可以采用影像再现、请当事人参与访谈、邀请观众参与节目、新闻发言人发言等方式，会增加抒情的效果。

"一带一路"报道表达方式以记叙（叙事）为主。在叙事中，常见的新闻写作会穿插人物引语和背景资料来增强表达效果。譬如：

"在具体项目合作方面，欧亚经济联盟各成员国都期待同中国伙伴开展合作，共同推进基础设施建设，目前已开展的项目超过 30 个。""习近平主席在中共十九大报告中对构建人类命运共同体做出了深刻阐释，呼吁各国人民同心协力，建设持久和平、普遍安全、共同繁荣、开放包容、清洁美丽的世界。"

Part Three Exploring the text B

一、英文国内报道案例

How New Zealand could benefit from Belt and Road Initiative

Wu Xi, Chinese Ambassador to New Zealand, *NZ Herald*

27 Apr, 2019

Nearly 5 000 guests from more than 150 countries and more than 90 international organisations are attending the Second Belt and Road Forum for International Cooperation in Beijing.

This year's theme is "Belt and Road Cooperation, Shaping a Brighter Shared Future".

The Forum will serve as a great opportunity for people in New Zealand and around the world to have a better understanding of what the Belt and Road Initiative is all about and how New Zealand can benefit from the BRI cooperation.

What is Belt and Road Initiative?

Belt and Road Initiative (BRI) is an international economic cooperation initiative proposed by President Xi Jinping in 2013, in order to enhance both China's development and its cooperation with global partners.

The BRI aims to enhance connectivity in policy, infrastructure, trade, finance and people-to-people ties, to provide new impetus to world economic growth. It is guided by the principle of consultation and cooperation for shared benefits.

The world today is experiencing profound changes unseen in a century. Protectionism and unilateralism are rising, so are uncertainties and destabilising factors. BRI shows China's commitment to further deepening reform and opening-up and sharing development opportunities and outcomes with more countries in the world.

The BRI represents a major breakthrough in both theory and practice on international cooperation, and it carries far-reaching significance.

Since its inception, the BRI has received strong endorsement and warm support of the international community. So far, a total of 126 countries and 29 international organizations have signed BRI cooperation documents with China, including New Zealand.

Meanwhile, the BRI vision has been included in documents of major international institutions including the United Nations, the G20, etc.

Looking back on the development of the BRI, it has opened a new area for international cooperation and boosted confidence in it.

It has created new impetus and opportunities for global growth and provides a new platform and new opportunities for fostering closer ties between countries.

With joint efforts from all parties, the BRI will help move economic globalisation toward greater openness, inclusiveness, balance and win-win outcomes.

How does BRI promote international cooperation?

President Xi has emphasised on various occasions that while the BRI is launched by China, its benefits should be shared by the world. Cooperation under the BRI has seen major progress and proved more fruitful than planned since its inception.

First, there is growing complementarity between the BRI and development plans and policies of various parties.

At the global level, the BRI is well aligned with the UN 2030 Agenda for Sustainable Development. At the regional level, the BRI connects regional or state development plans and cooperation initiatives.

Second, the BRI has boosted global connectivity. The joint endeavor to promote the BRI has deepened international cooperation on physical connectivity within the basic framework of "six economic corridors, six connectivity networks, and multiple countries and ports in different parts of the world". It has also strengthened cooperation on institutional connectivity including policies, rules and standards.

Third, the international platform for Belt and Road cooperation has been steadily strengthened. The BRF is the highest-level platform for Belt and Road cooperation where all parties concerned meet to build consensus and adopt plans for future cooperation. A BRF Advisory Council consisting of leading international figures has been set up to provide advice on the growth of the Forum.

Fourth, the BRI has delivered fruitful outcomes in boosting economic growth and improving people's lives in participating countries. There are so many stories of success.

All of the above fully demonstrate that the BRI has provided good opportunities for all parties involved to jointly address global challenges, promote global growth, and achieve common prosperity through greater connectivity. But this is only the beginning, and there is a lot more can be accomplished by pursuing this cooperation initiative. China will continue to work with all other parties to create greater opportunities and deliver even more fruitful outcomes.

How New Zealand could benefit from BRI?

Since the establishment of diplomatic relations between China and New Zealand, enormous achievements have been made in bilateral cooperation in various fields.

We have seen continued strengthening of trade, investment and people-to-people links. We have enjoyed an impressive list of 'firsts' in China's relations with developed countries.

All of the above lays a solid foundation for practical cooperation between China and New Zealand on BRI.

New Zealand has long supported the BRI and participated in the Asian Infrastructure Investment Bank. China and New Zealand signed BRI Memorandum of Agreement in 2017 during Premier Li Keqiang's official visit to New Zealand.

During Prime Minister Jacinda Ardern's successful visit to China in early April, the two sides have reached broad consensus to promote China-New Zealand comprehensive strategic partnership, which includes deepening the cooperation in the BRI.

China and New Zealand are highly complementary in economy. China stands ready to synergise the BRI with development strategies of New Zealand, broaden minds, tap into the potential and promote the development of bilateral economic and trade cooperation, so as to make the pie of cooperation bigger.

As the report by New Zealand China Council has pointed out, BRI is a historic opportunity for countries like New Zealand, which are highly dependent on free trade and overseas markets.

Based on New Zealand's advantages and from the perspective of New Zealand, the report proposes to actively participate in BRI cooperation in four priority areas of trade facilitation, linking hub for Asia-South America, innovation and creativity. All of these provides greater potential and inspirations on how New Zealand could benefit from BRI.

What kind of cooperation New Zealand and China could have under the BRI?

On policy coordination, both China and New Zealand firmly supports multilateralism and free trade. We should enhance cooperation in this regard by jointly striving for an open world economy and uphold multilateralism and multilateral trading regime.

On infrastructure connectivity, in light of New Zealand and China Council's suggestions, the two sides could explore the possibility of making New Zealand the hub for air and sea transportation between China and South America.

On unimpeded trade, China and New Zealand have agreed to speed up negotiations on the upgrade of bilateral Free Trade Agreement. The upgraded FTA will unleash more cooperation

dividends for the business community. China would also like to work with New Zealand and other parties to push forward negotiations on the Regional Comprehensive Economic Partnership.

On financial cooperation, a Memorandum of Arrangement on Bilateral Financial Dialogue was signed during Prime Minister Ardern's recent visit to China. This will serve as a platform for the financial cooperation between our two countries. We could explore more financing models to enhance bilateral practical cooperation.

On people-to-people exchanges, we should further enhance exchanges and cooperation in areas of education, culture and tourism. We should take joint efforts and make the 2019 Year of Tourism a great success.

The BRI is an open, inclusive and transparent platform for joint economic development. All parties involved are equal participants, contributors and beneficiaries. There is no uniform model for how each party should carry out cooperation under it.

Each participant can find its own conjunction point between its development strategy and the BRI.

China would like to strengthen communication and coordination of economic policy and development strategy with New Zealand, to carry out more pragmatic cooperation under BRI, bringing more benefits to the two countries and two peoples.

二、英文新闻报道分析

(一) 事件背景与意义

习近平主席在 2013 年秋天提出共建"一带一路"的合作倡议,旨在通过加强国际合作,对接彼此发展战略,实现优势互补,促进共同发展。联合国大会、安理会、联合国亚太经社会、亚太经合组织、亚欧会议、大湄公河次区域合作等有关决议或文件都纳入或体现了"一带一路"倡议的建设内容,"一带一路"倡议来自中国,成果正在惠及世界。

"一带一路"国际合作高峰论坛是中国政府主办的高规格论坛活动,主要包括开幕式、圆桌峰会和高级别会议三个部分。第一届"一带一路"国际合作高峰论坛于 2017 年 5 月 14 日至 15 日在北京举行,29 位外国元首、政府首脑及联合国秘书长、红十字国际委员会主席等 3 位重要国际组织负责人出席高峰论坛。2019 年 4 月 25 日至 27 日,中国举办了第二届"一带一路"国际合作高峰论坛。

2018 年 11 月 22 日，在第二届国际展望大会（杭州 2018）上发布了《中国—新西兰"一带一路"合作机遇报告 2018》（以下简称报告）。报告认为，"一带一路"倡议的深入推进将给新西兰带来广阔机遇，也为中国企业投资新西兰带来契机，两国在多领域互利合作前景广阔。《中国—新西兰"一带一路"合作机遇报告 2018》是本次国际展望大会的重要环节，报告从政治、经济、文化、社会等多个维度就中新两国经贸合作的现状、前景以及合作重点等方面进行了解读。

"一带一路"倡议给两国企业的合作带来了新机遇，未来两国在农牧林业、基础设施、旅游及文化产业、新能源及科技创新等领域的合作有广阔的前景。中新两国发展的理念相互契合，经济互补性很强。新西兰正在加速形成全球最健康的科技生态系统，技术创新活跃，对风险资本的吸引力很强。随着"一带一路"倡议的推进，两国将进一步加强发展战略对接，必将给两国多领域合作带来广阔前景。

新西兰政局稳定，社会安宁，经济发展空间大，具备有竞争力的税收制度、健全的商业环境、充足的经济型人才，拥有全球领先的投资环境。在世界银行发布的 2017、2018、2019 年营商环境排行榜上，新西兰连续三年排名第一。新西兰政府未来 30 年12 项优先计划与中国"一带一路"倡议有共同的出发点和主旨，都支持地区蓬勃发展和可持续发展，这为两国企业间的经济合作带来了机遇。同时，新西兰面向亚洲、融入亚洲经济发展的既定国策将有力推动中新经贸合作。

中新两国就"一带一路"合作已取得丰富的早期收获，比如发展迅速的航空互联互通、扩大贸易投资、金融一体化、供应链联通和创新领域合作。随着"一带一路"倡议的推进，两国将进一步加强发展战略对接，未来双方在农牧林业、基础设施、旅游及文化产业、新能源及科技创新等领域的合作拥有灿烂前景。

（二）写作立场与角度

NZ Herald 的这篇报道，观点较为客观、角度比较正面，显示了对中国的友好态度。文章强调"一带一路"倡议不仅对中国有利，还可惠及世界各国，使受众对"一带一路"倡议取得的成果和作用有了更深的认识。"President Xi has emphasised on various occasions that while the BRI is launched by China, its benefits should be shared by the world." 同时本篇报道还从国家层面，客观陈述了中新合作将会为两国带来的机遇和利益。"Cooperation under the BRI has seen major progress and proved more fruitful than planned since its inception.""BRI is a historic opportunity for countries like New Zealand, which are highly dependent on free trade and overseas markets."

（三）主要观点

（1）"Belt and Road Cooperation, Shaping a Brighter Shared Future".

（2）Cooperation under the BRI has seen major progress and proved more fruitful than planned since its inception.

（3）New Zealand has long supported the BRI and participated in the Asian Infrastructure Investment Bank.

（4）BRI is a historic opportunity for countries like New Zealand, which are highly dependent on free trade and overseas markets.

（5）China would like to strengthen communication and coordination of economic policy and development strategy with New Zealand, to carry out more pragmatic cooperation under BRI.

（四）写作风格与手法

1. 观点客观真实，报道主题以中新经济双边合作为主

主题是贯穿新闻报道始终的报道者的主观意图，是记者或新闻机构对新闻事实的态度，是新闻报道所表达的中心思想。文章开篇实事求是对什么是"一带一路"倡议进行了介绍并客观阐述了它的深远意义。强调结合中新两国各自的优势，积极开拓对话合作，增强两国的经济互补性，更好地获得在经济贸易上的双赢局面。"China and New Zealand are highly complementary in economy. China stands ready to synergise the BRI with development strategies of New Zealand, broaden minds, tap into the potential and promote the development of bilateral economic and trade cooperation, so as to make the pie of cooperation bigger."

2. 标题简明扼要，文章结构清晰

在标题中嵌入主要内容，开门见山，直接抓住受众眼球。"How New Zealand could benefit from Belt and Road Initiative"。本篇报道采用了"是什么，为什么，怎么做"的论述思路，以小标题的方式让文章更有说服力。"What is Belt and Road Initiative?"，"How does BRI promote international cooperation?"，"How New Zealand could benefit from BRI?"，"What kind of cooperation New Zealand and China could have under the BRI?"

3. 对中国态度友好

报道事实是媒体的天职，但媒体可以根据自己的需要和偏好选择报道的内容，所以媒体既是"把关人"，也是议程设置者。在对华态度上，NZ Herald 在本篇报道中对中国态度友好，实事求是，文章着眼中新两国的经贸合作与互利双赢，在内容选取上重点谈到"一带一路"倡议对两国带来的实质性利益。

（五）报道体裁：消息

根据丁伯铨《新闻采访与写作》中的相关定义为报道分类，本文属于消息类报道。消息类的报道以信息告知为主要目的，叙事结构呈现固定单一模式。

Part Four   Further exploring the text

一、英文新闻报道媒体简介

新西兰最著名的全国性报纸莫过于《新西兰先驱报》(*The New Zealand Herald*)，它由 Willaim Chisholm Wilso 创办，第一份报纸发行于 1863 年 11 月 13 日。目前它由新西兰传媒巨头 NZME 所拥有，其出版发行总部在新西兰最大的城市奥克兰。

《新西兰先驱报》2006 年的发行高峰期每天的发行量超过 20 万份，而目前纸质传媒稍显衰弱，不过其新媒体网站和手机客户端则做得有声有色。《新西兰先驱报》主要的流通区域为新西兰奥克兰地区，覆盖范围也包括北领地 Northland、怀卡托地区 Waikato District 和 King Country。由于纸质媒体的日渐衰落，新西兰先驱报的发行量也比最高峰的时候减少了 25% 左右，目前维持在每天 15 万份上下。

《新西兰先驱报》是一份传统的、保守的、以稳重题材为关注的报纸。它的报道内容全面而丰富，偏好于报道以新西兰企业为导向的经济问题（例如贸易和国外投资）、国际地缘政治、外交、军事事务等方面的话题。

《新西兰先驱报》的报纸印刷排版以及报纸纸张的选择相对保守，是传统的英伦报业风格。随着互联网媒体的兴起，传统报业风光不再，《新西兰先驱报》也不得不向市场低头；2012 年，延续了 150 年的周末宽版面由于关注度不足，改为了紧凑版式。同时，《新西兰先驱报》也加大了互联网媒体的建设，其网站是新西兰境内排名最高的新闻门户网站。

二、英文新闻报道语言点讲解

1. Words and Expressions

initiative: *n.* an important new plan or process to achieve a particular aim or to solve a particular problem 倡议，新方案

forum: *n.* an organization, meeting, TV programme etc. where people have a chance to publicly discuss an important subject 论坛

propose: *v.* to suggest something as a plan or course of action 提出

enhance: *v.* to improve something 加强，改进

impetus: *n.* an influence that makes something happen or makes it happen more quickly 动力，促进

profound: *adj.* having a strong influence or effect 深刻的

protectionism: *n.* 保护主义

unilateralism: *n.* 单边主义

inception: *n.* the start of an organization or institution（机构，组织等的）开端，创始

endorsement: *n.* an expression of formal support or approval for someone or something 支持

boost: *v.* to increase or improve something and make it more successful 增强

win-win outcomes：双赢结果

sustainable: *n.* able to continue without causing damage to the environment 可持续的

consensus: *n.* an opinion that everyone in a group agrees with or accepts 共识

bilateral: *adj.* involving two groups or nations 双方的，双边的

coordination: *n.* the organization of people or things so that they work together well 协调，协作

be aligned with: 与……一致

strive for: 为……奋斗，努力

consist of: 由……组成

2. Sentences Comprehension

（1）How New Zealand could benefit from Belt and Road Initiative.

这个题目简洁有力地说明了新闻报道内容。benefit from 动词短语准确表达了新西兰在 Belt and Road Initiative "一带一路"倡议中可以"获益"的信息，至于如何获益，就是本文要分析的重点。

参考译文：新西兰如何从"一带一路"倡议中获益。

（2）The Forum will serve as a great opportunity for people in New Zealand and around the world to have a better understanding of what the Belt and Road Initiative is all about and how New Zealand can benefit from the BRI cooperation.

这句话展示了这次论坛的意义。The Forum 是主语，serve 这个谓语展示了论坛的作用，主干是：The Forum will serve as a great opportunity. 而 for people in New Zealand and around the world 是论坛的对象，而后面的 to have a better understanding of what...and how...把论坛具体的作用表达清楚了，对本文的内容也有了准确的方向。

参考译文：论坛会让新西兰人民以及全世界人民更好地了解什么是"一带一路"，以及新西兰能从"一带一路"合作中如何获益。

（3）Since its inception, the BRI has received strong endorsement and warm support of the international community. So far, a total of 126 countries and 29 international organizations have signed BRI cooperation documents with China, including New Zealand.

这句话表达了国际社会对"一带一路"的认可和支持。Since its inception 做状语，主干：the BRI has received strong endorsement and warm support. 表示从一开始成立以来，"一带一路"就是被国际社会认可接受的，So far 状语后面的补充，更是量化了国际社会组织对"一带一路"的支持。

参考译文：自提出以来，"一带一路"得到了国际社会的充分认可和热烈支持。迄今为止，共有 126 个国家和 29 个国际组织与中国签署了"一带一路"合作协议，其中也包括了新西兰。

（4）During Prime Minister Jacinda Ardern's successful visit to China in early April, the two sides have reached broad consensus to promote China-New Zealand comprehensive strategic partnership, which includes deepening the cooperation in the BRI.

这句话展示了新西兰与中国的深化合作。主干：the two sides have reached broad consensus, which 定语从句，指代前面的 comprehensive strategic partnership, 把两国的合作伙伴关系具体化。

参考译文：在杰辛达·奥尔登总理 4 月初成功访华期间，双方就推动中新全面战略伙伴关系达成广泛共识，其中包括深化"一带一路"合作。

三、中西文化比较

（一）高语境文化与低语境文化：新闻报道标题存在差异

高语境文化的特征是人们在交流过程中重视"语境"而非"内容"，而低语境文化则恰恰相反。有着丰厚文化底蕴的中国就处于高语境文化尖端，是东方文化的代表，美国及大部分北欧文化则处于低语境文化。这就充分体现了中方的"含蓄美"和西方的"简约美"。这一特点在新闻标题的制作技巧上也显示得淋漓尽致。

中文新闻报道的标题一般多采用简短的小句：如，"战略对接奠定互利合作基石"。标题开头多用动词，如：探索、解密等。中文标题注重意思和形式的最佳结合及独特的音律美和"含蓄美"，因此会较多使用对偶、押韵、拟人、引用等修辞方法，如：经济报道中对偶的使用，如"规程越加越多，账目越看越累"；文化报道中拟人的运用，如"文学要自信讲述中国故事"；等等。

英语标题大多显得质朴平淡并且着重在陈述新闻事实上，体现"简约美"，多用短小词和缩略词（国家机构的缩写 UNESCO 和 WHO 等；BRI 等）以及新造词（reality show, suicide bomb, selling points 等）。句子成分往往省略冠词、连词、系动词，代词等虚词来突出句子重点并且有时态和语态的变化。在时态方面多使用一般现在时、现在进行时和一般将来时的 to do 形式，如：政治报道中 Li vows to provide more jobs；体育报道中 Italy and Netherlands punch tickets to Brazil；经济报道中 Meeting regional challenges；社会报道中 Facing change。语态方面多用主动形式或是省略 be 和施动者的被动形式，如：Thousands Arrested in Drug War. 英语标题通常不以动词开头，因为从心理学角度讲祈使句带来的语言效果不适合做标题。标题中常使用标点符号来代替系动词和连词等，如：Economy Grows Slowly as Unemployment, Inflation Rise—Economists; Hu: China Seeks Peaceful Development.

（二）直接性与间接性：新闻报道遣词造句方面存在差异

中国人说话间接隐晦的特点致使中文新闻报道的文本句子注重意义的衔接。专有名词多出现在政治、经济、科技、体育报道中；数字的使用更加证实了报道的真实性，如"中国工业增速创 17 个月新高、人民币将成第四大支付货币……"。新闻报道内容的广泛涉猎及长期的实践活动形成了独特的新闻语体系和写作模式，如：据报道、本报讯、事实证明等。修辞手法不仅出现在标题中，在文体中也有所体现，俗语、比喻、拟人、夸张的使用使新闻报道更加生动形象。

西方人说话较直接的特质致使英语新闻报道中的句子重形且连接词较多，句子成分间的关系清晰明了。英语的严谨性使得英语的句法结构较中文复杂，所以句子结构呈现出层次性。为了满足新闻时效性的特点，英语句子多用一般现在时和一般将来时，如：I Leave for Beijing tomorrow; IOC official dismisses pollution worries over Beijing Games. 标题和行文的时态会出现偏差，因为文中有时会灵活使用过去时。文体中通常使用省略 by 的被动语态，符合了新闻语言的客观性，如：About 1000 families will be chosen to host guests during Games. 英语新闻中简单句的数量要远大于复杂句，为力求报道的真实性，文中会有直接引语和间接引语的使用。

（三）"天人合一"与"物我二分"：新闻报道角度存在差异

中国媒体报道国内和国外的新闻是从事件的整体性出发不偏某一角度，全面报道出整个事件的进展，这体现了东方人是直觉感官的思维模式，从大局出发，"天人合一"。西方媒体报道国际新闻是深入一个角度着重分析整个事态的发展，体现了西方人是注重逻辑和分析的"物我二分"线性思维模式。

中西方的新闻报道方式之所以出现诸多的差异与各自的社会历史文化背景以及国体、政体有关。中国的传统文化价值观是"天人合一"，讲究和谐统一，而新闻报道基于中央政府的政策起到一种引导舆论、宣传政策和主流价值观的作用，体现了中国特色和执政党的执政理念，多为正面报道或积极引导。西方崇尚个人主义和人本位思想，主张个性，强调个人，其新闻报道是资产阶级为追求自身利益的产物。新闻报道在体现客观性的同时也体现出一定的倾向性，因为政治经济环境不同，代表的阶级利益不同，记者的认知、行为习惯和人生价值的取向不同，服务的对象也不同，报道的倾向性和新闻传播理念也就不尽相同。

Part Five　Exploring beyond the text

一、知识拓展：如何正确对待国外媒体的倾向性报道

（一）客观对待西方对我国的负面报道

首先我们要明白，要让西方的主流媒体接受中国新闻报道的事实、赞同中国媒体传达的观点是一件很困难的事情，因为中国是世界上发展最快的国家之一，西方主流媒体常常会戴有色眼镜来看待我们，他们对中国的一些问题理解不全面，报道难免会歪曲，因此人们应该用平常心去看待西方主流媒体对中国的负面新闻报道，宠辱不惊。

同时，我们也要正视报道中所揭露的一些问题，并着手进行解决。例如《纽约时报》在上海世博会期间涉华报道中指出的中国环境问题、中国知识产权保护等问题，这些都是目前我国现实存在的问题，我们应以此作为鞭策自己改进和完善的动力。

（二）完善中国的信息发布制度

近年来新闻发言人制度是中国对外沟通的主要渠道之一。新闻发布会对政府来说是向西方展示中国政府和领导人形象的一种重要方式之一，通常国内外新闻记者都会广泛关注他国的重要新闻发布会。要想让世界听到中国的声音，树立良好的中国国家形象，讲好中国故事，就必须完善信息发布制度，掌握中国的对外话语权，让我国媒

体也占据国际舆论引导的主动权。只有在国际舞台上掌握了话语权，才能有效地减少西方媒体对我国的歪曲报道，才能向世人展示真正的大国形象。

（三）及时发布信息，避免政治说教

中国国内媒体应该时刻保持作为新闻人的敏感性，当国内有重大新闻事件发生时，应该抢先报道，首先表明态度从而有效引导国内外的舆论动向。在报道的过程中，要注意避免生硬的政治说教等不好的新闻叙事方式，我国的传播者可以尝试运用西方新闻界常用的"讲故事"的新闻叙事方式来对事件进行报道。

二、能力拓展

（一）中文国内报道延伸阅读

访问央视新闻网站，阅读《香港市民"快闪唱国歌"期待国庆阅兵》这篇报道，http: //baijiahao. baidu. com/s?id=1645898913766643102&wfr=spider&for=pc。

（二）英文国内报道延伸阅读

访问 CNN 官方网站，阅读 "Hong Kong Protests Take Violent Turn" 这篇文章，https: //edition. cnn. com/videos/world/2019/08/26/hong-kong-violence-orig-acl.cnn。

（三）课后练习

1. 简答题

（1）什么是国内报道？其基本写作特点是什么？
（2）国内报道写作要点有哪些？
（3）中外国内报道的主要差异在哪里？

2. 论述题

请简要论述国内报道标题的写作技巧。

3. 实操题

（1）读完这两篇国内报道后，请写一篇 500 字左右的新闻评论（时评）。
（2）利用本章所学知识，去分析一篇国内报道，可以从写作立场、报道方式等方面入手。

（3）After reading "Hong Kong Protests Take Violent Turn", try to analyze the similarities and differences with China's National Reporting.

参考文献

[1] 郭庆光. 传播学教程[M]. 北京：中国人民大学出版社，2011.

[2] 李良荣. 新闻学概论[M]. 上海：复旦大学出版社，2011.

[3] 刘笑盈. 中外新闻传播史[M]. 北京：中国传媒大学出版社，2007.

[4] 陈文旭，舒高磊. 当代美国媒体变革与核心价值观传播[J]. 南开学报，2019（2）：149-157.

[5] 冯修文，张骏德. 我国新闻报道改革历程与趋势[J]. 传媒，2014（5）：78-80.

[6] 吴永翠. 关于中美"一带一路"新闻报道的批评隐喻分析[D]. 广州：广东外语外贸大学，2018.

国际报道

Learning Objectives

- Understand the definition and characteristics of international reporting.
- Understand the reasons for the prosperity of the international reporting.
- Grasp the skills needed in developing and writing international reporting.
- Master the key terms and basic words and expressions in the text.
- Apply the strategy of writing international reporting.

Part One　Preparing to explore

一、国际报道

（一）定义

国际报道在《新闻学大辞典》中被解释为"举凡其他国家和地区内发生的新闻事件及新闻人物均可列入国际报道范围，但在报道中须考虑国家利益、民族利益，从本国国情出发，适当选择那些具有新闻价值的事件及人物进行报道"。然而，在国际交流日益频繁以及国际舆论作用越来越重要的今天，国际报道不再仅仅报道国外的事情，那些重要的国内事情也逐渐成为国际报道的重要组成部分。国际报道由此具有了以下两方面的含义：

一方面，国际报道指的是新闻报道中那些相对于媒体和记者而言，属于本国之外的国家发生的具有影响力的事件或人物活动的相关报道。国际报道涉及政治、经济、军事、外交、文化、科技、体育、卫生等社会生活领域。我国各大报刊媒体的国际新闻版面或互联网国际频道报道的新闻则属于国际报道，如对日本暴雨致街道变河流百万人撤离，日本政府时隔 31 年再启商业捕鲸，美伊局势紧张等的报道。

另一方面，国际报道指的是通过本国媒体（主要是那些对外宣传媒体）对那些本国或本地区发生的对国际社会有着重大影响力的事件所做的面向其他国家或地区的信息传播，即外宣报道。我国中央电视台的中文国际频道（CCTV-4）是我国的国际报道的主要媒体之一，该频道不仅关注报道世界各国发生的有影响力的国际时事，还重点报道我国的各种政策、思想等，让我国的这些政策、思想、主张能够传播到全球，赢得国际社会的了解和认可。

综合这两方面的含义，我们将国际报道界定为：国际报道是一国媒体根据自己国家利益、民族利益、文化价值观等，从自身国情出发，对别的国家发生的重大事件、问题、人物活动所做的报道（report what happened aboard）；以及根据自己国家的需要将本国的主张、思想、问题解释等向国际社会所做的对外报道（report national affairs to the world）。

（二）国际报道的意义

国际报道一直以来都是各国媒体新闻报道的重要组成部分，深受媒体重视。近代史上，我国禁烟大臣林则徐认为外报所做的有关外国的新闻报道有着"采访夷情"的重要作用，严复也认为那些国外的报道有着"通中外之故"的重要作用。当下，国际报道的影响日益深远。

1. 提高国民对国际事务和知识的了解

国际报道所报道的内容多为国际事务和国际问题，如 G20 峰会的召开、中东局势、美伊关系、中美关系、巴黎圣母院失火等问题。针对这些问题的国际报道既有情况通报的消息，也有详细而深入的通讯，不仅能让国民知晓这些国际事务，还能让国民充分了解到这些国际事务背后的各种相关知识。

2. 促进国际舆论，整合国际社会

国际报道对国际事务和国际问题的关注报道尤其是针对某些重大问题的集中式报道在一定程度上为各国受众设置了国际事务的关注议程，发挥了重要的舆论引导作用。在一些有着明显冲突的问题的报道中，国际报道通过各方情况的报道为受众的思考分析提供了充分的参考依据，让受众在冲突爆发时能理性地思辨式地进行分析，增进双方的理解，缓解社会冲突，消除矛盾，在国际规范的基础上寻求共同发展，维护国际公共秩序。

3. 促进文化交流，沟通多元文化

国际报道所报道的那些具体的国际事务和国际问题本身就蕴含着那些国家的文化。如中美贸易摩擦中，美国单方面代表世贸组织对我国进行所谓的"贸易制裁"；美伊紧张局势事件中美国总统特朗普指责伊朗在玩火，这些事件中都暗含着以特朗普为代表的美国政府在国际舞台上的霸道行径背后的美国霸权主义文化，对这些事件进行报道其实也在对这些事件背后的各国文化进行传播。国际报道中各国媒体并不是单纯地充当传声筒，还要应用自身所在国家的文化对这些国际事件进行编码，在编码的过程中应用本国的文化对他国的事务、文化进行新的诠释。可见，国际报道实质上是一

种跨文化的信息传播,在其传播过程中能促进各国文化的交流,沟通世界多元文化。

4. 维护本国利益,树立良好的国家形象

国际报道与国际关系及国家外交等有着密切的联系,在阐释政策、方针等的同时也在关注国际社会对这些方针、政策的反应。在冲突性事件的报道中还会涉及各国的利益,不同的国家会有不同的态度,采取不同的外交政策,而对其他国家外交政策的报道,也成为本国外交决策的重要信息源,为制定本国外交政策提供参考。同时在国际报道中,各国媒体也代表各国政府针对这些问题进行表态。如 2019 年中央电视台《新闻联播》针对中美贸易战(摩擦)时所作的国际报道就直接表明了我国的态度:不愿打,但也不怕打,必要时不得不打。谈,大门敞开;打,奉陪到底。尽管新闻专业主义时代客观报道已经成为各国媒体报道的主要原则,但在国际报道中各国记者总会站在自己的国家立场上去维护本国利益,树立自身国家的良好形象。

(三)国际报道的产生与发展

1. 国际报道的产生

在国家概念出现后,国与国之间的交流催生了国际报道。早期的国际报道可以追溯到上古时期的那些大帝国在军事扩张和领土争端中出现的有关军事报道,以及这些帝国之间有关商业贸易活动、文化交流活动的信息传播,如我国古代丝绸之路的信息传播。这一时期的国际传播主要依靠的是一些较为原始的传播工具和手段。

现代意义上的国际报道应该是在工业化进程中随着大众传播工具的兴起而开始出现的。1789 年《泰晤士报》(*The Times*)派遣职业化记者驻法国对当时的法国革命进行报道,这一活动成为近代历史上大众传播时期最早的国际报道活动。此后,邮政系统的出现,活字印刷技术的发明和廉价报纸的兴起为国际报道的形成发展提供了重要的物质基础。而电报、电话的出现和通讯社的发展则是国际报道发展繁盛的重要推动力。1870 年,哈瓦斯通讯社(Agence Havas)、沃尔夫通讯社(Wolffs Telegraphisches Bureau)和路透社(Reuters)签订"联环同盟"协议(Ring Combination),对整个世界信息市场进行瓜分,这一事件成为国际报道发展史上的一个重要里程碑。这一时期的国际报道传播速度开始提高,国际报道的理念也已基本形成,国际报道的影响力也日益扩大。但同时,这一时期的国际报道也存在着诸多的问题,如传播不平衡、缺乏统一标准等,故在 1912 年"泰坦尼克号"(*The Titanic*)事件中美国媒体出现了虚假新闻的问题。

2. 国际报道的发展

在第一次世界大战和第二次世界大战期间,国际报道开始长足发展,走向繁盛,特别是广播的出现使得国际报道成为了国际摩擦、国际调节、政治外交、国际形象塑造的重要手段之一。从 1927 年起荷兰就开始用荷兰语向东印度等殖民地进行广播,随

后增加英语和印尼语的广播，荷兰由此成为世界上第一个开办国际广播的国家。之后，苏联、法国、英国、德国和意大利等国相继开办国际广播电台。1932年国际电报联盟和国际无线电报联盟合并成立国际电信联盟（International Telecommunication Union）。这些国际联盟的成立有助于国际报道确定统一的技术标注，规范国际报道管理，促进了现代国际传播的初步形成。到了1939年，世界上共有27个国家开办了国际广播，"二战"时期希特勒的宣传部长戈培尔利用广播进行广播大战，在世界范围内进行法西斯宣传。"二战"结束后，开办国际广播的国家增至55个。

冷战时期，以苏联、中国、东欧为主的社会主义国家阵营和以美国、西欧为主的资本主义国家阵营利用广播等再次进行了国际报道的舆论宣传战。塔斯社（Tass）和莫斯科广播电台（Radio Moscow）成为社会主义阵营的主要宣传机器，美国之音（VOA）、英国广播公司（BBC）成为资本主义阵营的主要传播机器。

随着冷战的结束和国际经济全球化的快速发展，全球信息化程度提高，传播技术也不断发展，国际报道的媒体形式不断创新，报道的范围不断扩大，国际报道的功能和作用也不断增加。尤其是21世纪以来，国民的国外旅游、求学、购物等日常生活越来越频繁，国际报道早已不再局限于政治、经济、军事等重大的国家政治话题领域，已经拓展到了社会生活的各个领域。除了塑造国家形象，进行国际舆论的引导，整合国际社会外，国际报道还表现出了娱乐、社会生活服务等功能。

然而，在国际报道迅速发展的同时，部分超级大国开始利用自己的媒体资源优势在国际报道中对其他国家的文化进行渗透式的影响，文化帝国主义（Cultural Imperialism）或称为文化霸权主义也成为当前国际报道的主要负面效应。

（四）国际报道的基本特征

1. 报道内容的跨国性（transnationality of the report）

首先，国际报道不管是从其传播的内容还是从传播的范围来看都具有明确的跨国性。国际报道通常报道的是那些其他国家发生的较为重大的事件、重大人物的活动或者社会问题等。这些国际事务、活动、问题都源自其他国家，在向本国受众进行传递或向其他别的国家表达本国对这些事务、问题的看法的过程中国际报道的内容表现出了跨越国界性的特点。

此外，那些将本国的重要的主张、路线、外交态度、决策等向国际公众传播的报道使得国际报道在传播的范围上也呈现出了跨越国界性的特征。国际报道不仅仅跨越国界选取报道的事实，跨越国界吸引受众，而且跨越国界在世界各国形成媒体所在国的国际影响力，并将这种影响力作用于整个国际社会。

2. 传播的跨文化性（cross-cultural spread）

文化源于人类社会实践活动，所有的人类社会事务、活动、问题等都会体现出某些社会文化。国际报道所报道的国际事务、重要人物的活动、重大的国际问题也同样会蕴含着这些国家的社会文化，在报道中这些源于其他国家的社会文化会随着媒体国际报道新闻内容的传播一并传递给受众，使得国际传播有了明确的跨文化传播的特性。

国际报道仍然是由新闻工作者根据自身的文化价值观等对那些在国际上发生的有影响力的事务、活动或者问题等进行的选择性的报道，在报道的过程中，他们会将自己所在国家的文化价值观念融入国际报道，并将这些文化内容借助国际报道传播开去。因此，国际报道的文化内容并不仅仅局限于一国，而是多个不同国家的文化的传播。

当一个国家将自己的主张、思想等借助于对外传播工具传递给其他国家的受众时，他们除了要考虑自己的文化价值观及维护本国的利益外，还必须考虑其他国家的受众的文化观念，因为其他国家的受众的文化观念会直接影响到对外传播的国际报道的传播效果。因此在对外传播的国际报道中，国际报道传递的文化不仅仅是本国的文化还有与其他国家文化的融合。

3. 浓厚的政治性、意识形态性（strong political atmosphere and ideology）

国际报道有着与生俱来的政治性、意识形态性。1789 年《泰晤士报》为报道法国革命派出了世界上第一批驻外的职业记者，他们围绕着法国资产阶级革命所做的报道其内容本身涉及政治革命，其次所传递的资产阶级的政治革命思想也带着浓厚的政治性和意识形态性。

我国现代意义的国际报道诞生于风雨飘摇的近代，早期外国传教士和商人们在华创办报刊，将西方各国的科学文化知识、政治思想、新近事件等传播给我国国人，我国国人也自办报刊通过翻译外报上的消息来向特殊的人群进行国际信息的传播，这一时期的信息传播主要目的是为政治、政府服务的。林则徐在禁烟运动中查看外报消息为的是"速通夷情"，王韬则认为通过外国新闻报道可以"通外情于内"，这些功能观透露了近代中国知识分子们是将国际报道视为"窥视世界的窗口"。此后在维新变法运动、辛亥革命、五四运动、抗战时期的漫长岁月中，我国的国际报道一直都有着浓厚的爱国主义的色彩，国际报道与政治紧密相连。20 世纪末期，随着冷战的结束，国际报道的政治性色彩表面上开始变得不那么明显，但是在国家存在的环境下，国际报道仍然难以避免与意识形态、政治等扯上联系，只不过是将其进行了掩藏。国际报道的政治性、意识形态性不可能消失，只是更加深入，表现得更加巧妙。

4. 传播的全球化（globalization of communication）

当下，无论是发生在国内的涉外新闻还是发生在国外的涉内新闻，国际报道的传播已不再局限于某一国某一区域，而是呈现出全球传播报道的趋势。例如，针对中美贸易摩擦进行报道的媒体不仅仅有广大的中国媒体、美国媒体，还有着法国、英国、德国、日本、韩国等世界各国的媒体国际报道在当前的传播是具有典型的全球化的特征的。

5. 与国内报道的互动性（interactivity with domestic reports）

随着时代的发展和客观报道原则的长期实践，为给受众以全面而完整的信息，国际报道已经不再单兵作战而开始与国内报道进行互动，实行联合作战。中美贸易摩擦产生后，中美两国的媒体不仅仅集中关注报道对方国家的声明与措施，还针对这些声明与措施进行适当的国内新闻的配合阐释。以我国媒体的国际报道为例，2018 年 7 月 6 日美国正式宣布对我国 340 亿美元的输美商品增收关税后，我国报纸、电视台、互联网、广播电台等相继对此进行报道。此后，中方作出回应对美国同等规模的产品增收 25% 的进口关税的信息也成为我国媒体相关国际报道的重要构成内容。此后我国外交部、商务部等发言人针对贸易摩擦进行表态，我国媒体对此进行了深入的报道与关注。在中美贸易摩擦相关的国际报道中，我国媒体将国际新闻与国内新闻联合起来，实现了国际报道和摩擦相关国内报道的互动。

二、课前讨论

■ What is the fuse of US-Iran conflict in 2019?

■ What are the political and economic purposes of USA in the US-Iran conflict?

■ Why are the Iranian nuclear issues always turned over?

Part Two Exploring the text A

一、中文国际报道案例

美一周内再向中东调军：
美伊对峙激烈　军事冲突风险增加

中新网 5 月 12 日电 综合报道，近日，美国伊朗对峙日趋激烈。五角大楼 10 日表示，鉴于伊朗发动袭击的威胁增加，美国将加强对中东的军事部署，这是美国短短一周内第二次调军中东，试图震慑伊朗。分析称，美国此举将在中东地区引发不必要的紧张局势。而伊朗民众日前则发起示威，支持政府中止履行伊核协议部分条款，形容美国的制裁"没有用"。

增派战舰　美国加码"极限施压"

美国日前再度加码"军事施压"，五角大楼 10 日宣布，将在中东地区部署"阿灵顿号"（*USS Arlington*）两栖船坞运输舰与"爱国者"导弹防御系统，在马蒂斯离职后代理美国国防部部长的沙纳汉（Patrick Shanahan）已经批准了该部署。

此前，华盛顿已经向该地区派遣了"亚伯拉罕·林肯号"航母和配置着 B-52 远程轰炸机的飞行中队。

美国方面表示，增加军事部署的原因是伊朗可能向美军发动攻击，但没有公开关于来自伊朗威胁的详细信息。五角大楼 10 日的一份声明称，"无意与伊朗发生冲突"，但华盛顿已经做好准备保护自己的利益。

实际上，美国早就计划向该地区部署航母和"阿灵顿号"，不过目前加速了该进程。五角大楼还表示，出于安全考量，不会详细说明部署的时间表和确切位置。在声明中，五角大楼表示会密切关注伊朗政权的行动。

伊核争端升级　对峙愈发激烈

报道称，随着美国加大"极限施压"，美国和伊朗在伊核问题上的争端不断升级。

美国去年单方面退出伊核协议后，逐步恢复对伊朗制裁。近期，美国又取消向进口伊朗原油的部分国家和地区给予制裁豁免，以进一步将伊朗的原油出口压缩至零。

美国总统特朗普日前再度出手，加大打压力度，宣布对伊朗的工业金属产业进行制裁。该产业是伊朗政府除石油外的最大出口收入来源，占出口经济10%。

而在伊朗宣布部分中止伊核协议承诺后，伊朗方面也拒绝了特朗普政府方面的会谈提议。

伊朗半官方媒体塔斯尼姆（Tasnim）通讯社援引伊朗伊斯兰革命卫队（IRGC）一位代表称，不会与美国人进行谈判。"我们国家……认为，美国不可靠"，IRGC的政治事务副主席贾瓦尼（Jadollah Dschawani）说，他还表示美国不敢对伊朗采取军事行动。

而美国总统特朗普9日则称，伊朗领导人应该给他打电话、安排会面。

此外，数以千计的伊朗民众日前发起示威，支持政府暂停履行核协议部分条款，形容美国的制裁"没有效用"。

2015年7月，伊朗与安理会五个常任理事国（美国、英国、法国、俄罗斯和中国）以及德国经过艰难的谈判，达成了针对伊核问题的全面协议。根据协议，伊朗承诺放弃加强核能力，允许对其核计划进行全面监督。

紧张加剧　军事冲突风险增加

舆论指出，美国方面并未详细阐述伊朗的威胁，却高调进行军事部署，将在中东地区引发不必要的紧张局势。

伊朗最高领袖哈梅内伊本月初强硬放话，呼吁伊朗全国以"战斗姿势"应对美国在各个领域向伊朗发动的攻势。

分析称，伊朗伊斯兰革命卫队（IRGC）在与美国的冲突中发挥着核心作用。自今年4月特朗普将IRGC列为"恐怖组织"后，伊朗正式将美国在中东的全部驻军看作是恐怖分子。美国方面担心，其在该地区的驻军可能遭遇伊朗的袭击。

此外，美国海事局还提醒该国货轮、油轮，在中东海上航线警惕来自伊朗方面的袭击，称袭击目标可能是红海、波斯湾以及曼德海峡的商船或者军舰。

美国总统特朗普也表示，鉴于目前的紧张局势无法排除军事行动。目前，美国B-52远程轰炸机已经抵达卡塔尔军事基地。另外据一名美国防部官员称，沙纳汉已经下令，将爱国者导弹防御系统也部署在该地区。

（文章来源：中国新闻网，http://www.chinanews.com/gj/2019/05-12/8834176.Shtml）

二、中文新闻报道分析

（一）事件背景与意义

20 世纪 50 年代开始，伊朗进行核实验研究，在美国和其他西方国家的支持下，伊朗相继建立了一个核电站、6 个核研究中心和 5 个铀处理设施。1979 年伊斯兰革命后，伊朗成立伊斯兰共和国，1980 年拒绝向美国为首的西方国家屈服并与美国正式断交。同年美国在伊朗周边采取军事行动和发动战争，伊朗开始考虑自卫。此后，美国开始指责伊朗的核实验研究是"以和平利用核能为掩护秘密发展核武器"，并对其采取"遏制"政策。上述中文报道中的美伊紧张局势升级中的核问题就由此而来。伊核问题历史悠久，2003 年伊朗宣布提炼出核电站燃料铀，同年 12 月 18 日伊朗签订《不扩散核武器条约》附加议定书。并在 2004 年宣布暂停组装浓缩铀离心机，后又于同年 6 月宣布恢复浓缩铀离心机的组装，但暂停提炼浓缩铀。2006 年 4 月 11 日，伊朗成功生产出纯度 3.5% 的低纯度浓缩铀。2006 年 4 月 28 日，国际原子能机构总干事巴拉迪向该机构理事会和联合国安理会提交了有关伊朗核问题的报告，报告称伊朗未能在联合国安理会规定的期限内中止浓缩铀活动，也没有和国际原子能机构核查人员进行全面合作。2006 年 5 月 3 日中美法英德俄六国关于伊朗核问题的协商会议召开但未能达成成果。2010 年 2 月 16 日伊朗总统哈麦迪·内贾德表示伊朗完成了新一代离心机的实验，并在不久之后投入使用。2013 年 10 月 16 日伊朗与伊核问题六国对话会谈在日内瓦召开，六国谈判中伊朗提出解决伊核问题的新方案包括时间表等以换取西方取消经济制裁。2013 年 11 月 24 日，伊朗与六国就伊核问题达成了一项阶段性协议。

作为世界主要的石油输出国，中东一直以来都是美国甚至几个大国主要的控制目标，经过阿富汗战争、伊拉克战争，美国已经控制了大部分的阿富汗地区和伊拉克地区，只剩下了伊朗，因此伊朗成为美国全球目标和中东战略的关键点。美国一直以来奉行维护美国以及盟国的利益扩张，扩张美国经济，在国外推进所谓的美式民主，不断削弱外国的内部力量，为美国的扩张提供便利。因此，美国的全球目标、中东战略就和伊朗的核问题紧密联系起来。特朗普此次对伊朗所表现出的咄咄逼人重兵压境的威胁之态是本次美伊关系紧张状态升级的导火索。

（二）写作立场与角度

1. 建构性和选择性报道

国际报道和其他新闻报道一样可以通过事实的选择进行新闻价值的建构。在本篇文章的写作中，作者在大量事实的分析基础上进行了选择，将"美国方面表示，增加军事部署的原因是伊朗可能向美军发动攻击，但没有公开关于来自伊朗威胁的详细信息""实际上，美国早就计划向该地区部署航母和'阿灵顿号'，不过目前加速了该进程""美国去年单方面退出伊核协议后，逐步恢复对伊朗制裁"等事实材料成功切入到

"美国霸凌主义"这一核心的新闻价值上，构建起了我国在国际报道中的"反霸凌主义"的新闻价值观，从而使得整篇报道有了明确的中国立场和中国视角。

2. 全面性和平衡性报道

该篇报道中，记者不仅从美国方面进行了信息材料的收集，将美国五角大楼10日宣布的"将在中东地区部署'阿灵顿号'（USS Arlington）两栖船坞运输舰与'爱国者'导弹防御系统，在马蒂斯离职后代理美国国防部部长的沙纳汉（Patrick Shanahan）已经批准了该部署"的消息进行报道，同时借助伊朗半官方媒体塔斯尼姆（Tasnim）通讯社的报道对"伊朗伊斯兰革命卫队（IRGC）一位代表称，不会与美国人进行谈判。'我们国家……认为，美国不可靠'，IRGC 的政治事务副主席贾瓦尼（Jadollah Dschawani）说，他还表示美国不敢对伊朗采取军事行动。"这一信息进行了报道，遵循客观报道中的平衡性采用双向报道对此内容进行了报道。

（三）作者主要观点

1. 增派战舰，美国加码"极限施压"

将在中东地区部署"阿灵顿号"（USS Arlington）两栖船坞运输舰与"爱国者"导弹防御系统，此前华盛顿已经向该地区派遣了"亚伯拉罕·林肯号"航母和配置着 B-52 远程轰炸机的飞行中队。

2. 伊核争端升级，对峙愈发激烈

美国去年单方面退出伊核协议后，逐步恢复对伊朗制裁。近期，美国又取消向进口伊朗原油的部分国家和地区给予制裁豁免，以进一步将伊朗的原油出口压缩至零。日前再度出手，加大打压力度，宣布对伊朗的工业金属产业进行制裁。

3. 紧张加剧，军事冲突风险增加

美国方面并未详细阐述伊朗的威胁，却高调进行军事部署，这将在中东地区引发不必要的紧张局势。伊朗最高领袖哈梅内伊本月初强硬放话，呼吁伊朗全国以"战斗姿势"应对美国在各个领域向伊朗发动的攻势。

（四）写作风格与手法

1. 背景材料与新近变动的巧妙配合

报道中，作者时刻不忘插入相关背景材料对新闻事件进行阐析，且在报道中新闻事件和背景材料并没分离而是水乳交融，交叉出现。如在叙述华盛顿本次将在中东地区部署"阿灵顿号"（USS Arlington）两栖船坞运输舰与"爱国者"导弹防御系统的同时，也穿插了目前美国已派遣"亚伯拉罕林肯号"航母和配置 B-52 远程轰炸机的飞行中队的背景材料。穿插背景材料的同时也叙述说明了美国此举的原因。

2. 材料精当

报道中，作者强调美国一周之内再向中东调军这一事件时，巧妙地选择了"华盛顿已经向该地区派遣了'亚伯拉罕·林肯号'航母和配置 B-52 远程轰炸机的飞行中队"以及"美国早就计划向该地区部署航母和'阿灵顿号'，不过目前加速了该进程"以及美国对伊朗单方面加大经济制裁、2015 年伊朗和五个联合国安理会常任理事国以及德国进行伊核会谈达成协议放弃加强核能力等事件，所有事件都与文章所要凸显的新闻价值"美国霸凌主义"紧密相关，选材可谓精当。

3. 平衡性报道

报道中，作者既报道了美国增兵过程中的行为和态度，同时也关注报道了伊朗对增兵行为的反应和态度，还报道了国际社会舆论环境对这一行为的关注。在报道的过程中，作者将这些内容以对照方式全部展示在了受众面前，确保了冲突双方各自意见的充分表达。用平衡性报道的手法保障了报道的客观性。

4. 主题明确，角度新颖

该报道主题明确，全文围绕着"美一周内再向中东调军：美伊对峙激烈 军事冲突风险增加"这一主题展开文章的写作，标题即文章主题，其标题一眉题一主题或者一主题一副题的形式。在报道中，以"美国霸凌主义"为报道的主要新闻切入点，突出了"反霸凌主义""反垄断主义"等主要的新闻价值点。

5. 由表及里，由浅入深，层层深入

文章全文分为三大部分，第一部分报道了美国增兵的具体事件，从表面对这一事件进行报道；第二部分则由这一表面现象开始深入其内里，挖掘报道增兵的背后其实是伊核争端再次升级，结合相关背景对冲突升级的实质进行分析；第三部分再对这一冲突可能引发的未来趋势进行预估分析。整篇文章报道层次分明，层次清晰，由表及里，由浅入深。

（五）表现形态

该中文报道属于国际报道中的事件报道，以美国一周之内再次增兵，美伊紧张局势再次升级为报道的主要对象。报道采用倒金字塔结构（将事实的结果、最重要的材料安排到最后一段的结构为金字塔结构，倒金字塔结构则与此相反）。在布局上，整篇报道分成了紧密相连的三个部分：增派战舰，美国加码"极限施压"；伊核争端升级，对峙愈发激烈；紧张加剧，军事冲突风险增加。三部分之间有着明确的由表及里，由浅入深，层层深入的关系。导语简洁明了，没有专门的结语，但第三部分的趋势分析让文章的主题进一步升华，自然结尾无声胜有声。

Part Three   Exploring the text B

一、英文国际报道案例

The Tension Between America and Iran, Explained

Rick Gladstone and Megan Specia, *The New York Times*

May 16, 2019

Here's what to know about the long-strained relationship that poses the risk of a broader conflict.

Iranians at a ceremony in Tehran marking the 40th anniversary of the Islamic Revolution. Credit Tasnim News Agency, via Reuters.

American officials have suddenly raised the stakes in the long-simmering tensions between the United States and Iran, pointing to new intelligence that they say suggests an imminent threat to American interests in the Middle East.

The potential for armed conflict between the two countries has loomed since the Islamic Revolution and takeover of the American Embassy in Tehran four decades ago. Occasionally, those tensions have escalated into violence.

The recent American assertion that Iran poses an immediate threat has raised fears that the two nations have pushed closer to the brink. Here's what you need to know about the risks of a broader conflict.

How did we get here?

Earlier this month, the United States — pointing to information about an imminent threat of an Iranian attack in the Middle East — swiftly moved an aircraft carrier group into the region. In quick succession, it then shored up defenses and evacuated personnel from the embassy in Baghdad, the Iraqi capital.

But the Trump administration has not provided specific details about the supposed threat from Iran, and allies in Europe and the region are skeptical given the history of faulty intelligence that led to the 2003 invasion of Iraq, led by the United States.

In response to the initial moves by the United States earlier in the month, Iran said it would end compliance with its obligations under the 2015 nuclear deal between Iran and six world powers. The deal with the United States, China, France, Germany, Russia and the United Kingdom was intended to curb Tehran's nuclear ambitions in exchange for relief from economic sanctions.

Tensions have risen steadily since the beginning of the Trump administration. President Trump pulled the United States out of the nuclear deal last year, imposed oppressive sanctions, moved to cut off Iran's oil exports and designated an Iranian military unit as a terror organization.

Sanam Vakil, a senior research fellow in the Middle East and North Africa program at Chatham House, a London-based research group, said the Trump administration's lack of understanding about Iran has only fanned the flames.

"Something as simple as the very insulting language they use, which is political and by choice, is not language that works with the Islamic Republic of Iran, " she said. "There's just very limited trust between both sides."

A Year in Paris That Transformed Jacqueline Kennedy Onassis

The Holocaust Survivor Who Deciphered Nazi Doublespeak

This isn't the war with Iraq. Here's why.

While some have compared the situation with Iran to the lead-up to the American invasion of Iraq, there are important differences.

Iran is nearly four times larger than neighboring Iraq in terms of territory. With a population of more than 80 million, it is the second most populous country in the region after Egypt, with the second largest economy in the Middle East and North Africa, according to the World Bank.

At the time of the American invasion of Iraq in 2003, the country had a Shiite Muslim majority but was governed by the Sunni Muslim minority. Iran's majority Shiite population is represented in government by its own sect.

Iran has a limited conventional military, but its growing network of proxy groups magnifies its influence in the region, meaning any conflict with American forces could result in a guerrilla war fought on multiple fronts.

The response from allies in Europe and the Middle East has also been very different from their response in the lead-up to the Iraqi war.

"There is a very clear divide with the trans-Atlantic allies as to how to handle this crisis," Dr. Vakil said. "Europe is prevailing upon the United States to be calm and measured in their response. You can very clearly see their frustrations that this is a manufactured crisis."

Regional allies — including the United Arab Emirates, Saudi Arabia and Israel, all of which have been supportive of the Trump administration's maximum pressure campaign on Iran — have stayed quiet so far.

"Their silence over the past few days is very telling that their bark was bigger than their bite," Dr. Vakil said. "By no means does the region want to absorb the pain of a conflict with Iran."

The relationship between Iran and the United States has teetered for decades.

The tensions between Iran and the United States stretch back decades, well predating the Trump administration. The most dangerous flash point has long been the Strait of Hormuz, a narrow waterway that connects the Persian Gulf to the rest of the world.

It is the conduit for about 40 percent of the world's oil tanker traffic, and has been the recurrent backdrop of military bluster.

Iran warned it could close the strait during its war with Iraq, which lasted from 1980 to 1988, and has periodically threatened to mine the waterway since. The American Navy's Fifth Fleet, which patrols the region from its base in Bahrain, has vowed to stop any menace to maritime traffic.

American and Iranian forces clashed in the strait repeatedly in 1988 after an Iranian mine damaged a Navy frigate. On April 18, 1988, the Americans sank three Iranian warships and destroyed two Iranian surveillance platforms in what was essentially a one-day war.

The deadliest confrontation between the two countries in the strait was in July 1988 when an American warship shot down an Iranian commercial airliner with two surface-to-air missiles, killing all 290 people aboard, including 66 children. The Americans said the crew mistook the plane for a fighter jet.

Other confrontations were not lethal but were seen as embarrassing.

In December 2011, Iranian forces claimed to have downed a sophisticated American surveillance drone that had gone missing. The United States said the drone had crashed and demanded Iran return it.

Instead, the Iranians put the drone on display and later claimed to have reverse-engineered it to produce their own.

In January 2016, days before the nuclear deal was to take effect, the Iranian Navy captured 10 American sailors whose patrol boats had strayed into Iranian territorial waters in the Persian Gulf. The Iranians took pictures of the sailors kneeling in surrender, in a move clearly meant to humiliate the United States.

The sailors were released after 24 hours, and a Defense Department inquiry concluded that Navy blundering was to blame.

So, what does Iraq have to do with this?

Iran and Iraq have grown increasingly aligned in the years since Saddam Hussein's ouster and the subsequent rise of a Shiite-led government.

Once fierce adversaries, the most recent national elections saw Iraqi parties with links to the paramilitary Popular Mobilization Forces — an umbrella organization of about 50 paramilitary groups, many with ties to Tehran, which successfully fought against the Islamic State — gain even more power.

Iran has also moved to strengthen economic ties with Iraq, further deepening the relationship. This has left Iran and the United States in direct competition for influence in the country.

Last week, days after American officials first claimed an imminent threat from Iran, Secretary of State Mike Pompeo made an unannounced, hourlong trip to Baghdad to press what he said was evidence of increased danger to Americans there. He met with the foreign minister, the prime minister and the president.

Officials told *The New York Times* that their concerns focused on Iran's Islamic Revolutionary Guards Corps and its links to some of Iraq's Shiite Arab militias, and said they had information to suggest plans to mobilize proxy groups in Iraq and Syria to attack American forces.

American officials later said that the intelligence included photographs of missiles on small boats in the Persian Gulf, put there by Iranian paramilitary forces. The United States feared they could be fired at its Navy.

Additionally, the American officials pointed to threats against commercial shipping and potential attacks by militias with Iranian ties on American troops in Iraq. Iraqi officials this week warned the Iran-linked militias to refrain from provoking the Americans.

二、英文新闻报道分析

（一）事件背景与意义

2019 年，美伊关系持续紧张，美国政府更是在此新闻报道发布前期突然发布了一份情报，指出"近期伊朗对美国在中东的利益有较大威胁"。此消息一经发布，即刻便引起美国社会以及美国利益共同体国家社会中的紧张情绪。

从 2019 年初至此新闻发稿之日，美国政府不断施强压，民众担忧情绪高涨，加之世界目光共同关注，为此次剖析美伊问题历史沿革报道提供了大背景。

而《纽约时报》在这个时间节点作以"科普"性报道，无疑对世界关注美伊局势的人士有着一定的舆论宣传作用。同时，也可以使不了解美伊关系历史沿革的世界其他国家民众对这一事件加以认知。

（二）写作立场与角度

1. 明确的西方国家立场与报道角度

本文由两位《纽约时报》(*The New York Times*) 的编辑撰稿，他们分别是自 1997 年便供职于《纽约时报》的国际新闻专员 Rick Gladstone 和突发事件编辑、故事编审 Megan Specia。可以从文章的引用、引述内容、因果论调和文章排布结构清晰地看到，其文章明显的亲西方国家的立场。

首先来看此篇报道的引用、引述内容。本篇报道有数次引述国际问题专家、权威学者的论调，不论这些论调是积极的或是消极的，这些表达观点的专家学者均出自美国，或者出自美国盟友阵营国家。具体的引用段落可以参见以下三处：

Sanam Vakil, a senior research fellow in the Middle East and North Africa program at Chatham House, a London-based research group, said the Trump administration's lack of understanding about Iran has only fanned the flames.

The response from allies in Europe and the Middle East has also been very different from their response in the lead-up to the Iraqi war.

Officials told *The New York Times* that their concerns focused on Iran's Islamic Revolutionary Guards Corps and its links to some of Iraq's Shiite Arab militias, and said they had information to suggest plans to mobilize proxy groups in Iraq and Syria to attack American forces.

因为在此报道中找不到来自伊朗方面或者是亲伊朗阵营方面，甚至是中立国家的言论，因此，可以断定此篇报道有明确的亲美国和美国盟友国家的立场。而其报道的角度，则是单方面的，从美国的主流观点出发，服务于美国的舆论社会。

2. 宣称"伊朗对美国在中东的利益构成严重威胁"

文章多次提到近期美国政府所宣称的"伊朗对美国在中东的利益构成严重威胁"。

American officials have suddenly raised the stakes in the long-simmering tensions between the United States and Iran, pointing to new intelligence that they say suggests an imminent threat to American interests in the Middle East.

The recent American assertion that Iran poses an immediate threat has raised fears that the two nations have pushed closer to the brink.

除了概括性的言论之外，本报道中也不乏美国官方给出的具体威胁的细节。

The American officials pointed to threats against commercial shipping and potential attacks by militias with Iranian ties on American troops in Iraq. Iraqi officials this week warned the Iran-linked militias to refrain from provoking the Americans.

American officials later said that the intelligence included photographs of missiles on small boats in the Persian Gulf, put there by Iranian paramilitary forces. The United States feared they could be fired at its Navy.

（三）主要观点

（1）The recent American assertion that Iran poses an immediate threat has raised fears that the two nations have pushed closer to the brink.

（2）Tensions have risen steadily since the beginning of the Trump administration.

（3）Secretary of State Mike Pompeo made an unannounced, hourlong trip to Baghdad to press what he said was evidence of increased danger to Americans there.

（四）写作风格与手法

1. 理性严谨的写作风格

作者运用了大量的事实性材料，如 20 世纪 70 年代末伊斯兰革命运动、2015 年美国退出伊朗核协议、1988 年美伊海战、1988 年美国导弹误击伊朗客机事件、2011 年伊朗击毁美无人机事件、2016 伊朗扣押美军士兵事件。本报道还对专家学者及政府官方的情报加以引述，全文没有明确地表达作者自身的观点，只是理性地用事实性的材料，体现了作者理性严谨的写作风格。

2. 运用历史纵向对比，对事件加以说明

本篇报道大量概括了与美伊关系有关的事件，使读者在纵向上生成一个清晰的美伊关系发展时间轴，借此来使受众在一个更加宽广的历史纵深视野上回顾曾经的各个

历史事件，因而使其对今天的美伊关系及其紧张态势有一个更加深入的理解。

3. 话题形式，结构分明

本报道采用了小标题报道的方式，分别对"我们怎么走到了今天这一步？"（How did we get here?），"这与伊拉克战争有很大不同，以下是原因。"（This isn't the war with Iraq. Here's why.），"伊朗和美国之间的关系几十年来一直摇摆不定。"（The relationship between Iran and the United States has teetered for decades.），"伊拉克与此有何关系呢？"（So, what does Iraq have to do with this?）这四个主要的问题加以报道和说明。每一小段的内容紧扣当前段落主题，集中地回答了四个表述美伊关系极具代表性的问题，也由此影射作者对于美伊关系未来走向的预判，即"长期紧张的双边关系可能引发双方的冲突"也就是报道开头的主要观点：Here's what to know about the long-strained relationship that poses the risk of a broader conflict.

4. 明确的新闻标题

"The Tension Between America and Iran, Explained"这一标题非常具有概括性，它引领了全文的主旨。Explained（解释）这一动词的运用则概括地指明了本篇新闻的报道方法，也向受众回答了"报道什么""怎么报道"这两个关键问题。

5. 中性的词汇选择

在此类国际争端新闻报道类目中，措辞中肯得当是对一篇合格新闻报道的基本要求。如：American and Iranian forces clashed in the strait repeatedly in 1988 after an Iranian mine damaged a Navy frigate. On April 18, 1988, the Americans sank three Iranian warships and destroyed two Iranian surveillance platforms in what was essentially a one-day war. 在涉及历史冲突事件时，中性地表达冲突双方，采用 American and Iranian forces。

又如：The deadliest confrontation between the two countries in the strait was in July 1988 when an American warship shot down an Iranian commercial airliner with two surface-to-air missiles, killing all 290 people aboard, including 66 children. The Americans said the crew mistook the plane for a fighter jet. 在涉及报道有关美国的丑闻性事件的时候，文章依旧选择中性报道，如实反映造成的伤亡人数及伤亡儿童数，杜绝使用任何形容词或者副词。

6. 问题的提出与解答

文中两处小标题采用了提问的方式，它们分别是"How did we get here?"（我们怎么走到了今天这一步？）和"So, what does Iraq have to do with this?"（伊拉克与此有何关系呢？）

两处设问引出接下来对此设问的回答，逐步推进，从纵向历史沿革的角度与横向与伊拉克关系对比的角度纵深展开，立体地呈现了当前的美伊关系格局。

7. 描写式导语

在本篇报道的开头，作者使用了从描写式导语引进的方式，首先通过对美国政府信息发布的描写展现了美国对伊朗的态度变得强硬：

American officials have suddenly raised the stakes in the long-simmering tensions between the United States and Iran, pointing to new intelligence that they say suggests an imminent threat to American interests in the Middle East.

而后又通过对基本事实的描述，对近 40 年来美伊紧张关系加以总结概括：

The potential for armed conflict between the two countries has loomed since the Islamic Revolution and takeover of the American Embassy in Tehran four decades ago. Occasionally, those tensions have escalated into violence.

在两段对基本事实的描述之后，导语第三段引入主题：

Here's what you need to know about the risks of a broader conflict.

（五）表现形态

1. 对权威论调加以引述

本报道大量引用学者观点、政府消息以及军事情报原文，为受众尽可能地展现出真实的政府、军方、学界的态度。

第一，美伊双方存在着不了解与不信任。如: Sanam Vakil, a senior research fellow in the Middle East and North Africa program at Chatham House, a London-based research group, said the Trump administration's lack of understanding about Iran has only fanned the flames.

Something as simple as the very insulting language they use, which is political and by choice, is not language that works with the Islamic Republic of Iran, ' she said. 'There's just very limited trust between both sides.

第二，美国的中东和欧洲的盟友不愿意看到冲突升级。如: There is a very clear divide with the trans-Atlantic allies as to how to handle this crisis, Dr. Vakil said. 'Europe is prevailing upon the United States to be calm and measured in their response. You can very clearly see their frustrations that this is a manufactured crisis.

又如: Their silence over the past few days is very telling that their bark was bigger than their bite, Dr. Vakil said. 'By no means does the region want to absorb the pain of a conflict with Iran.

第三，美国官方情报就近期伊朗局势发出警告和预警冲突。如：American officials have suddenly raised the stakes in the long-simmering tensions between the United States and Iran, pointing to new intelligence that they say suggests an imminent threat to American interests in the Middle East.

又如：American officials later said that the intelligence included photographs of missiles on small boats in the Persian Gulf, put there by Iranian paramilitary forces. The United States feared they could be fired at its Navy.

2. 立场鲜明，受众明确

本文的标题为"解释美伊紧张关系的缘由"（The Tension Between America and Iran, Explained）。那么向谁解释便直接涉及本报道的受众群体。而从本报道的字里行间不难看出，其目标受众是美国的本土民众。

本文处处体现着对美国本土受众的立场和关怀。如，其小标题中就明确提出了一个问题："How did we get here?"（我们怎么走到了今天这一步）这里的"我们"（we）即指美国本土受众。而在其后，涉及与伊拉克战争的比较，作者更是用讨论式的口吻来引出话题：While some have compared the situation with Iran to the lead-up to the American invasion of Iraq, there are important differences. （当然，有些人拿目前的美伊关系与当年美国入侵伊拉克的情境加以对比，但它们中间有很大的不同。）

Part Four   Further exploring the text

一、英文新闻报道作者简介

里奇·格拉德斯通（Rick Gladstone）是一名纽约记者站负责国际新闻的编辑、新闻作者。他自从 1997 年开始便为《纽约时报》（*The New York Times*）刊物做编辑工作；最初负责商业新闻的部分。

梅根·斯佩西亚（Megan Specia）是一名负责国际新闻报道的新闻故事编审，主要负责数字化新闻故事采编和突发事件报道。

二、英文新闻报道媒体介绍

《纽约时报》（*The New York Times*）有时简称为《时报》（*The Times*），创刊于 1851 年 9 月 18 日，是一份在美国纽约出版在全世界发行且有相当大的影响力的日报。它是美国高级严肃大报的代表，长期以来拥有良好的公信力和权威性。

在新闻报道方面，《纽约时报》将自己看作是一份"报纸记录"，这个政策的结果是除纽约当地的新闻外，《纽约时报》很少首发报道一个事件，而一旦决定要做首发报道，那么这个报道的可靠性是非常高的，因此往往被世界上其他报纸和新闻社直接作为新闻来源。在美国大多数公共图书馆内都会提供一份《纽约时报》索引，其内涵是《纽约时报》对时事的报道文章。《纽约时报》享有"可靠的新闻来源"的声誉。

在国际报道领域，《纽约时报》有着重大的社会影响力并拥有广阔的国际市场。目前，加拿大、澳大利亚和英国是《纽约时报》最主要的三个非美国的英语市场；同时《纽约时报》还拥有广泛的非英语市场，如西班牙市场。此外，《纽约时报》在国际报道中还有着诸多的独有方法，如策略性叙事、框架策略等。凭借着这些独特的报道方法，纽约时报获得过多次"普利策国际报道奖"，在 21 世纪近二十年时间内，《纽约时报》先后分别于 2002、2006、2009、2011、2012、2013、2015、2016、2017 获得普利策国际报道奖。

三、英文新闻报道语言点讲解

1. Words and Expressions

an imminent threat to：an impending threat to 对……是迫在眉睫的威胁

loom：v. to appear as a large shape that is not clear, especially in a frightening or threatening way 赫然出现；可怕地出现；逼近；（坏事）似将发生

have escalated into：have been upgraded to 已经升级为……

brink：n. the extreme edge of land（峭壁的）边缘

skeptical：adj. having doubts that a claim or statement is true or that sth. will happen 怀疑的；多疑的

sanction：n. an official order that limits trade，contact，etc. with a particular country，in order to make it do sth.，such as obeying international law 制裁，处罚；

oppressive：adj. treating people in a cruel and unfair way and not giving them the same freedom，rights，etc. as other people 压制性的

designate…as：to say officially that sth. has a particular character or name；to describe sth. in a particular way 把……定名为

fan the flames：fan up flames 煽风点火

in terms of：as far as be concerned 就……而言

guerrilla war：irregular fighting，typically against larger regular force 游击战

a very clear divide：a terrible breach 一个明显的分歧

frustration：n. the fact that something is preventing sth. /sb. from succeeding 挫败，挫折

manufactured crisis：create crisis 制造危机

be supportive of：in favor of 支持……

teeter：v. to stand or move in an unsteady way so that you look as if you are going to fall 摇摇欲坠；举棋不定

stretch back：trace back to 追溯到……

backdrop：n. the general conditions in which an event takes place，which sometimes help to explain that event 背景；背景幕；交流声

bluster：*v.* to talk in an aggressive or threatening way，but with little effect 咆哮，气势汹汹地说（但效果不大）

the deadliest confrontation：the deadliest antagonism 最致命的对抗

shot down：bring down 击落

take effect：become effective 生效

kneeling in surrender：surrender in a humble way 跪着投降

an umbrella organization：an alliance organization 一个伞式组织

further deepening the relationship：getting a deeper relation 进一步加深关系

2. Sentences Comprehension

（1）American officials have suddenly raised the stakes in the long-simmering tensions between the United States and Iran，pointing to new intelligence that they say suggests an imminent threat to American interests in the Middle East.

句中主语 American officials 指美国的政府官员们，raise the stakes in…表示提高赌注，simmer 动词原指烹饪时炖煮等沸腾的状态，在此处现在分词做定语与 long 连用，更加生动地形容了美伊关系处于长期紧张的状态，pointing 在此做状语仍然表示的是句子主语的动作行为即美国官员指出。

参考译文：由于美国新的情报显示美国在中东的利益面临着迫在眉睫的威胁，而鉴于美伊关系长期的紧张局势，美国官员突然加大施压。

（2）Iran has a limited conventional military, but its growing network of proxy groups magnifies its influence in the region, meaning any conflict with American forces could result in a guerrilla war fought on multiple fronts.

句中 growing 表示日益增长、不断扩大的代理团体网络，magnify 表示放大了在此地区的影响，magnify 在此处相当于 enlarge，最后导致的结果用到了 result in 这个短语，类似的短语还有 lead to，bring about，contribute to 等。result in 侧重强调所造成的结果，而结果通常是不良的或消极的；lead to 与 result in 相似，强调会造成某种结果，但产生的结果并不一定是不好的结果，也可能是好的，而且多用于描述客观的可能性和对未来的预测。contribute to 本意是"对……作贡献"，用于不好的方面作贡献解释为"造成、导致"，相当于 lead to 的用法，用于好的方面则表示"促成、有助于"的意思。bring about 多指"带来"某种变化、好处等，或"导致……造成……"某种问题、不良结果等。

参考译文：伊朗虽然只拥有有限的常规军事力量，但其不断扩大的代理团体网络增强了其在该地区的影响力，这意味着与美国军队的任何冲突都可能导致在多条战线上打响游击战。

（3）"There is a very clear divide with the trans-Atlantic allies as to how to handle this crisis，"Dr. Vakil said. Europe is prevailing upon the United States to be calm and measured in their response. You can very clearly see their frustrations that this is a manufactured crisis.

trans- 原本是拉丁介词，基本含义为 across，over，beyond，即表示"穿、越、超"之意，现在 trans- 多用做一个常见的派生前缀与单词结合，表示"横过，越过，转移"，例如 transcontinental 横贯大陆的，所以文中的 trans-Atlantic 指横跨大西洋的。

参考译文："在如何处理这场危机的问题上，美国与跨大西洋盟友之间存在着非常明显的分歧"，Dr. Vakil 说，"欧洲普遍要求美国冷静、慎重地做出反应。你可以清楚地看到他们的沮丧，这是一场人为制造的危机。"

四、中西文化比较

长久以来的文化差异、制度差异、意识形态的差异、新闻媒体性质和制度的差异等，导致了中西方媒体在新闻报道中始终存在着价值观、报道角度、报道手法、报道语言风格等多方面的差异。本单元所选的两篇文章也同样存在着这些方面的差异。其中表现得最为突出的便是以下两个方面。

1. 陈述 VS 分析

在自由主义报刊理论被提出之后，新闻传播中对事实的信念形成了新闻报道的客观性原则，在信息概念引进新闻传播学后客观性早已融入新闻传播的理想和实践操作。受意识形态、媒体制度等的影响，国际报道往往也有其立场和倾向。在本单元所选的两篇新闻报道中，我国媒体采用了陈述的方式，直接陈述美国官方的发言、美军具体的军事部署、伊朗的官方表态和具体应对等。而《纽约时报》的报道采用了分析的方式，扩大了报道的范围，以大量的背景资料分析和纵向、横向的比较分析为主。

2. 正面引导 VS 全面引导

1989 年，李瑞环同志在全国新闻工作研讨班上发表讲话，提出"正面宣传为主的方针"，这一方针也成了我国社会主义新闻事业中必须遵循的一条极其重要的方针。以正面宣传为主就是要在新闻宣传工作中让肯定主流和弘扬正气的新闻报道占据主导地位。强调新闻传播要为国家政局的稳定、经济的发展、民族的团结和社会的进步而唱响主旋律。因此中文报道以 2015 年 7 月伊朗承诺放弃加强核能力，允许对其核计划进行全面监督以及"舆论指出美国方面并未详细阐述伊朗的威胁，却高调进行军事部署，将在中东地区引发不必要的紧张局势"为事实依据来表明自己的观点，对受众进行正面的认知引导。《纽约时报》的文章则不局限于对当前的美伊冲突局势变化的报道，而是深入到事件背后的诸多背景因素的挖掘之中，并将美伊冲突的局势发展与伊拉克战争进行比较分析，对美伊冲突中的伊拉克关系问题等进行了全面的剖析，从纵向和横向两个不同的维度对这个事件进行全面引导。

Part Five   Exploring beyond the text

一、知识拓展

（一）不同主题的国际报道概述

国际报道的文字报道形式多种多样，常见的有消息、特写、通讯、专访、综述、短评、述评等。不管哪种体裁形式的国际报道，其报道对象大体来说主要有两类：国际人物或者国际事件。

1. 国际报道中的人物报道

国际报道中人物报道的对象通常来说是国际政治家、经济界知名人士或者科学家、文化界名人等。在对他们进行报道时首先应该充分收集他们的个人资料，尤其是他们的专长、主要贡献、著作、生活习惯、兴趣爱好等。意大利知名女记者法拉奇做过许多 20 世纪风云人物的国际报道，在报道邓小平时法拉奇全面收集了解了邓小平的生平经历、观点，对那些与邓小平在生活中产生过交集的人也都进行了详细的了解，甚至连邓小平在谈话中常出现的口头禅"这个"也都仔细去进行了了解。

在人物类的国际报道中，我们要打破人物的固有形象甚至是刻板印象，通过人物具体的某一独特的行为方式来展示这个人，并让这个人从一类人中分离出来。同时，在人物类的国际报道中我们也不要忽视这一人物所处的具体环境，所谓时势造英雄，所有人物的成就与发展都不可能脱离社会而独立存在，对其所处的具体环境的描写能够增加人物的丰满度，让新闻报道的指导性更加明确化。同时在人物类的国际报道的写作中，描写尤其是细节描写对人物刻画非常重要。

2. 国际报道中的事件报道

（1）突发性事件的国际报道。

面对突发性事件，记者没有时间在报道之前做好各种准备，须迅速奔赴新闻现场。这一采访主要靠记者平时的积累，以及在现场的观察和提问能力。突发性事件的国际报道还要求记者有着良好的外语沟通能力和丰富的外国文化、历史、时政局势等方面的知识储备。

（2）延缓性事件的国际报道。

延缓性新闻事件往往具有一定的可预知性，在这类事件的国际报道中记者可以尽量多了解一些背景资料、相关报道等，以便确定自己的报道范围、方向。如重大会议的召开往往是有计划的，具有一定的可预知性，记者在对这类国际事件进行报道时可以进行自我策划。在策划中，既要注意吃透我国的外交、政治、经济、军事局势等问题，也要注意国际事件的发生国、影响国等对此事件的态度。

（二）国际报道中的背景材料的运用

在国际报道中，背景材料的运用一直都深受重视。毫不夸张地说，任何一个国际报道的新闻事实都是在一定环境和历史条件下产生的，要想将这些事实报道清楚，介绍事实相关的社会环境、历史等早已成为国际报道的必然要求。所谓的国际报道背景指的也就是国际报道的新闻事实之外的，如事实产生的历史渊源、社会环境、物质条件、经济条件、原因等。背景材料在国际报道中有着重要的补充、烘托、解释作用，能够增加报道的信息量，升华报道的主题，提升国际报道的深度，使得国际报道的意图更加明了，增加新闻报道的知识性和深度性。但是这些背景材料在国际报道中往往无法成为一个独立的组成部分，只能与新闻事件融合在一起成为新闻的重要组成部分。背景材料应当选择那些最能说明报道内容的或者进一步阐明和深化主题的相关材料，其次背景材料还应当具有一定的知识性。

（三）国际报道之消息的特点与写作技巧

在国际报道诸多的体裁形式中，消息是最基本和最常用的一种形式。消息的特点主要有短、新、快、实。

"短"即短小精悍，要求用最简练的文字来反映新闻事实，在最短的篇幅里传递最多的信息。故新华社在评选优秀消息稿件时提出了一个硬性标准——字数不能超过 1000 字。

"新"即最新之意。新是新闻与生俱来的特点，要求媒体在报道中要尽量报道最新发生的事件，今天发生的事件不能留到明天再去报道。当下"昨日新闻"几乎已彻底消失在了我国媒体上。

"快"即是时效性的要求，这在当下几乎已经成为所有新闻报道的基本要求，然而消息对快的要求往往更甚于一般普通新闻。快这一特点要求新闻报道的记者必须在事件发生后的最短时间内将新闻报道出来，抢时间成为记者们的共识。

"实"即为事实，在国际报道中主要指两方面的含义：第一尊重事实不捏造添加；第二注重事实的报道，避免直接发表观点。因此，国际报道强调对事实的选择。如卡塔尔半岛电视台在阿富汗战争中一直坚持"我们不反美也不反西方，我们只是给观众提供事实。只要有新闻价值，不管是关于布什还是拉登。"

要确保国际消息报道有着较高新闻价值，我们可以从以下几方面着手：

1. 明确选择事实的依据

政治标准——国际报道的特点使得国际报道必然遵循国家利益至上的原则。国家利益至上要求国际报道的记者熟知我国政府的立场，对中国的政治、经济、社会、文化等基本国情有所了解。对那些复杂的问题进行密切的跟踪，确保不人云亦云。

新闻标准——新闻价值标准，以时新性、重要性、显著性、趣味性、接近性作为事实选择的主要标准。

2. 找准新闻点和报道的切入点

在国际报道中不同的记者因自身新闻敏感、专业素质等方面的差异，在同一事件的报道中所选择的报道角度可能会存在着较多的差别，角度选得好，消息的价值就高，选得不好，消息的价值就会大打折扣。同时国际报道在找准新闻点的同时还应当找好新闻的切入点，尤其是在重大题材报道中找准新闻点和切入点显得更加重要。

3. 注意细节描写

注意细节描写可以让消息变得生动，将报道写得生动几乎是所有记者的愿望。细节的描写要求记者在报道中用心观察，在现场多用眼睛去发掘，并在写作中写出视觉化的新闻，而不是大量使用形容词。写人不能仅仅写人，还要写人的动作、心理活动等，用细节描写的方式对他们进行描写报道。写事也不能仅仅写事，还要写出这些事件中的人，比如中文例文中在写事的同时也注重写了美伊双方的领导人，用详细的话语描写展示出了人物在事件中的态度，并将这些话语中的态度描写与事件的发展和趋势结合起来，实现了动静的结合。这也是国际报道中细节描写所能发挥的重要作用。

（四）国际报道之通讯的特点与写作技巧

通讯这种新闻文体可谓我国独有，在近代电报兴起并被广泛应用到新闻传播领域后，通讯越来越受我国早期报人的青睐，黄远生等人在长期的新闻实践中将这一文体形式最终完善。经过百多年的嬗变发展，通讯在我国已经成为一种非常重要的新闻文体，这一文体还被划分为：人物通讯、工作通讯、风貌通讯、政论性通讯、问题性通

讯等 14 中不同的类别。(详见《中国新闻实用大辞典》)

通讯可以采纳多种不同的表达方式，如叙述、描写、抒情等。不管是正叙、倒叙、插叙、详叙、略叙，还是白描、细描、场面描写、环境描写、人物描写等均可使用。好的通讯努力追求将客观世界的丰富多彩、千姿百态集中起来用新闻通讯将其再现。

在语言上，国际通讯在做到准确精练的同时还应当形象、含蓄、新鲜、流畅。如写肯尼迪总统遇刺并身死的消息，在词汇用语的选择上关于死可以用多个不同的词，毙命、丧命、升天、逝世、遇难、遇害等词都可以表达死的含义，但是哪个词才能恰当地出现在我国媒体所做的有关肯尼迪总统遇刺身亡的消息报道中呢？

在结构上，国际通讯需要精心的剪裁和布局，毕竟通讯反映的只是国际事件、人物等的一瞬间或者某一些方面而并非其全部。在写作之前记者就必须思考用哪些材料，这些材料的详略安排应该如何，人物和事物的主次该如何安排，整篇报道应该分为几个部分，何者在前何者在后。国际通讯的写作要确保符合通讯的形式，确保两头小，中间大；结构服务于主题，完整和谐，且主题突出。

在思想上，国际通讯的主题立意要深远。较之打前阵的消息，通讯要求写得详细，要具体报道出事件的前因后果。国际通讯在写作的过程中要有自己明确的思想性和主题性，要展现出自己的新闻价值观。

二、能力拓展

（一）中文国际报道延伸阅读

请阅读《人民日报海外版》2019 年 5 月 7 日第十版文章《美伊石油争端牵动世界神经（环球热点）》, http：//paper. people. com. cn/rmrbhwb/html/2019-05/07/content_1923314. htm。

（二）英文国际报道延伸阅读

请阅读 BBC2016 年 3 月 12 日文章 "Artificial Intelligence: Google's Alpha Go Beats Go Master Lee Se-doll", https://www.bbc.co.uk/news/technology-35785875。

（三）课后练习

1. 简答题

（1）什么是国际报道？国际报道有哪些特点？
（2）国际报道有哪些常用的文体？
（3）中西国际报道的差异主要有哪些方面的表现？

2. 论述题

（1）请简要论述国际报道的消息写作与一般消息的写作有哪些不同。

（2）国际报道中的背景材料对国际报道有何作用？

3. 实操题

（1）读完以上两篇国际报道后，请用评论文体写一篇 600 字左右的国际评论。

（2）结合本章提供的案例，并搜集相关联的国际报道进行综合分析后，写一篇国际综述。

（3）Please read the English news in the second part to find out the author's main points and then write a summary.

参考文献

[1] 李韧. 国际新闻报道双语教程[M]. 北京：法律出版社，2015.

[2] 李希光，周庆安. 软力量与全球传播[M]. 北京：清华大学出版社，2005.

[3] 章晓英，翟峥. 国际新闻报道教程：经典新闻作品深度阅读[M]. 北京：中国传媒大学出版社，2015.

[4] 王代强. 国际重大突发性事件的报道策略——以"中日钓鱼岛撞船事件"为例[J]. 青年记者，2011（14）.

[5] 王自跃. 框架理论下中美媒体中菲南海争端报道比较研究——以《人民日报》与《纽约时报》为例（2013—2015）[D]. 保定：河北大学，2016.

[6] 约翰·欧文，等. 国际新闻报道：前线与时限[M]. 李玉洁，译. 北京：中国传媒大学出版社，2012.

[7] 史安斌，王沛楠. 国际报道中的策略性叙事：以《纽约时报》的南海报道为例[J]. 西安交通大学学报（社会科学版），2018，38（1）.

突发性新闻报道

Unit Three　Breaking News Reporting

Learning Objectives

- Understand what breaking news is and its writing characteristics and skills.
- Focus on the viewpoint and angle of breaking news writing.
- Understand the writing style of breaking news reports.
- Grasp the method of exploring questions and make breaking news reporting deep.
- Explore good solutions to problems and put forward constructive opinions and suggestions.

Part One　Preparing to explore

一、突发性新闻报道

（一）定义

突发性新闻因其影响范围广、涉及人数多、危害程度大，极易引发社会和舆论的广泛关注。作为全球范围内影响最大的新闻奖项，普利策新闻奖也对突发新闻报道给予了相当的关注，普利策新闻奖以当地、州或国家所发生的突发性新闻为例，认为突发性报道"是在事件发生时快速准确地捕捉事件，并随着时间的推移，阐明、提供背景并扩展最初的报道"。(For a distinguished example of local, state or national reporting of breaking news that, as quickly as possible, captures events accurately as they occur, and, as time passes, illuminates, provides context and expands upon the initial coverage.)

在我国，对突发性新闻的解释是指突然发生、造成或可能造成严重社会危害、需要采取应急处理措施予以应对的自然灾害、事故灾难、公共卫生事件和社会安全事件。由此我们可以看出，这样的事件往往在很大程度上打乱了人们正常的工作、学习和生活秩序，并造成生命、财产等方面的巨大损失，其大致可划分为自然灾害与人为破坏两种情形。前者主要涉及地震、洪水、台风、海啸等各类天灾，后者则主要涉及战争、打砸抢烧、恐怖活动等各类人祸。也有的两种情形兼备，如矿难、瘟疫等。从过往的历史中可以发现，一场损失惨重的突发事件，往往是由天灾和人祸综合造成的。在学术研究中，所谓的突发事件是指"影响到社会局部甚至社会整体的大事件，并非个人生活中的小事件"，是一种与公众密切相关的"公共危机"。

欧洲人权法院对"公共紧急状态"的定义是：一种特别的、迫在眉睫的危机或危险局势，影响全体公民，并对整个社会的正常生活构成威胁。这里所谓的"公共紧急状态"，大致等同于我国所称的突发性公共危机状态。2006年1月发布的《国家突发公共事件总体应急预案》中，对突发公共事件的定义是"突然发生，造成或者可能造成重大人员伤亡、财产损失、生态环境破坏和严重社会危害，危及公共安全的紧急事件"。《中华人民共和国突发事件应对法》中对其定义是"突然发生，造成或者可能造成严重社会危害，需要采取应急处置措施予以应对的自然灾害、事故灾难、公共卫生事件和社会安全事件"。重大突发事件往往具有巨大破坏性，例如四川汶川"5·12"特大地震，造成11万多人死亡、数十万人受伤的极大损失。

（二）突发事件的特点

1. 突发事件产生的瞬间性

从发展、变化的速度来说，突发事件进程极快，从预兆、萌芽、发生、发展、高潮到最后结束，整个周期异常短暂，常以迅雷不及掩耳之势爆发，随后迅速蔓延，其发展和结局难以预料和估量。回顾过去的历史，我们可以发现，突发事件的发生与人们的意识之间常存在脱节——有一段认识空白期。也正因此，无论是政府、公众还是媒体，整个社会对突发事件的相关信息在一段时间内处于模糊认识的状态，这也导致社会管理层和公众就此难以判断和做出正确的反应。从个体或群体而言，人们因完全没有心理预期而无法接受，也来不及对事件做出判断，更谈不上应对，本能的反应便是恐慌、不知所措。突发事件发生的瞬间性特征增加了人们认识与处理突发事件的难度。

2. 突发事件爆发的偶然性

突发事件随时、随地发生，是带有一定偶然性的随机现象。突然爆发是突发事件的基本特征，偶然性表现的是一种不确定性和超常规性，超出了人的控制和社会程序化管理的能力与范围，仿佛是没有规律可以遵循的。突发事件的爆发虽然带有很大的偶发性，但这并不意味着突发事件不可认识，只是人们对突发事件的认识比较困难。因此，无论是官方还是民间，人们普遍重视突发事件，都在积极规避突发事件所带来的各种不利影响。而对于突发事件的新闻报道，各类媒体也在积极探索更接近真相的报道方式。

3. 突发事件发展趋势的危机性

突发事件具有不确定性，往往成为危机的先兆和前奏，引发局部危机甚至全局的事件，常常暴露了社会管理体制的薄弱环节和管理者管理能力的局限性。如果某些突发事件处理得及时、得当，危机就有可能被消灭在萌芽阶段，从而化危为机。

4. 突发事件的危害性

从历史和现实来看，绝大部分突发事件是带有危害性的事件，也就是所谓的"坏事"。因此可以这么说，不论什么性质和规模的突发事件，都必然会不同程度地给社会造成一定危害，而且危机往往具有连带效应，可能引发次生或衍生事故，导致更大的损失和危机。

（三）突发性事件的类别

2003 年非典事件之后，中国内地的管理层极大地提高了对突发事件的重视程度，并在《国家突发公共事件总体应急预案》中以突发事件发生的领域及其性质为标准划分了四类突发事件。

1. 自然灾害

这种类型的突发事件主要包括水旱灾害、气象灾害、地震灾害、地质灾害、海洋灾害、生物灾害和森林草原火灾等。中华人民共和国成立以来，我国发生具有世界影响的自然灾害举不胜举，每次大型灾害背后都有许多故事，而这些故事的记录在新闻媒体中都有体现，比如众所周知的 1998 年特大洪水灾害和 2008 年的汶川地震等。在自然灾害发生后，媒体的报道要及时、准确、最大限度地减少受众的信息不确定性，例如人民网曾报道的标题为"5 月 18 日四川汶川地震灾害实时播报"的新闻。

2. 事故灾难

这类事件主要包括工矿商贸等企业的各类安全事故，交通运输事故、公共设施和设备事故、环境污染和生态破坏事件等。纵观近年这类事件，可以明显感觉到人为因素在其中起到了决定性作用。

比如 2015 年 8 月 12 日 23 时 30 分左右，位于天津市滨海新区天津港的瑞海公司危险品仓库发生火灾爆炸事故，本次事故中爆炸总能量约为 450 吨 TNT 当量。此次事故造成了重大的人员伤亡和经济损失。事故发生后，《人民日报》、新华社等媒体坚持公开、公正、客观的报道原则，事故的救援和救助行动因此得到了各方的高度关注。突发事件报道既体现出新闻价值，也充分发挥了新闻报道的舆论监督功能，如新华网报道的标题为《惊心动魄 24 小时：天津滨海爆炸抢险救援纪实》的新闻。

3. 公共卫生事件

这类事件主要包括传染病疫情、群体性不明原因疾病、食品安全和职业危害、动物疫情，以及其他严重影响公众健康和生命安全的事件。比如 2003 年非典肆虐，始于 2002 年冬季的中国南方。事发之初，由于信息不流通等因素，非典于 2003 年春夏之交在全国蔓延，并造成世界范围的流行。截至 2003 年 6 月 24 日，中国内地累计报告非典患者 5327 名，死亡 348 名，中国内地经济的总损失额达 179 亿美元，中国香港的损失达 120 亿美元。全球超过 8000 人染病，近 800 人死亡①，这场"突如其来的非典危机，给中国的公共卫生安全造成了史无前例的深远影响，它带给中国政府的是一次突如其来的冲击和挑战，是对政府危机处理能力和公信力的一次严峻考验"，非典疫情让中国政府开始重视公共危机应急体系的建立，让突发事件的报道从此步入新时代。非典后，国务院决定建立国家应对突发公共卫生事件应急处理机制，并颁布了《突发公共卫生事件应急条例》。

4. 社会安全事件

这类事件主要包括恐怖袭击事件、经济安全事件和涉外突发事件等，比如 7·14 香港暴力袭警事件。2019 年 7 月 14 日，在中国香港沙田区的和平示威游行结束后，部分示威者故意堵塞道路，暴力袭击警察。

在此次事件中，《人民日报》《环球时报》等媒体在正确引导舆论的同时也鲜明地表明了爱国的立场，化解因突发事件可能引发的社会危机。如环球时报发布的标题为《环球时报社评：法律不会轻饶香港的暴力袭警者》的新闻，该文强烈地谴责了此次暴力乱港行为，表明了坚定的爱国立场，同时也从法律的角度理性地分析了暴力袭警的人应该承担的法律责任。

（四）突发性新闻报道的特点

与其他新闻题材报道相比，突发性新闻报道具有复杂性和特殊性。突发事件传播过程中的信息流相对于平常时期的人际传播、大众传播、组织传播等显得特殊且复杂。下面我们具体地来看一下突发新闻报道具有哪些特点。

1. 突发性新闻报道的特点

（1）传播手段的灵活性。

突发事件发生后，受众对其性质、强度、发展趋势、利害关系等缺乏明确的界定，因此会想方设法通过各种渠道获得尽可能多的相关信息。在这种状况之下，人际信息的传播频率、速度、数量等会急剧攀升，信息在浮躁的态势中容易走样变形，各种小道消息流传加快。受众在这个特殊时期往往是以自己的经历、知识背景等来弥补信息的多义性和不确定性，意见多元化的情形也开始形成。随着传播环境的改变，媒体对突发事件的报道显得灵活多样，满足不同受众群体的需求：党委机关性质的媒体、通讯社主要按照当地政府的要求，以通稿的形式传递信息，晚报都市报、都市频率频道等则采用记者在现场采访到的内容，并且运用消息、记者深度调查、专题报道、追踪

---

① 相关资料参见新华社的新闻发布稿。《卫生部常务副部长高强记者招待会实录》，2003 年 5 月 30 日，https://news.sina.com.cn/c/2003-05-30/14541117166/index.shtml。

报道等方式传递突发事件的信息。

（2）传播渠道的多元化。

突发事件所反映出来的动态过程是客观事物由量变到质变的一种急剧变化状态，这一变动特点决定了传播者对它的认识和评价会产生一些争议并形成争议性较大的话题，易构成不同的社会舆论。这种情况下，相关事实的传播往往并不以事件主体的意志为转移，重大突发事件中出现舆论的多元化情形，经常会贯穿突发事件的整个过程，并且呈现"波形发展"的态势。正是因为这些局势的不确定性，突发事件也就成为各类媒体——传统媒体、新媒体、自媒体等各种传播工具争相报道的重点，多种类型的媒体也从自身的特点出发刊发刊播突发事件。尤其值得注意的是，突发事件信息传播中的互动性日趋活跃，给突发事件报道提出了新的挑战，也促使新时代的媒体人利用不同传播渠道并革新报道呈现方式。

（3）报道内容的冲击性。

从国内可观察到的若干案例来看，重大突发事件中的信息传播，无不表现为极强的视觉震撼和心理冲击力。突发事件自身的变幻莫测决定了危机传播过程的多样性和难以控制性。突发事件的传播冲击力呈现的热点聚合效应，使与该危机事件有关的一切情况都会成为人们关注和议论的热点，突发事件中社会和受众的心理承受能力都相当脆弱，此时媒体舆论引导一旦失误，其后果就会被成倍地放大，造成群体性恐慌，进而酿成灾难。

（4）报道形式的立体化。

突发性新闻报道需要坚持的原则：面对突发事件时，新闻媒体除了告诉大家正在发生什么，更重要的是要告诉大家为什么会发生，发生之后会产生怎样的影响等。在坚持上述原则的基础上，为了有效地表现突发事件的方方面面，让受众在较短的时间内认知突发事件的真相，在当前新的传播语境中，各类媒体运用文字、图片、音频、视频等各种表达手段立体化表现突发事件，让受众对突发事件有感性和理性的认识，积累经验，为今后类似突发事件发生时提供借鉴。

2. 突发新闻报道的方式

（1）快讯和简讯——突出时效性。

快讯、简讯曾在20世纪初因通信设备简单而流行于各大通讯社。这种文体被人们认同并确立后，一直是各类媒体最常使用的报道形式。在网络传播处于优势地位的今天，快讯、简讯在报道突发事件时也有着举足轻重的地位。公众对信息公开透明的要求越来越高，媒体对突发事件快速反应，谁能够在突发事件报道中第一时间发布新闻，谁就能掌握舆论的主动权。快讯能够在突发事件发生后最短时间内发出，向受众告知社会上发生的重大事件、重要变化，并先于其他形式传播给受众，使受众形成对事件的第一印象和基本判断。

（2）详讯和综合消息——体现完整性。

详讯主要描述一个点上或较短时间内某一事件的整个过程。而综合消息通常是由编辑部或前方记者对较长一段时间发生的事件进行梳理之后编发的新闻，具有阶段性和综合性的特点。详讯和综合消息这两类消息都体现了在一定时间内，所播发的稿件在时间和空间等内容上的完整性。

（3）综述和新闻分析——重在深刻性。

综述和新闻分析，一般都以新闻事件为引子，重点回顾和分析事件的起因、发展过程以及前景。对这类稿件的总体要求是要体现对事件的观察和分析的深度，引导和帮助受众了解突发事件的概貌和新闻背后的更深一层的因素。

除了以上的基本报道方式之外，突发性新闻报道还可以按以下的方法走向深入和多样化。

第一，活动引导——互动新闻。比如，各种灾难事件发生后，各大网站的论坛成为人们交流感受、发表见解的集中场所；电视直播节目，直接与灾民或专家连线。网络和电视的互动性，优于报纸。而报纸可以借鉴它们的做法，增强重大突发事件报道的互动性，比如，给读者提供专门的版面，反映他们对事件的认识与感受，增强媒体的贴近性，扩大媒体的影响力。例如新华网就汶川地震开设了"汶川地震抗震救灾专题网站"。网站内设有"网友贴文""国际慰问""高层关怀""悼念同胞"等板块。

第二，言论引领——解读分析。随着时代的进步和对媒体的认识加深，即使对于普通事件，人们也已不满足于了解表层的新闻事实，他们还需要了解为什么会发生这样的事及这件事意味着什么，通过对事实的深入了解进一步调整自己的行为方向。对于重大突发事件，人们则更敏感、更好奇，并具有更强烈的表达自己见解的愿望。而人们对信息的取舍有很大的随机性。议程设置可以把受众的注意力导向某些特定的问题或争端上，因此，媒体宜在报道中配发言论对社会舆论进行引导。如《人民日报》刊文"四问"天津危险品仓库爆炸，"伤亡损失情况如何？事件是怎么发生的？救援进展如何？安置保障情况怎样？"，这四个问题问出了受众心中的疑惑，同时在新闻中也很好地解答了这些疑惑，预防了谣言的传播，稳定了社会舆论。

第三，图片营造——视觉冲击。对于重大突发事件，受众首先想知道"发生了什么"。为此，网络和电视直播应该在第一时间进行现场报道，因为呈现画面具有最直观的效果。在突发事件报道中，现场新闻图片甚至比文字报道更为重要。这与突发事件报道的性质是分不开的。文字叙述很难再现事件现场及救援情况，而采用几张现场图片不仅突出了现场感，还能提高报道的真实性，增强报道的冲击力。例如腾讯新闻刊发的"天津滨海新区发生爆炸"的专题报道里有着大量的事故现场及周边的图片和视频，让受众有种身临现场的感觉。

第四，调查挖掘——深度报道。在很多人的印象中，突发事件报道最为看重的就是时效性，报道一定要快而又快，但在当今的新媒体语境下，时效性固然重要但并不是唯一重要的因素。突发事件从发生到处置完毕往往持续一段时间，除了每一个节点都强调新闻时效外，受众更在意突发事件导致的后果、对民众产生的影响及如何防范等。受众需要媒体对突发事件进行内涵深挖，于是突发事件的深度报道应运而生。突发事件报道尤其要关照受众的心理感受，以平民化的视角关注新闻事件。关注对突发事件的处置，也要关注预防；传播一种精神，更要表达普通人的情感。例如凤凰网刊发的一篇名为《从汶川地震到天津大爆炸 远离灾害，真有那么难吗？》的文章就向公众普及了防灾救灾和自救的知识。

二、课前讨论

■ Do you know the progress of breaking news reports?

■ How do journalists write breaking news reports when there is a conflict between objective reporting and sensational effects?

■ What are the main points of different types of breaking news reports?

Part Two　　Exploring the text A

一、中文突发性新闻报道案例

突发！巴黎圣母院大火！800 年古迹被焚毁……

凤凰网

2019 年 04 月 16 日

当地时间 15 日，北京时间今天凌晨，有 800 多年历史的法国巴黎圣母院突发大火。

现场画面

从现场画面可以看到，大火燃烧得非常猛烈，现场浓烟滚滚。虽然灭火工作在火灾发生后迅速展开，但是由于火势凶猛，大火已经蔓延至巴黎圣母院内部，圣母院的箭型塔尖已经坍塌。目前，大火仍未被扑灭，暂未有人员伤亡的报告。据法国媒体报道，火灾可能是由巴黎圣母院的内部修缮施工引发的。法国检方表示已经开始对大火原因展开调查。据最新消息，消防队员称，巴黎圣母院主体结构被"拯救"，主结构整体保存完整。

马克龙：巴黎圣母院失火令全法震动

15 日，法国总统马克龙来到巴黎圣母院火灾现场，同现场的消防人员见面。马克龙此前在社交媒体上表示，"巴黎圣母院被大火吞没，整个国家都为之震动，我的情感与所有法国民众的情感交织在一起。看到巴黎圣母院深陷火海，我备感难过。"法国总统马克龙在电视讲话中宣布，将重建巴黎圣母院。当天，欧盟委员会主席容克也对巴黎圣母院突发大火表示遗憾，他表示，巴黎圣母院"属于全人类"，他与法国民众一样对此感到悲痛。

400 消防员投入救火

火灾发生后，法国内政部表示，已有 400 名消防员正在与大火作斗争。法国政府发言人安德烈芬诺表示，当前并不知道引发火灾的具体原因，也没有证据表明有任何人在火灾中受伤。巴黎市长安妮·伊达尔戈在推特上表示，"一场可怕的大火袭击了大教堂，巴黎消防员目前正全力以赴试图阻止火灾，请大家尊重安全边界"。巴黎检察官办公室表示已开始着手调查火灾成因。巴黎警方则警告人们远离大教堂周围地区。巴黎市政厅于当地时间晚上 8：30 左右宣布，圣母院所在的市中心岛屿进出的所有道路都被封路关闭了。巴黎圣母院目前正在进行大规模的翻新工程，工程价值达 600 万欧元。就在上周，起重机还临时吊起了几个尖塔上的雕像，显示翻修工程量并不小。纽约约翰杰伊学院消防科学副教授格伦科贝特推测，施工明火可能是造成火灾的危险因素之一。科贝特认为，火炬上的明火、焊工产生的火花以及其他脚手架上的易燃材料带来的危险都是潜在的灾难。巴黎圣母院的屋顶为木质结构，高度还非常高，这给地面救火带来了极大的难度。前纽约市消防局局长文森特·邓恩说，消防软质水管够不到这样一座大教堂的顶部，而且消防员步行到达教堂顶部，则必须在蜿蜒的台阶上艰难攀爬，会消耗很多时间。

千年瑰宝"巴黎夫人"

巴黎圣母院（又名"巴黎夫人"）和巴黎这座城市的命运一直紧密相连。在路易七世统治时，中世纪城市巴黎的人口和重要性日益增长，成为法兰西王国新崛起的政治和经济中心。为了彰显巴黎的城市地位，路易七世于 1160 年命令当地主教在一座罗马时期教堂废墟上开始修建巴黎圣母院。这座大教堂的修建工作一直要持续到 1260 年，两座 13 世纪的钟楼在完工后成为当时的奇观。巴黎圣母院在 17 和 18 世纪进行了重大修复和增建，增加了今天看到的石雕和彩绘玻璃。通往塔楼的 387 级台阶可以将游客带到教堂顶部，欣赏各种神秘生物形状的浮雕。其中最著名的包括奇美拉怪兽石像，仿佛在俯瞰巴黎风光。1831 年，法国文豪维克多·雨果用这座大教堂作为小说背景。"敲钟人"加西莫多因为畸形而被巴黎人所害怕，但他却在巴黎圣母院的钟楼找到庇护。如此众多的艺术结晶被大火毁掉，法国总统马克龙表示，"像所有法国同胞一样，今晚我很难过，看到我们人内心的一部分被燃烧掉"。

德国外交部长马斯说："圣母院的燃烧也让我们心碎。我们为法国朋友祈祷，希望没有人会受到火灾的伤害。"巴黎圣母院（Notre-Dame de Paris），位于法国巴黎西堤岛，矗立在塞纳河畔，约建造于 1163 年到 1250 年间，是一座哥特式风格的天主教教堂。在教堂中有诸多艺术珍品，其中玫瑰花窗更是举世闻名。巴黎圣母院建造全部采用石材，高耸挺拔，辉煌壮丽。法国著名作家雨果曾在自己的名著《巴黎圣母院》中，称赞它为"石头的交响乐"。

目前，巴黎圣母院每年约接待 1300 万名游客参观。

（文章来源：凤凰网，http://finance.ifeng.com/c/7luYuCmyxKu，2019-04-16，有删改）

二、中文新闻报道分析

（一）事件背景与意义

当地时间 2019 年 4 月 15 日下午 6 点 50 分左右，法国巴黎圣母院发生火灾，整座建筑损毁严重。着火位置位于圣母院顶部塔楼，大火迅速将圣母院塔楼的尖顶吞噬，很快，尖顶如被拦腰折断一般倒下。2019 年 4 月 16 日凌晨 3 时 30 分左右公布了巴黎圣母院大火救援的最新进展，称火情已"全部得到有效控制，并已部分扑灭"。

2019 年 4 月 15 日晚，马克龙在教堂前广场发表讲话称，"尽管这场战斗还没有完全获得胜利，但是最坏的情况已经得以避免。"马克龙表示，"我们将重建巴黎圣母院"。

法国巴黎圣母院突发大火，新闻媒体对本次大火做了及时客观的报道，让受众第一时间了解了"发生了什么""怎么发生的"，尊重了受众的知情权。

突发事件报道本就是媒体展现新闻报道能力与履行社会责任的重要机会，新闻媒体对突发事件的报道要及时、连续、深度、客观，体现人文关怀，以更好地履行媒体应尽的社会责任与作用。

（二）写作立场与角度

在此次的新闻报道中，记者是从新闻事件的观察者和探索者的角度对巴黎圣母院大火进行了及时、客观又具有人文关怀的报道。

新闻媒体在第一时间满足了公众的信息需求，及时将真实信息向社会公开。记者从法国总统、消防员、国内外的普通民众等角度进行了全方位的报道，尽量满足受众的知情权。这样公开化的报道可以及时制止各种谣言的传播，降低事发地民众因为信息匮乏造成的不安全感。

此次新闻还报道了法国政府及相关权威部门和社会各界的积极反应和精神支持，通过新闻评论和反映社会舆论进行了直接和间接的积极、正面的引导，有助于消除公众的心理阴影。

（三）作者主要观点

第一，表达了作者对于拥有八百年历史的世界著名古迹因突发的火灾毁于一旦的心痛之情。巴黎圣母院被焚毁不但是法国的遗憾也是全世界的损失。

第二，灾难虽无情，人间有真爱。作者不但报道了法国总统以及相关权威部门积极应对的态度，还报道了世界各国人们对此事的关注和对法国人民的安慰鼓励。

（四）写作风格与手法

1. 新闻标题引人关注

新闻标题《突发！巴黎圣母院大火！800 年古迹被焚毁……》中"突发"二字强调了事件产生的瞬间性、发展趋势的危机性，"800 年的古迹被焚毁"强调了事件发生后果对人和社会产生的危害性，其联想的后果让读者不禁倒吸一口凉气，对其心理产生了强大的冲击，使其顿生惋惜之情。

2. 报道内容的冲击性

此次火灾事件的信息传播中，文字、图片和视频无不给受众以强烈的视觉震撼和心理冲击，取得了巨大的舆论反响。在新闻报道中，火灾前美丽的巴黎圣母院和现如今身陷火海、浓烟四起的巴黎圣母院形成了强烈的对比，让受众在惊叹中充满无限惋惜。

3. 报道形式的立体化

新闻运用了文字、图片、视频等各种表达手段立体化、全方位地表现突发事件，让受众第一时间掌握最真实的信息，告诉大家正在发生什么，为什么会发生以及发生之后的影响等。从而对突发事件有理性和感性的认识，积累经验，为今后类似的突发事件提供借鉴。

4. 表现形态

新闻报道以叙事语言为主，短句、直接引语、白描等手法的运用，增强了现场感和画面感。突发事件新闻要注意体现人性化写作，以人为本，降低事件对社会和公众的二次伤害；要有人文关怀，坚持最小伤害原则；要正确地引导舆论。新闻中报道了法国总统、权力部门等积极正确的应对措施和重建巴黎圣母院的决心。

Part Three   Exploring the text B

一、英文突发性报道案例

Notre Dame blaze — what we know so far

AOL

Apr 15th 2019 5: 55PM

Flames have engulfed the world-famous Notre Dame Cathedral in Paris, toppling its spire and threatening the entire wooden frame of the building.

Here's what we know so far:

— The first reports of the blaze emerged shortly before 6 pm.

— Flames burst through the roof of the building and quickly engulfed the 315ft spire which collapsed.

— The blaze moved through the cathedral, ravaging two-thirds of the roof and spreading to one of the two rectangular towers which formed its famous frontage.

— Around 400 firefighters battled the inferno and tried to salvage artwork and other priceless pieces stored in the 12th century cathedral.

— Officials warned that fire crews might not be able to stop the huge blaze, but the Paris fire chief later confirmed the building's structure had been saved.

— Officials later said they had stopped it spreading to the northern belfry of the

850-year-old Gothic building.

— There have been no deaths reported but one firefighter was injured.

— The cause of the fire remains unknown but following a preliminary investigation Paris prosecutors have said it is believed to be an accident.

— Prosecutors later said they had ruled out arson and do not believe the fire was terror-related but police will conduct an investigation into "involuntary" destruction caused by fire.

— Officials said the fire may be linked to renovation work at one of the world's most famous tourist attractions, French media reported.

— President Emmanuel Macron postponed an important address to the nation that was to lay out his response to the yellow vest crisis and instead headed to the scene of the fire in Paris.

二、英文新闻报道分析

（一）事件背景与意义

事件背景情况见中文突发性新闻报道案例的背景介绍。

在这样一个悲剧性的突发事件面前，我们每一个人都会沉浸在复杂的情绪中，这场大火不但让我们意识到文明地标的意义不在于有形的物质，而在其意义本身，同时让我们更加注重对历史古迹的保护和火灾的防范，让悲剧不再重演。

（二）写作立场与角度

1. 报道客观、快速、全面

这篇新闻的标题简单明了："发生了什么"——巴黎圣母院大火；"怎么发生的"——我们所知道的一切都在下面的新闻里。从标题到内容的分点式报道让受众一目了然，直观快速地知道整个突发事件的起因、经过影响以及法国总统及相关部门对整个事件的应急反应。Here's what we know so far 把受众一下带回到了火灾现场，给人以真实、生动、直观的感受。

2. 注重突发事件的现场

现场是新闻原点，现场是报道起点，现场是观众焦点。

新闻中提道：

— The first reports of the blaze emerged shortly before 6 pm.

— Flames burst through the roof of the building and quickly engulfed the 315ft spire which collapsed.

— The blaze moved through the cathedral, ravaging two-thirds of the roof and spreading to one of the two rectangular towers which formed its famous frontage.

— Around 400 firefighters battled the inferno and tried to salvage artwork and other priceless pieces stored in the 12th century cathedral.

这篇突发新闻从最核心的事实写起，从最具现场感的情节和目击写起。以记者亲历、现场采访主体新闻等为线索，做客观记录，突出了现场感。

（三）主要观点

（1）Officials warned that fire crews might not be able to stop the huge blaze, but the Paris fire chief later confirmed the building's structure had been saved.

（2）Officials later said they had stopped it spreading to the northern belfry of the 850-year-old Gothic building.

（3）The cause of the fire remains unknown but following a preliminary investigation Paris prosecutors have said it is believed to be an accident.

（4）Prosecutors later said they had ruled out arson and do not believe the fire was terror-related but police will conduct an investigation into "involuntary" destruction caused by fire.

（四）写作风格与手法

1. 客观真实的写作风格

新闻的素材全部来源于火灾现场和对新闻相关主体的采访，全篇没有加入带有作者主观色彩的看法和评论，都是以事实说话，从现场目击写起，捕捉细节，向受众呈现细节。

2. 现场即时性、连续性报道相结合的报道形式

现场即时性报道（现场直播）都是发自新闻现场的快讯，大多是动态的新闻信息，增强了现场感，突出了时效性。巴黎圣母院火灾一发生，记者就火速赶往现场进行相关的现场报道，并从多个渠道获取相关信息，譬如 "Officials warned that fire crews might not be able to stop the huge blaze, but the Paris fire chief later confirmed the building's structure had been saved.", "President Emmanuel Macron postponed an important address to the nation that was to lay out his response to the yellow vest crisis and instead headed to the scene of the fire in Paris." 随后迅速发回报道。连续性报道则是记者继续追踪事件发展过程及详情进行追踪式的报道，譬如："The cause of the fire remains unknown but following a preliminary investigation Paris prosecutors have said it is believed to be an accident." "Prosecutors later said they had ruled out arson and do not believe the fire was terror-related but police will conduct an investigation into 'involuntary' destruction caused by fire。"

3. 引人注目的新闻标题

"Notre Dame blaze-what we know so far"作者用 blaze, we know so far, 冲击了受众的心理，成功引起了受众想要知道巴黎圣母院发生了什么、怎么发生的等一系列问题的强烈好奇感。

4. 简洁的新闻导语

"Flames have engulfed the world-famous Notre Dame Cathedral in Paris, toppling its spire and threatening the entire wooden frame of the building."导语简单明了地运用动词 engulf 阐述了火灾现场的情况，符合突发事件新闻报道要求的"快、全、准。"

5. 清晰的过程阐述

"The first reports of the blaze emerged shortly before 6 pm. Flames burst through the roof of the building and quickly engulfed the 315ft spire which collapsed."等等，通过动宾语句简单清楚地表达了火灾现场的实况。

（五）表现形态

1. 简明的标题

本文的标题是 Notre Dame blaze ― what we know so far（巴黎圣母院大火——目前为止我们所知道的），这一标题中的"blaze"（大火）首先给受众很大的心理冲击，让受众立马想知道圣母院发生了什么、怎么发生的等。破折号之后的"what we know so far"更强调了新闻内容的及时性以及给受众留下还会有后续的追踪报道的信号。

2. 本文以叙事语言为主，大量运用名词、动词来强化现场感

在涉及新闻事实、突出新闻客观性时，要避免采用形容词。譬如：Flames have engulfed the world-famous Notre Dame Cathedral in Paris, toppling its spire and threatening the entire wooden frame of the building.（大火吞没了巴黎著名的圣母大教堂，摧毁了它的尖顶，威胁着整座建筑的木质框架。）从"engulf"可以想象出火势的凶猛，犹如一头巨兽无情地吞噬着巴黎圣母院，让人惊恐惋惜。Flames burst through the roof of the building and quickly engulfed the 315ft spire which collapsed.（火焰冲破了建筑物的屋顶，迅速吞没了 315 英尺高的尖顶，致其倒塌。）"burst through""roof"动词短句和名词的运用，生动形象地受众还原出了火灾现场，让受众好似亲临现场。

Part Four Further exploring the text

一、英文新闻报道媒体介绍

美国在线（American Online，AOL），2000—2009 年是美国时代华纳的子公司，著名的因特网服务提供商。在 2000 年美国在线和时代华纳（Time Warner）宣布计划合并，2001 年 1 月 11 日该交易被联邦贸易委员会（Federal Trade Commission）证实，合并及以后的运作信息见时代华纳。该企业品牌在世界品牌实验室（World Brand Lab）编制的 2006 年度世界品牌 500 强排行榜中名列第一百三十九。美国在线服务（AOL）公司总部设在弗吉尼亚州维也纳，可提供电子邮件、新闻组、教育和娱乐服务，并支持对因特网访问，该公司是美国最大的因特网服务提供商之一。

二、英文新闻报道语言点讲解

1. Words and Expressions

blaze：*n.* a big dangerous fire—used especially in news reports 火灾，烈火，大火 *v.* to burn very brightly and strongly 熊熊燃烧

engulf：*v.* to completely surround or cover something. 完全包围；遮住；吞没

ravage：*v.* to damage something very badly 严重毁坏，摧毁

battle：*v.* to try very hard to achieve something that is difficult or dangerous. 搏斗

salvage: *v.* to save something from an accident or bad situation in which other things have already been damaged, destroyed, or lost （从事故或糟糕情形中）抢救出某物

so far 目前为止

burst through 冲破，推开，拨开

move through 穿过

rule out 排除，取消

lay out 展示

2. Sentences Comprehension

（1）Notre Dame blaze — what we know so far.

这是一个非常有吸引力的题目，作者用 blaze，we know so far，冲击了受众的心理，成功引起了受众想要知道巴黎圣母院发生了什么、怎么发生的等一系列问题的强烈好奇感。Notre Dame 明确了主题巴黎圣母院，blaze 明确了发生了什么，失火了，so far 指出到目前为止我们知道多少关于巴黎圣母院失火，文章让人想一读究竟。

参考译文：巴黎圣母院失火——我们迄今为止所知道的。

（2）Flames have engulfed the world-famous Notre Dame Cathedral in Paris, toppling its spire and threatening the entire wooden frame of the building.

此句简洁的新闻导语非常有力。导语简单明了地运用动词 engulf 阐述了火灾现场的情况，符合突发事件新闻报道要求的快、全、准。主语 flames 熊熊大火，谓语动词 engulf 用了现在完成时态，表达圣母院已经被大火吞灭的状态，toppling、threatening 两个现在分词作伴随状语，表达了这个事件正在发生，突出突发性新闻的特征。

参考译文：大火吞噬了著名的巴黎圣母院，掀翻了它的尖顶，威胁着整个建筑的木制框架。

（3）The first reports of the blaze emerged shortly before 6pm. Flames burst through the roof of the building and quickly engulfed the 315ft spire which collapsed.

此句通过动宾语句简单清楚地表达了火灾现场的实况，过程阐述清晰。burst through 恰当地描述了突发性火灾是如何吞噬掉屋顶和塔尖的，which 引导的定语从句补充描述了塔尖 collapsed 倒塌的状态。

参考译文：下午 6 点以前，首次出现了失火的报道。火焰穿过建筑物的屋顶，很快吞没了 315 英尺高的塔尖，塔尖在大火中倒塌。

三、中西文化比较

因为灾难性突发事件直接影响到人类的生命财产安危，关系到社会的稳定和发展，危害大，影响范围广，所以成为社会大众最普遍、最急切关注的问题，具有较大的新闻价值，是中西方传媒共同关注的焦点。然而，文化传统和价值观念的不同，必然导致中西方传媒的灾难新闻报道在受众观念、报道主流、新闻取材等方面产生差异。

（一）传播者的角色定位

中国传媒扮演"舆论减压阀"角色，而西方传媒有着"第四权力"的身份。

在对灾难新闻进行报道时，中国的新闻传播者更多时候是以社会立场和社会整体利益为出发点去审视，尽量选择事物积极的一面呈现给受众，引导受众对灾难进行理智分析判断，消除流言蜚语和盲目恐慌心理，起到"舆论减压阀"的功能。相比之下，西方新闻传播者的第一反应是以"第四权力"身份挖掘事件背后的新闻价值，抢先于其他媒体。

这种差异是中西方不同文化在新闻传播活动中的反映。2003 年的"非典"后我国媒体建立起更加公开、及时报道疫情灾难新闻的传播机制。这也就意味着我国大众传媒的社会角色和功能将得到更好的正视和发挥。面对灾难，记者更有机会、有条件了解到事实，及时告知群众，在各种流言极易滋生和传播的环境中起到"舆论减压阀"的作用。

与之相反，由于西方的政治体制和传媒机构的私营性质，西方传媒常常以"第四权力"的身份，在不触犯资产阶级整体利益的前提下对政府进行追问质疑。他们认为这样就会为民众的不满和怨愤提供一个可以排解、释放的通道。但如果没有合理运用手中的话语权，容易适得其反地带来"舆论助燃剂"的反作用。

（二）报道主体

在突发新闻的报道中，中西方媒体对报道主体的关注面有所不同。

中国灾难新闻报道的视点是整体的、全局的，其新闻的主体侧重为"大我"，即较多地关注灾难中的群体，突出政府与社会各项救灾措施等；而西方新闻报道的视角则侧重个体，在新闻主体中突出强调"小我"，即关注生命个体，突出抗灾救灾中的个人英雄主义。

这种差异同样体现了中西方不同的传统文化价值观——集体主义和个人主义。中国文化强调群体意识和社会意识，推崇无私奉献的集体主义价值观，提倡以民族、国家和社会利益为重的观念。而西方传统文化则主张人是独立、自由的个体。他们认为个人的权利是与生俱来的，国家、社会的职责就是要保证个人权利的实现。

正因如此，在灾难新闻传播中，中国的记者们把眼光放在灾难对大局的影响以及人在灾难中的抗救行为和精神。如中国 2008 年汶川地震的报道：《人民日报》5 月 19日 7 版头条新闻《456 万震区群众妥善安置》、5 月 21 日头版标题《四川灾区 300 万共产党员践行誓言》、5 月 22 日头版《四川青川县乐安寺乡在地震中房子垮了，但组织不垮——震不垮的乡党委》等，在灾区进行恢复重建工作时，《人民日报》推出《抗震救灾英雄谱》这一栏目，开始大范围集中报道抗震救灾中的英雄人物和事迹。不难看出，中国灾难新闻报道的视角是整体。

同样是灾难性事件，针对 2005 年"卡特里娜"飓风灾难，《纽约时报》除在灾难初始期发表过几篇全景式报道后，一系列报道为：《新奥尔良开始排水》《老人院里，暴涨的洪水迫使人们放弃抵抗》《在停车场、帐篷下，混乱、礼拜在继续》《德州撤离令之后，交通陷于瘫痪》等。其灾难新闻报道主体是普通的民众，以个体角度报道个人的生存环境和生存状态，同时把着重点放在灾难对人的摧残，直接地表现出人的痛苦、悲惨境地。

负面报道在西方新闻媒体上占了较大版面，学者李楠就把西方重视揭露性报道、灾难性新闻归于文化原因，认为这是一种"物我分离"世界观的反映。"表现为对个体生命的沉酣、放纵，它突出个人的存在，富于非理性、情感意味，追求狂热、神秘、刺激。"

（三）报道方式

中国媒体主张精神力量，西方媒体倡导秩序规则。

李楠在他的书中写道："对灾难事件的报道方式，不是无根之木，无源之水，而是民族文化心理的一种映射。我们的民族善感乐生，崇尚圆满，习惯于以超然的、了悟一切的、历史的态度看待痛苦，信奉痛苦终将过去，且不过是一个过程。我们所强调的以正面宣传为主，从某种意义上讲，正是对民族传统心理的一种暗合。这种积极的舆论导向，可以激发人民群众奋发向上的精神，鼓舞群众斗志，引导人民群众正确认识和理解各种社会问题和社会现象，推动社会的发展和进步。"

我们可以看到，在中国的灾难新闻报道中，中国新闻传播者着力挖掘人与自然和谐的一面，把现实的苦难升华为精神上的力量。如第十九届中国新闻奖一等奖获奖作品《万众一心众志成城战胜特大地震灾害》，报道的是中国四川汶川大地震发生后全国人民战胜特大地震灾害的情况，强调中国人民不畏艰险抗击自然灾难的精神。而西方的灾难新闻不会避免细节描述，他们对灾难事件的报道往往更加渲染个人在灾难面前所受的苦难。例如，美国 CNN 网对印度洋海啸事件的报道。灾难发生后，CNN 网站的第一篇重磅报道是《目击者描述海啸的恐怖》。此后，网站连续使用了灾情报道与幸存者口述实录相交叉的方法，发布了大量现场故事。如《许多人在泰国海边失踪》《海啸幸存的美国人讲述破坏情况》《印度尼西亚尸体堆积成山》《幸存者的故事：这太离奇了》等，每一篇报道都在描写受灾人痛苦绝望、惊恐万分的悲剧故事，生动震撼地再现了海啸现场的情况。

从文化差异来看，中国传统文化强调和谐，主张"天人合一"，追求人与人、人与社会、人与自然的和谐；中国人一般认为，正面报道符合社会本质和主流，利于和谐社会的构建。而西方文化则强调法律精神和权利意识。西方新闻价值观认为，新闻报道把正面和负面的全部事实展现出来是信息开放、保障受众知晓权的表现。

通过上述对中西方新闻报道观念的文化成因进行分析，我们可以从纷繁复杂的新闻传播活动中了解中西方灾难新闻报道的本质差异。在对灾难事件进行报道时，中国新闻报道以传递希望和爱，面对灾难，万众一心，共渡难关等舆论导向为主；而西方媒体除了满足公众"知情权"外，还兼具政府工作监督者的角色。

比较的最终目的是取长补短，即在尊重不同文化背景下的新闻传播理念、肯定不同特色的基础上扬长避短。现如今，中西方传媒都进行了一定的反思和改进。西方传媒新闻价值观由对个人生活的注视转向对国家政策等的关心，由一味地批评揭露到强化引导和鼓励，淡化冲突，重寻和谐。

中西方传媒各自的反思与改善，为中西方传媒的沟通和中西文化交流提供了可能性，中西文化的共性又为这种沟通与交流奠定了文化上的深厚基础。在无法回避的全球化趋势下，只有文化价值观的融合和超越才能真正实现新闻报道的变革，带来新闻报道实践的创新，也才能带来碰撞后的文化创新。中西传媒价值取向和文化选择的沟通将在未来发展中日益彰显。

Part Five   Exploring beyond the text

一、知识拓展

1. 突发事件的采编要紧扣突发事件新闻的特点

突发性新闻具有很强的时效性，随着技术的发展，媒体从追求"及时性"转向追求"即时性"。尤其在当下的网络时代，传统媒体借助于网络实现了突发事件的报道"同步"，也就是实时播发或者说是"直播"。故在突发性事件发生时，要在第一时间派出得力记者赶到现场，第一时间进行实时报道，抢发独家新闻。

2. 突发性新闻具有强烈的动感

突发事件报道的采访、写作、编辑直至发行，这些都极有时效性和刺激性，而记者只有在现场做全面立体的采访，才能够写出具有动感、立体、全面的报道。

（一）突发事件的现场采访和写作技巧

1. 突发事件新闻采访前的必要准备

在一个突发事件发生之后，记者需要采取多线并行的方式，即文字记者、编辑、摄像等都需要同时出发赶往事发地点。突发事件的信息源多为当地群众的报警或是来电。接线员在接到消息了解具体位置和情况之后，应报告电视台，电视台应做出相关的人员派遣，文字记者、编辑、摄像、司机等都需要考虑周全，需要摄像的原因是可以形象直观地将现场的一些情形和细节展现出来。

2. 突发新闻的采访策略

突发新闻事件包含着复杂因素的新闻事件，和一般的时政类、社会百态的软新闻不同，它不是按照一定的顺序去发展，具有很大的不确定性。这导致了采访难度的增加，需要经验丰富老道的记者才能做出正确的判断，即需要用什么样的采访方式获取什么样的信息，才能满足受众的需求，才能保证采访任务的完成。其中需要注意的有以下几个方面：

（1）尽快赶到第一事发现场。

突发新闻发生之后，很多同行都会第一时间出发，这个时候大家的信息都是一样的：在某个地方出现了突发性事件，具体的事件原因、导致的结果和影响、人员伤亡等基本情况都还处于未知的状况。此时要做的是安排好采访前的准备，在了解情况后要第一时间赶去，采集第一手资料，保证消息的独有性。比如：天津港爆炸事件，当地媒体在接收到消息之后，第一时间出发到达爆炸现场，采访在事故中幸存下来的人和当时在附近的群众。第一手资料很直观地显示出爆炸的突发性和破坏性，对此次爆炸事件中，有多少人员伤亡、具体的情形到底如何等都给予了很清楚的展示。

（2）选择正确采访策略。

在到达现场后，要对现场进行有效的分析，然后在心中考虑如何采用最有效的采访方式，既最大限度地获取信息，又能保证自己获取正确有效的新闻信息。比如一般的事故现场都会有很多的目击者，在这些人中会有人观察到事件发展的整个过程，此时就需要对他们进行采访，但是找到也是非常难的一件事，可以和提供线索的人员进行联系，询问具体的事件，同时再结合其他目击者对事件的描述，这样对整个新闻事件的发生会有具体的了解，这是现场采访的重点。

（3）现场提问掌握技巧。

有时候接到的线索是匿名的，这样就需要记者在赶到现场时，准备好需要的台词，当自己是对此事好奇的群众，和周围的人进行交流，拉近双方距离，获取自己想要的信息。在表明了身份后，面对是杂乱无章的现场，要掌握一定的提问技巧，以获取关键的信息。见到采访对象时，必须进行自我介绍，表明自己记者的身份，让被提问者放下心，接着记者需要采用牵引的方式，将采访者想要表达的话表示出来，态度一定要平稳不能激进，也不能逼问，提问的速度要考虑对方的思考时间，提问内容要尽量通俗化，以提高采访的质量。

3. 突发事件新闻写过要求

（1）短平快。

突发新闻的写作不同于一般的时政类新闻，突发事件重要的是将事件发生的具体情况报道出去，这就要求其必须提高效率，在文章的篇幅上要注意短小，将突发新闻事件的重点突出出来，用几句话去概括整个新闻事件，其中可以包含新闻的 5 要素。在突发事件开始时，新闻的写作并不追求事情的全面性。但是对于一个具体事件要表述清楚，并做到即时更新，不要停留在碎片化的报道上。如：针对天津港爆炸事件，可以简要报道：某具体的时间，天津港出现了爆炸事件，具体原因不明，目前至少造成多少人死亡，多少人受伤等，现在警方和消防队伍、医疗救助队伍已经赶往现场，具体情况看具体报道。这也给连续报道留下了伏笔。

（2）快速报道。

重大事件的发生对于时效性的要求很高，对于新闻写作的要求就会更高，要求记者必须能够进行快速报道，这对于记者的文字功底要求很严苛。在突发事件后，文字记者需要将现场的具体情况、重点内容报道出，且不能显得多余琐碎，在写作中可以采用常见的倒金字塔结构，在新闻的导语部分就能够知道了解具体事情的发生。对采访的新闻材料进行充分的利用和组合，重视第一手资料，但不轻视第二手资料，材料的选择上要重点突出突发事件的突然性、造成的巨大后果，以及已经采取的一些拯救措施等。报道的新闻角度是需要着重考虑的，是重点突出爆炸事件的危害、出现的原因以及后来对此事件的预防，还是突出对安全事故出现的问责？角度要集中具体，不能广而空。

（3）简洁白描式语言。

新闻写作的语言，尤其是在报道重大事件上，需要采用简洁白描式的语言，要求及时准确，叙述的信息需要量化，让受众感受到新闻内容是真实可信的。对于具体事情的描述也要简洁。掌握新闻价值的规律，报道大事件也要沉着冷静。

二、能力拓展

（一）中文突发性报道延伸阅读

访问新浪网，阅读《飓风卡特里娜袭击美国》这篇突发性报道，https：//news. sina. com. cn/z/jfxjmg/。

（二）英文突发性报道延伸阅读

访问美国有线电视新闻网，阅读"Hurricane Katrina Statistics Fast Facts"这篇突发性报道，https：//edition-m. cnn. com/2013/08/23/us/hurricane-katrina-statistics-fast- facts/index. html?r=https%3A%2F%2Fwww. google. com%2F。

（三）课后练习

1. 简答题

（1）什么是突发性报道？其主要特点是什么？

（2）突发性报道的写作需要注意哪些问题？

（3）中外突发性报道的主要差异在哪里？原因是什么？

2. 论述题

（1）请简要论述突发性报道的报道方式。

（2）突发性报道中如何平衡真实客观性和博人眼球的冲击性内容？

3. 实操题

（1）读完这两篇突发性报道后，请写一篇800字左右的新闻评论。

（2）利用本章所学知识，去分析一篇突发性新闻报道，可以从写作立场、报道方式等方面入手。

（3）After reading "Hurricane Katrina Statistics Fast Facts", try to analyze the similarities and differences with China's breaking news reporting.

参考文献

[1] 谢耘耕. 突发事件报道[M]. 上海：上海交通大学出版社，2009.

[2] 张芹，刘茂华. 突发事件报道案例教程[M]. 上海：上海交通大学出版社，2013.

[3] 陈佳希. 新闻媒体对突发性事件报道中体现的新闻报道策略及价值取向对比研究[J]. 传播与版权，2014（7）：158-159.

[4] 陈永毅. 突发性新闻事件报道中我国媒体人人文关怀意识的变化[J]. 西部广播电视，2015（5）：42-46.

[5] 郭平. 如何做好突发性新闻报道[J]. 传播力研究，2017（7）：52.

[6] 徐吉庆. 媒体在突发性公共事件报道中应注意的几个问题[J]. 新闻传播，2012(5)：94.

[7] 赵晓刚. 如何写好突发性新闻[J]. 新闻研究导刊. 2018，9（11）：211.

[8] 张艳. 采访报道突发性新闻的技巧[J]. 中国地市报人. 2011（7）：132-134.

调查性报道

Unit Four Investigative Reporting

Learning Objectives

- Understand what investigative reporting is and the important features of its writing styles.
- Focus on the viewpoint and angle of investigative report writing.
- Understand the writing style of investigative reporting and establish your own style.
- Grasp the method of exploring questions and make investigative reports deep.
- Explore good solutions to problems and put forward constructive opinions and suggestions.

Part One　Preparing to explore

一、调查性报道

（一）定义

美国密苏里新闻学院的教授们认为，"调查性（揭露性）报道的目的在于揭露被隐藏起来的情况；其题材相当广泛，广泛到涉及人类活动的各个方面"。"它指的是一种更为详尽、更带有分析性、更花费时间的报道，因而它有别于大多数日常报道。"美国学者大卫·安德生和皮特·本杰明在 1975 年出版的《调查性报道》一书中认为，调查性报道是"报道那些被掩盖的信息……它是一种对国家官员行为的调查，调查的对象包括腐化的政治家、政治组织、公司企业、慈善机构和外交机构以及经济领域中的欺骗活动"。

《大英百科全书》中认为，调查性报道是报刊或广播电视采用的一种报道方式，专注于以长期的努力揭露腐败或不正当行为，尤其是当这种行为发生在政府和公共机构中。

可以看出，西方理论界对调查性报道（investigative reporting）的概念界定是非常偏重于题材的。如果说一篇报道的题材是对黑幕、内幕的揭发，那么就可以认为其属于调查性报道，换句话说，有没有"揭丑"是判断某一新闻报道是否归属调查性报道的一个重要标准。

我国内地最早对调查性报道进行明确界定是在 1993 年河南人民出版社出版的由甘惜分编撰的《新闻学大辞典》中。它对调查性报道的解释是"一种以较为系统、深入地揭露问题为主旨的报道形式"。

这种解释承认了调查性报道的主旨是"系统、深入地揭露问题",比较贴近西方新闻界对调查性报道的界定,但是缺乏对调查性报道内涵的进一步说明。1996年出版的由冯健主编的《中国新闻实用大辞典》则用"揭露性报道"来指称中国当前的调查性报道,并这样解释:揭露坏人坏事,旨在以儆效尤的一种深层次的报道。一般常见于对违法乱纪案件、违反公共道德、损害公众利益等事件的报道。丑闻也是一种揭露性新闻。揭露性新闻需讲清坏人坏事对社会的危害、坏人坏事产生的根源,以教育人们提高警觉,防微杜渐。揭露的坏人坏事要有所选择,具有代表性、典型性;揭露的事实应该准确无误,有说服力;对所揭露事实的叙述和分析,必须有法律依据,符合道德规范;写作时遣词造句要科学、严谨。

综上所述,调查性报道指的是记者通过较为长期而完整的积累、观察与最近的调查研究,对政府、公共机构以及社会中存在的各种问题进行的深入、系统或详细的报道,并以寻求合理解决方法为主旨的新闻报道形式。它利用长时间内积累的足够的消息来源和文件,向公众提供对某一事件,尤其是关系到影响公共利益的不正当行径的强有力的解释。调查性报道是深度报道(in-depth reports)的一种。

(二)调查性报道的意义

第一,调查是媒体获取新闻事实、进行客观报道的一个前提,尤其是在信息封闭、信息混乱、信息不对称的情况下,深入调查可以掌握大量第一手材料,使媒体传播的信息更加接近事实真相,起到解惑释疑、引导舆论(guide the public opinion)的作用。调查对新闻传播的助推作用,正是调查性报道的价值所在,也是其历久弥新的原因之一。

第二,我国媒体的调查性报道能够正确引导舆论,对各类产生争议、存在疑点的事件进行探寻,力求通过深入调查和严谨核实,澄清事实,还原真相,阻断谣传,促进和谐。

(三)调查性报道的产生与发展

1. 调查性报道的产生

20世纪初,一场被称为 *Muckraking* 也就是"扒粪运动"(又称"揭丑运动")的黑幕揭发运动轰轰烈烈地开展起来。其时,美国正处于从农业社会到工业社会的转型期,各类社会问题层出不穷,一些杂志记者敏锐地注意到了这种变化,并尝试用一种更加主动、更加深入的报道形式来揭露和批判这些现象,分析其成因,提出自己的建议,以期推进社会的变革。

越来越多的知识分子纷纷加入黑幕揭露运动,并写出许多影响深刻的文章,如《世界上最大的托拉斯》《疯狂的金融界》《人寿保险真相》等。随着黑幕揭露运动日益高涨，揭黑幕者瞄准的对象转移到了国家政体上。在 1906 年 3 月号的《世界主义者》上，戴维·格雷厄姆·菲利普斯在其《参议院的叛国罪》中指名道姓揭露了纳尔逊·奥尔德里奇等 20 多位参议员政治腐败的罪恶，该篇文章手法极其辛辣，通篇尽是"叛国""无耻""强盗"等字眼，最后打破了参议院的铜墙铁壁，使一些参议员在下届选举或几年之后失去了席位。1912 年一项宪法修正案成功通过，直接选举参议员的权利最终还给了人民。

黑幕揭露者的触角遍及生活的方方面面，指责详尽而直接，毫不留情，他们发现的问题形形色色，《人人》曾列举黑幕揭露者的成就："保险业运行机制更为健全，银行正在增加新的防范措施，广告基本真实，食品和药物掺假受到抑制，公共交通运输公司更为关注人的生命安全。政治老板的风光不再，各州和各城市都在致力于廉政建设。弱势群体得到保护。"历史学家把黑幕揭露时代称为一个打扫蜘蛛网和破旧家具上尘土的清扫门庭的时期。

1906 年后，这场运动的旗帜性刊物先后被保守的企业集团购买，事实上揭黑运动就此灭亡。但是到 20 世纪六七十年代，黑幕揭露报道的变种——调查性报道大行其道，这便是调查性报道的最早产生。

2. 调查性报道的发展

20 世纪 70 年代初，《华盛顿邮报》关于水门事件（The Watergate Scandal）的调查性报道让世界认识了它监督权力运作、揭露社会弊病方面的巨大威力，尼克松总统因为这一调查性报道引咎辞职，负责该报道的记者也因此而获得普利策新闻奖。同时期，美国还出现了不少极具代表性的调查性报道，如中央情报局（CIA）、越南美莱村屠杀（The My Lai massacre）等，可想而知，这些丑闻在当时一定都曾被一些人极力隐瞒，但是随着调查记者锲而不舍的探寻，终使得一桩桩丑闻真相大白于天下。同时，调查性报道在英国、日本、澳大利亚等国也大显身手，揭发了大量社会进程中存在的问题。在此之后，新闻业界开始大范围运用调查性报道，而当时它作为一种新兴的并且独占鳌头的报道形式，理论界却不能给他一个明确的界定，关于"调查性报道"的问题一直争论不休。

经过近百年时间的实践，从调查性报道的萌芽到今天的成熟发力，国外学术界已经对调查性报道有了比较系统的界定。自从调查性报道这个概念在西方新闻界形成以来，它就偏重于揭露被隐藏的政治丑闻或其他犯罪行为。一些学者把调查性报道的题材放在首位来思考，着重于以题材范围来界定调查性报道的内涵和外延。而调查性报道之所以区别于一般的深度报道被单独列出，也正是因为它的选题不同于一般报道，而不是因为它在报道方式上有何特殊性。

调查性报道这种形式起源于西方，在改革开放后不久，我国新闻实务界就已经开始了调查性报道的实践。可是在 20 世纪 90 年代之前我国调查性报道的揭示性特征并不明显。不过随着电子媒介的高速发展，1995 年前后，被誉为"舆论监督，群众喉舌，政府镜鉴，改革尖兵"的《焦点访谈》和因"正在发生的历史，新闻背后的新闻"而备受关注的《新闻调查》等电视节目，以及一些新锐媒体纷纷利用调查性报道行使舆论监督权力，使得我国调查性报道在 20 世纪 90 年代中后期迎来了发展高峰。

以《中国青年报》为例，它是开创深度报道先河中的佼佼者，其调查性报道在国内也是首屈一指。《一家民营医院的生财之道》在经《中国青年报》刊发后，在当地掀起了轩然大波，多年来违规操作的医疗体系被晒晾在阳光之下。它随后还推出了《民营医疗机构的"病"该治治了》《我们是尊重事实的》《"权威团队"子虚乌有》等一系列调查性报道，对那些被藏在暗处的事实真相进行深入的调查、犀利的剖析和客观的报道，揭开了其中重重黑幕。

21 世纪来，一系列颇具影响的调查性报道产生了：2000 年 10 月，《财经》杂志揭露中国基金黑幕；2001 年 8 月，《人民日报》等多家媒体披露南丹矿难；2002 年 6 月，《中国青年报》揭露山西繁峙矿难瞒报事件；2002 年 12 月，《中国经济时报》揭发北京出租车业垄断黑幕。调查性报道进入了新的发展时期。

（四）调查性报道的基本特征

调查性报道是一种特殊的报道方式，在我国的兴起也比较晚，但是调查性报道就像一块有巨大能量的磁铁，吸引着新闻人为之奋斗，目前在我国新闻界已经有了长足发展，电视和纸质媒体纷纷开设调查性新闻栏目。调查性报道在我国也形成了自己鲜明的特点，它主要有以下三个特征：

1. 揭示性（disclosure）

揭露社会中存在的时弊，曝光各个领域暗藏的内幕，揭发某些组织或者个人的犯罪行为就是调查性报道的职责所在。换句话说，调查记者的职责就是通过深入缜密的调查研究，把一些被某个人或组织蓄意遮掩的事实真相大白于天下。如果仔细分析，这些真相呈现两种状态：一种是通常所说的内幕和黑幕，那就是被权力和利益遮蔽的真相；另一种是复杂事物的混沌状态，那是被道德观念和认识水平所遮蔽的真相。按照这种观点，我们可以认为调查性报道的核心就在于揭示被掩盖的丑闻、犯罪，权力集团的内幕等，因此，调查性报道的标志特征就是揭示性。

2. 独立性（independence）

调查性报道区别于普通新闻作品的另一特点就是它并非被动地报道他人提供的新闻线索，而是一种主动出击的报道方式。调查性报道的独立性是指新闻媒体和调查记者的主体意识。

相对独立的发现新闻线索、相对独立的完成调查采访这是调查性报道独立性的重要表现。调查记者需要有自主的意识，那就是将政治腐败、经济犯罪、伤害公民权益等违法违规行为作为调查对象，对有意隐瞒的事件真相进行独立采访、调查，自主地揭露被掩盖的新闻事实。调查记者对现有的材料不应轻易相信，亦不应人云亦云，凡事都要亲自进行采访调查，通过整合不同当事人和知情人的说辞，对整个事件进行科学的分析，以此来揭示事件发展全貌，使得真相浮出水面。在调查性报道采写过程中，记者的独立自主性得以完美的展示。

3. 艰危性（hardship）

调查性报道的报道对象是那些有意被遮掩的并且有损公民利益的事件，因此调查性报道相对于其他报道样式来说，就更显得有难度。艰危性就是指在做调查性报道的过程中存在各种艰难危险，会面临各种错综复杂的情况，甚至有时候调查记者会有性命之虞。

一方面，调查性报道是一场漫长艰辛的过程。美国记者毕辛格、彼德尔和图尔斯基为了揭露费城和宾夕法尼亚州各级法院的严重失序，经过三年时间走访调查最终查明真相，并在《费城问讯报》刊载连续报道《法院的失序》;《华盛顿邮报》的两位记者鲍勃和卡尔用了 22 个月对整个事件进行了一系列的跟踪报道，正是由于他们报道的内幕消息揭露了白宫与水门事件之间的联系，从而最终促使了尼克松的辞职。由此可以看出，做调查性报道是需要很多的时间、精力与费用的，不过并不是说所有的调查报道都要花费几十个月甚至更多的时间来进行追踪调查。

另一方面，调查性报道对象的特殊性给报道带来的不仅有调查采访中的诸多困难，还有调查过程中的诸多危险。王克勤是国内非常著名的调查记者，他先后推出震惊海内外的《北京出租车业垄断黑幕》《兰州证券黑市狂洗"股民"》《公选"劣迹人"引曝黑幕》《甘肃回收市场黑幕》等调查性报道。仅 2001 年，经他揭露、被绳之以法的违法犯罪分子就达 160 多人，警方曾派 4 名刑警荷枪实弹进驻他家保卫他的安全[①]。

二、课前讨论

■ What's your opinion of the increasing sexual assault cases in our modern society?

■ How do journalists write investigative reports on sexual assault cases, especially reports on minors who have been sexually assaulted?

■ How to decrease these sexual assaults in your opinion?

[①] 相关资料参见郭宇宽：《我是一个记者 来自老百姓——专访著名揭黑记者王克勤》，载《南风窗》2005 年第 15 期。

Part Two   Exploring the text A

一、中文调查性报道案例

性侵发生之后

《新闻调查》节选 央视网

2018 年 1 月 13 日

查看近年新闻，屡见留守儿童遭遇性侵的悲剧：

广西平南，留守儿童小月（化名）和 9 个女孩遭到了宿管老师的长期性侵。她们当中最大的 13 岁，最小的只有六七岁。广西兴业，留守女童自 11 岁起遭多位村民长期性侵。湖北十堰，11 岁留守女童被邻居多次强奸后服毒自杀。四川自贡，6 岁留守女童遭另一位留守未成年人强奸。……（新闻提要）

2017 年 9 月 15 日，平南县人民法院作出一审判决：被告人谭某犯猥亵儿童罪，被判处有期徒刑四年。性侵者虽然最终得到了法律的惩处，但他留下的伤害和遗憾却永远难以挽回。修补孩子们的伤痕，是一场漫长的征程。

亟待填补的性知识空白

小月告诉记者，对于发生的"那些事情"，当时她自己并不知道是怎么回事。在受伤害之前，从来没有人给她讲过与防性侵害沾边的知识，无论家庭还是学校。

采访中，记者一路经过的村落，几乎见不到青壮年人。留守老人大多文化程度不高，很少与外界交流，田间收成只能勉强度日，供孩子的基本生活所需已是不易。在这些温饱都难以为继的留守家庭里，不要说如何正确预防性侵，孩子们往往连最基本的生理发育知识都难以得到。

"女童保护"组织的负责人孙雪梅，出生在贵州山村，更清楚留守儿童的困境："城里能够更快速便捷地获得资源，但这些留守儿童他们更缺少家长的监护，自我保护意识非常淡薄。他们比城里的孩子更需要。"

"女童保护"是一家致力于保护儿童远离性侵害的公益组织，成立四年多来，开展了多项活动，致力于提高儿童的防范意识，其中包括认识身体、分辨和防范性侵、一旦遭遇性侵应该怎么办。至今已在28个省市的上万所学校或社区进行了宣讲。

但在各地开展活动的过程中，孙雪梅逐渐意识到，仅有针对儿童的教育并不足够。"防性侵的教育是持续的，和讲交通安全、防水、防火、防意外等教育是一样的，它也不是单方面就能完成的。"孙雪梅说。

儿童性侵害并不是单靠教育就能解决的问题。在漫长的疗伤过程中，未成年人还面临的实际状况、涉及的复杂需求，需要司法、民政、教育等多部门的联合介入。

恶魔落网，仅仅是个开始

遭遇侵害后，小月四次被公安机关叫去问话。"每次都是同样的问题"小月说，多次询问让她觉得十分痛苦。

但事实上，我们国家对未成年人的性侵案件，有专门特殊的司法程序。通俗地讲，它一般遵循着一次性询问的原则，目的正是为了避免过多询问唤起痛苦经历，给孩子造成二次、甚至三次伤害。

律师秦建龙代理过多起未成年人性侵案，他发现，除了小月所说的"多次询问"，执法机构还存在着对未成年受害者其他保护不到位的情况。"比如说，公安机关在取证的过程中，没有注重保护未成年人的隐私，开警车、戴着警帽去学校、去家里，这样的话，让周边的人都知道这小孩子被性侵了。"

在朴素的善恶观中，犯罪分子得到法律惩治，便伸张了正义，是不错的结局。然而，就性侵案而言，恶魔落网，仅仅是个开始。即便得到了一纸判决，孩子的心理也很难得到有效的恢复。

因为在性侵事件中，儿童受到的伤害，其实不仅限于性侵本身。它涉及司法程序、隐私保护、心理咨询、转学、复课等多方面的需求。如果后续的需求得不到满足，孩子心理的阴影可能一直挥之不去。

在国外，已有一些法院设立了一站式的服务中心，有一些不同专业的社会组织在法院、少年法庭这样的一个特殊的司法机构里设立自己的办公室。当儿童受到了性侵，可以在这里一站式地获得综合的服务。

目前，这样的方式在浙江、北京等少数地区已经开始试点，但目前来看，推广开来或许还需要时间。

除了司法保护，我们还能做些什么

何思云，平南县思旺镇中心小学数学老师。2017 年 5 月，一个偶然的机会，她碰巧听见学生们无意间说，晚上的时候，会被生活老师摸。她立即选择了报警。

但与何思云相比，平南县当地的教育主管领导，在这个问题上的反应让人诧异。

何思云说，由于当时学校没有态度，她就想到了上一级。给教育局局长打电话未接，发短信未回。

李杰清是平南县教育局局长，她对此事迟来的建议是：由家长报警。

这难免令人失望。我国法律明确规定：对未成年人有教育管理、监管的单位和个人，对未成年人受到侵害，是有报案义务的。如果连教育监管部门都对自己负有的强制举报义务不清晰、不履行，那么完善对孩子的保护就无从谈起。

其实，即使是对于不从事教育等特定行业的人，也都有权利和义务对儿童遭受的侵害进行报告。来自公民的举报应该成为预防和及时发现儿童性侵事件的重要一环。

去年 8 月，南京火车站猥亵女童事件在网上曝光后，引起全国关注；其后，重庆医院猥亵女童事件也被曝光。这些事件的共同点在于：虽然旁观者众多、却无人现场报警，是经过网络的发酵，才得到关注与惩治。

如果发生在公共场合的儿童性侵都不能得到及时报告和制止，那我们更无法期待发生在更隐蔽场所的侵犯被有效监督。

联合国儿童基金会 2017 年 11 月发布的调查显示，儿童性侵犯熟人作案高发，在世界各地都高达 90%以上，许多就发生家庭内部，长期隐蔽，仅靠执法机构难以及时发现。这就使得民众自发的监督和报告显得尤为关键，否则，对儿童伤害的关注和保护将无从谈起。

就世界范围而言，儿童性侵害都是一个复杂的难题。无论是事前预防，还是事后救助，都涉及立法、司法、教育监管、社会保障等各个环节的协同努力，也和民众的观念意识、重视程度、知识普及等因素息息相关。只有每一个部门都妥善履行使命、每一个民众都意识到自己分担到了一份责任，孩子心理的伤痕，才可能得到真正意义上的修复与抚平。

（文章来源：央视网，http://tv.cctv.com/2018/01/14/VIDEaFLpJggIHPZ0Z4e TDFWU 180114.shtml，2018-01-13）

二、中文新闻报道分析

（一）事件背景与意义

截止到 2018 年，我国农村留守儿童约有 697 万，在几乎只有老人和孩子的农村中，留守儿童遭到性侵的事件时有发生。学校相关教育的缺失、老人们谈"性"色变的观念和遭遇性侵后的不当处理都使得犯罪分子更加嚣张。

记者对于性侵案件特别是青少年性侵案件的适度、有效、合理的调查和报道，能够引起全社会对这一问题的关注，更好地保护弱势一方，净化社会环境。

（二）写作立场与角度

1. 从建设性视角入手

这篇调查性报道关注农村留守儿童遭遇性侵害和对农村留守儿童进行性教育的问题，话题重要且敏感。整个调查是从记者的出镜开始的，记者和公益律师探访遭遇性侵的 13 岁女孩的家，采访她的爷爷奶奶等。整个调查性报道较好地做到了揭露性和保护性共存，从建设性的视角揭露农村留守儿童遭遇性侵的可能原因并从自身、家庭、学校和社会等方面给出避免此种现象的措施。这样的调查性报道与所提倡的"以正面宣传为主"并不背离，可以增强党和政府的社会公信力，对于推动社会的发展有一定的促进作用。

2. 题材外延扩大到正面或者中性

一直以来，大众对于调查性报道的题材认识限于揭露性题材，其实这是比较狭隘的。此篇报道虽然是以负面题材作为调查对象，但是在新闻调查过程中，还谈到"女童保护"组织正在做和将要做的工作以及当儿童受到性侵后，怎样获得相关机构一站式的综合服务。这样，题材则扩大到儿童保护、司法援助等正面题材上了。

正面或者中性的题材也可以是优秀的调查性报道的题材来源。鼓励更多的非揭露性题材的调查性报道有助于受众对于新闻事件真相的认识，有知识普及和教化的作用。

（三）作者主要观点

第一，农村留守儿童由于性知识的缺乏和隔代教育的谈"性"色变，往往成为性侵害的主要受害者。在农村相对狭小封闭的环境下，熟人作案的可能性增大。

第二，对儿童的性教育不应该谈"性"色变。家庭、学校和社会都应该营造一个保护儿童的良好环境。

第三，对于受到性侵害的儿童，公安机关取证和记者采访时应该避免对其进行"二次伤害"，相关司法机构应该提供包括心理辅导在内的一站式综合服务。

（四）写作风格与手法

1. 引人深思的新闻标题

新闻标题是《性侵发生以后》，这个标题引发读者许多疑问，比如"性侵为何会发生？""谁遭到性侵？""性侵在哪里发生？""性侵发生以后被害人经历了什么？""凶手被绳之以法了吗？"带着这些问题，在阅读该报道时能有更多的思考。

2. 文章有明确的基调

整篇文章从开始的记者出镜调查和对被害人小月的采访，以及后面谈到避免公安机关取证的"二次伤害"等，都是从"保护"着手的，也就是给全文定了"保护未成年受害者"这一基调。在保护的同时，文章最后还向外延伸，提出了"除了司法保护，我们还能做些什么"，引发受众思考。

（五）表现形态

全文采用客观性报道的表现形态，对广西平南县一13岁女孩被宿管老师长期性侵案件进行深度调查，抽丝剥茧般地为受众梳理受害者遭遇性侵后家庭、学校和社会的态度，案件举报者之一的何思云老师的现状，"女童保护" 组织负责人的担忧，等等。全文大量运用动词和动词性短语，较为客观地表达了作者观点。

Part Three　Exploring the text B

一、英文调查性报道案例

Students warned USC about gynecologist early in his career:
"They missed an opportunity to save a lot of other women"

Harriet Ryan and Matt Hamilton, *Los Angeles Times*

May 23, 2018

After an appointment with Dr. George Tyndallin 1995, USC undergraduate Alexis Rodriguez wrote a letter of complaint on a typewriter in the English department. The gynecologist, she recalled writing, had a Playboy magazine on his desk, used a scalpel on a vaginal abscess without anesthetic and, when she objected, marked her chart with the word "difficult."

A student health clinic administrator sent back a letter, apologizing and pledging to remove the notation from her chart, Rodriguez said. It would be 21 years before the university forced Tyndall out of the clinic.

"They missed an opportunity to save a lot of other women from his mistreatment, " said Rodriguez, now 46 and a federal probation officer in Los Angeles.

The USC Board of Trustees' executive committee announced Wednesday that outside attorneys would conduct an independent investigation into the Tyndall matter. The inquiry is to examine not only the physician's behavior, but also what the trustees called "reporting failures" that allowed Tyndall to remain at the clinic for 27 years and treat tens of thousands of students.

As more women come forward, there is mounting evidence that employees at USC received serious warnings about Tyndall beginning early in his career. In interviews and court filings this week, former patients and colleagues described attempts to alert clinic administrators and others at the university.

Some interviewed said it was common knowledge on campus that Tyndall should be regarded with suspicion. A 2014 graduate said she even made her disconcerting visit with the gynecologist the subject of a theater class performance.

The earliest complaint shared with The Times dates to 1991 — two years after Tyndall joined the clinic staff — and was outlined in an affidavit. The unnamed alumna wrote that she told a clinic medical director and the university women's advocacy office that Tyndall had photographed her naked without consent.

"Nothing ever came of it, " the alumna wrote.

After The Times sent USC detailed questions about Tyndall earlier this month, the university acknowledged that the clinic's former executive director Lawrence Neinstein, who died in 2016, had received complaints about the physician as far back as 2000. The university said that Neinstein handled Tyndall "independently, " and that based on a review of the "concerning" complaints it was not clear why the physician was allowed to stay at the clinic. Last week, two longtime supervisors at the clinic were fired.

Former patients have said Tyndall improperly touched them during pelvic exams, asked prying questions about their sex lives and made suggestive and sometimes lewd comments about their bodies. The Los Angeles Police Department and the state medical board have launched investigations, and about 300 people have contacted a USC hotline and online portal established to collect reports from former patients.

Tyndall, 71, defended his patient care in a series of earlier interviews with The Times. He said he dedicated his career to "Trojan women" and provided care that was more thorough than that of many colleagues, but never inappropriate.

The physician also insisted that before 2013, the only complaint about his care that he knew of came from a patient alleging he examined her without gloves. Tyndall said he was absolved of wrongdoing after an internal investigation.

Tyndall joined USC in the summer of 1989, and within a few years, he already had a reputation in dorms and sorority houses. An alumna who worked as a resident advisor in 1991 and 1992 said she counseled young women residing on her floor about him and offered to accompany them to appointments.

"We would specifically give his name to students and say if you are given an appointment with this doctor, we recommend you ask for a nurse practitioner, " said the alumna, who is now a lawyer in Los Angeles and spoke on the condition of anonymity.

Medical assistant Anita Thornton said she complained to a clinic administrator in the mid-1990s about the photographs he was taking of patients.

"I said, 'I don't want to work with him because he is not right with the girls, " Thornton said.

Tyndall had three cameras in his office, she said. Two seemed specifically designed to take pictures of patients' cervixes, she said, but the third was "a professional Canon-type camera with a lens on it." Tyndall kept it in a locked cabinet, she said.

She said the administrator listened to her, but her response was noncommittal: "I'll look into it, Anita."

Tyndall told The Times he had two cameras in the office and photographed patients for legitimate reasons. He said he stopped taking pictures in the exam room because it was controversial with chaperones.

Thornton said in the late 1990s or 2000, she was part of a group of medical assistants who complained to another supervisor during a staff meeting. She said they were upset that Tyndall wanted the assistants chaperoning his appointments to stand on the other side of a curtain while he performed pelvic exams. She also objected to what she saw as a "creepy" manner of using his fingers during the exams as well as comments he made to students.

"We said he is disgusting and no one wants to work with him, " she recalled. The supervisor listened, but there was no indication of an investigation and Tyndall's behavior continued, Thornton said.

Alumna Meggie Kwait said she complained about Tyndall after a 2008 appointment that left her in tears. She said Tyndall seemed fixated on her weight and the fact that she'd had sexual encounters with both men and women. At the start of the pelvic exam, Kwait said, the doctor inserted his fingers inside her and said, "I bet you're pretty used to this."

She said Tyndall urged her to lose weight and told her that if she became skinnier, she could probably "get a guy instead of a girlfriend."

She described Tyndall's remarks and demeanor on a comment card and submitted it to the clinic. She said she did not recall ever receiving a response.

"I wish now that I had escalated this then. I feel horrible that there were another 10 years of women who were victimized by this man, " said Kwait, now 31 and an educator in New York.

Legal papers from Tyndall's former patients also detail reports to USC. A former graduate student now living in the Bay Area said she complained to a nurse practitioner in 2015 that Tyndall falsely told her she likely had AIDS, according to a lawsuit she filed this week.

In 1991, another USC alumna complained to the health clinic's medical director and a female nurse after Tyndall photographed her genitals during a pelvic exam. Her anonymous account was detailed in a sworn affidavit provided by her attorney, Gloria Allred.

The alumna said Tyndall explained the camera as "a new way to do examinations instead of a pap smear, " the affidavit states. Next, he stood up and walked backwards, snapping photos of her body, she recounted in the affidavit.

The medical director told her he eventually located the camera and that Tyndall had exposed the camera's film. In the affidavit, she described phoning a campus women's advocacy office to lodge a complaint.

Rodriguez, who complained about Tyndall in 1995, said that after diagnosing an abscess on her vaginal wall, Tyndall attempted to lance it without an anesthetic and nicked her with a scalpel.

When she recoiled in pain, he told her to find another doctor. A USC physician outside the clinic treated her. Months later, she returned to the clinic for a nongynecological visit. As she waited for the doctor, she picked up her chart and started reading Tyndall's account of the visit.

"It kinda bothered me that I was being called this hysterical woman, " she said. "It was a mischaracterization of what had happened."

She said she no longer has USC's response or a copy of her complaint, but provided The Times with another letter she wrote in 1995 referencing the abscess and a "terrible experience with a doctor on staff" of the clinic.

Madelyne Heyman, who graduated with a theater degree in 2014, said she did not report Tyndall after an "uncomfortable" visit her junior year. She said he pressed her about her virginity in a way that made her feel ashamed and insecure. But she said the experience haunted her, and in her final semester she turned it into a piece of performance art for one of her classes.

"I played myself and him, " said Heyman, now 26 and a writer. She said she did not use Tyndall's name, but when she performed at a campus showcase, "other women came up to me and said they had a similar experience."

二、英文新闻报道分析

（一）事件背景与意义

多年来，一直有医务人员报告称这位名叫乔治·廷德尔（George Tyndall）的医生在盆腔检查时对学生进行不适当的接触，并且还对她们的身体做出了与性有关且具有冒犯性的评价，其中也包括中国留学生。这一事件曝光以后，中国政府也对此事件表达严重关切，"我们要求南加大方面严肃处理此事，立即展开调查，并且采取具体措施，保护校内中国学生及学者不受侵害"，中国驻洛杉矶总领事馆在一则声明中说。

这一调查性报道以大量的事实指出廷德尔作为校医的不当行为，也提醒广大女大学生，有较大的社会影响。

（二）写作立场与角度

1. 客观视角倡导男女平等

《洛杉矶时报》的调查记者哈里特·瑞安从较为客观的视角倡导男女平等，男医生对女病患的诊疗应该合理并出于减少其痛苦为出发点。表现在原文中：The gynecologist, she recalled writing, had a Playboy magazine on his desk, used a scalpel on a vaginal abscess without anesthetic and, when she objected, marked her chart with the word "difficult."和 "It kinda bothered me that I was being called this hysterical woman, " she said. "It was a mischaracterization of what had happened."

2. 揭露与保护并存

文章旨在揭露南加州大学校医乔治·廷德尔的不当治疗行为甚至性骚扰女患者，在原文中多次谈到。如：Rodriguez, who complained about Tyndall in 1995, said that after diagnosing an abscess on her vaginal wall, Tyndall attempted to lance it without an anesthetic and nicked her with a scalpel."

又如：The USC Board of Trustees' executive committee announced Wednesday that outside attorneys would conduct an independent investigation into the Tyndall matter. As more women come forward, there is mounting evidence that employees at USC received serious warnings about Tyndall beginning early in his career.

文章也非常注意对涉及女性的保护，如用到一些匿名受害者的证明：The unnamed alumna wrote that she told a clinic medical director and the university women's advocacy office that Tyndall had photographed her naked without consent.

（三）主要观点

（1）For years, some medical workers have reported that Dr. George Tyndall made inappropriate contact with students during pelvic examinations and made sexual and offensive evaluations of their bodies.

（2）However, even after university officials suspended Tindle in 2016 and forced him to quit his post a year later, they did not report the allegations to the California Medical

Board. When the school's internal investigation was completed, officials said it was a private matter and that the school had no legal responsibility to inform the State Supervisory Council, which was responsible for investigating doctors accused of misconduct.

（3）The University of Southern California has received about 85 complaints about Tyndall. The Los Angeles Police Department and the State Medical Council have launched an investigation. About 300 people have contacted the University of Southern California hotline and online portal to collect reports from former patients.

（四）写作风格与手法

1. 理性严谨的写作风格

作者运用大量事实性材料，如经廷德尔治疗过的学生罗德里格斯、校友梅吉·夸伊特、医疗助理安妮塔·桑顿的评论以及匿名的其他校友的评论等，证明校医乔治·廷德尔确实在治疗过程中有严重不当的语言和行为。全文没有明确表达作者的观点，只是理性地运用事实性材料，"用他人之嘴，说自己之话"。

2. 客观报道手法的娴熟运用

所谓客观报道指只准确地报道事实、对事实不做解释和评论的一种报道形式。本文娴熟地运用客观报道手法，文章写得准确而深入。就是通过这篇报道的揭露，最后牵扯出南加州大学这名校医遭 500 人性侵指控，校医廷德尔被绳之以法，学校也将会拿出 14.8 亿美元进行和解。

（五）表现形态

1. 大量直接引语的运用

本文大量运用涉事受害者的直接引语作为事实性材料，从三个层面揭露校医廷德尔所涉嫌的指控。

第一，揭露罪行——受害女性学生、校友的直接引语。如：The unnamed alumna wrote that she told a clinic medical director and the university women's advocacy office that Tyndall had photographed her naked without consent.

又如：At the start of the pelvic exam, Kwait said, the doctor inserted his fingers inside her and said, "I bet you're pretty used to this.

第二，同事批判——医疗助理安妮塔·桑顿的直接引语。如："I said, 'I don't want to work with him because he is not right with the girls, ' Thornton said.

还如：Tyndall had three cameras in his office, she said. Two seemed specifically designed to take pictures of patients' cervixes, she said, but the third was "a professional Canon-type camera with a lens on it." Tyndall kept it in a locked cabinet, she said.

又如: We said he is disgusting and no one wants to work with him, she recalled.

第三，校方祖护——诊所的前执行主任劳伦斯·内斯坦的直接引语。如: "the university acknowledged that the clinic's former executive director Lawrence Neinstein, who died in 2016, had received complaints about the physician as far back as 2000. The university said that Neinstein handled Tyndall 'independently, ' and that based on a review of the 'concerning' complaints it was not clear why the physician was allowed to stay at the clinic.

2. 标题精确，语言严谨

本文新闻标题为 Students warned USC about gynecologist early in his career: "They missed an opportunity to save a lot of other women" (南加州大学学生在该妇科医生职业生涯早期就警告过学校:"他们错过了拯救很多其他女性的机会。") 这一标题直接展现所发生的新闻事实，又一定程度上制造悬念，精确而生动。

本文的语言严谨，表达留有余地，如标题中 They missed an opportunity to save a lot of other women。原文中还有其他表达，如: "Some interviewed said it was common knowledge on campus that Tyndall should be regarded with suspicion""The earliest complaint shared with The Times dates to 1991""Former patients have said Tyndall improperly touched them during pelvic exams""She also objected to what she saw as a 'creepy' manner of using his fingers during the exams as well as comments he made to students."。

Part Four　Further exploring the text

一、英语新闻报道作者简介

Harriet Ryan 哈里特·瑞安是《洛杉矶时报》的调查记者。自 2008 年加入该报以来，她一直在撰写有关知名人士的文章，包括菲尔·斯佩克特、迈克尔·杰克逊和布兰妮·斯皮尔斯，以及包括南加州大学、天主教会、卡巴拉中心和奥西康定制造商普渡制药公司在内的机构。瑞安与同事马特·汉密尔顿和保罗·普林格尔于 2019 年获得普利策调查报告奖。她曾在法院电视台和阿斯伯里公园出版社工作过，毕业于哥伦比亚大学。

二、英文新闻报道媒体介绍

《洛杉矶时报》(*Los Angeles Times*) 是美国西部最大的对开日报，其影响与地位仅次于《纽约时报》和《华盛顿邮报》，被称为美国的第三大报。

《洛杉矶时报》于 1881 年 12 月 4 日在洛杉矶创刊，属"时报-镜报公司"，财政上受控于美洲银行财团，与摩根财团也有关系。2018 年 6 月 18 日，《洛杉矶时报》以 5 亿美元价格正式易主，由美国华裔黄馨祥接手。该报编辑部有职工 650 余人，在 20 多个国家和地区派有常驻记者，平日 100 多版，星期日常在 200 版以上，发行量经常保持在 100 万至 150 万份，成为美国仅有的几家销量在百万份以上的大报之一。

2016 年 4 月,《洛杉矶时报》获 2016 年普利策奖的突发报道奖；2019 年 4 月,《洛杉矶时报》又获得 2019 年普利策奖的调查性报道奖。

三、英文新闻报道语言点讲解

1. Words and Expressions

gynecologist：*n*. expert in gynecology 妇科医生

save：*v*. make or keep sb. /sth. safe（from harm, loss, etc.）拯救

recall：*v*. to deliberately remember a particular fact, event, or situation from the past, especially in order to tell someone about it 回忆

apologize：*v*. to tell someone that you are sorry that you have done something wrong 道歉

complain：*v*. to say that you are annoyed, dissatisfied, or unhappy about something or someone 申诉，投诉

exam：*n*. a set of medical tests 检查

force... out of 赶走

miss an opportunity 错过机会

launched investigations 展开调查

without consent 未经允许

come up to sb. 走向某人

2. Sentences Comprehension

（1）Students warned USC about gynecologist early in his career: "They missed an opportunity to save a lot of other women."

这是一个非常成功的题目，作者用 warned，missed an opportunity，save 引起读者的好奇心，有欲望去了解究竟发生了什么事。谓语动词 warned 警告；宾语 USC，university of southern California 南加州大学；gynecologist 妇科医生，文章主人公职业；missed an opportunity 错过机会；save 拯救。

参考译文：南加州大学学生在该妇科医生职业生涯早期就警告过学校："他们错过了拯救很多其他女性的机会"。

（2）After an appointment with Dr. George Tyndallin 1995, USC undergraduate Alexis Rodriguez wrote a letter of complaint on a typewriter in the English department. The gynecologist, she recalled writing, had a Playboy magazine on his desk, used a scalpel on a vaginal abscess without anesthetic and, when she objected, marked her chart with the word "difficult."

这是一个非常成功的导语，when，where，who，what 基本要素均有呈现，事件引

起调查重视的时间在这里至关重要，为后面的多年前事情已有端倪做了铺垫。段落中出现的 appointment，complaint 构成了文章的主要基调，事情正是在和医生的appointment 中，病人的 complaint 中展开。介词 after 后接名词，在句中做状语，在……之后，清晰地阐明了事发时间，接着主语 Alexis Rodriguez，谓语 wrote，宾语 a letter，描述了投诉的方式。第二句主语 The gynecologist，一系列谓语动词 had，used，marked 描述了这位妇科医生的不良行为。

参考译文：1995 年，南加州大学本科生亚历克西斯·罗德里格斯（Alexis Rodriguez）在与乔治·廷德尔医生（George Tyndall）会诊后，用英语系的打字机写了一封投诉信。她回忆说，这位妇科医生在他的办公桌上放了一本《花花公子》杂志，要在没有麻醉的情况下对她的阴道脓肿动手术，当她反对时，就在她的病历上写上了"困难"一词。

（3）"I played myself and him，" said Heyman，now 26 and a writer. She said she did not use Tyndall's name，but when she performed at a campus showcase，"other women came up to me and said they had a similar experience.

这个结尾语留给了读者对这个案件的想象空间，也引发有同样经历的读者极强的共鸣。这段中用到的 play 表示的是"扮演"，让读者可以想象 showcase 的场景，也可以想象其他女性说"had a similar experience"的场景。

参考译文：现年 26 岁的海曼是一名作家，她说："我扮演自己和他。"她说她没有使用廷德尔的名字，但当她在校园展示会上表演时，"其他的女人走到我跟前说她们也有类似的经历。"

四、中西文化比较

新闻作品折射着一个国家、一个时代的价值标准和文化传统，比较的最终目的是取长补短、为我所用，在中西比照中为传媒的未来发展寻求一个明智的方向。

以上中英文两篇文章中，中文调查性报道主要从强化政治伦理的角度，正面报道"负面新闻"，引起社会的关注并促进问题的解决。我国《关于依法惩治性侵害未成年人犯罪的意见》中也指出"办理性侵害未成年人犯罪案件，对于涉及未成年被害人、未成年犯罪嫌疑人和未成年被告人的身份信息及可能推断出其身份信息的资料和涉及性侵害的细节等内容，审判人员、检察人员、侦查人员、律师及其他诉讼参与人应当予以保密"。以及"办案人员到未成年被害人及其亲属、未成年证人所在学校、单位、居住地调查取证的，应当避免驾驶警车、穿着制服或者采取其他可能暴露被害人身份、影响被害人名誉、隐私的方式"。在此篇文章的最后部分，作者提出"除了司法保护，我们还能做些什么"，从强化政治伦理的角度提出保护儿童，避免性侵，引发整个社会思考。

英文调查性报道主要从监测社会环境的角度，揭露社会弊端，引发受众思考。所谓监测社会环境指的是媒体客观、持续地报道社会热点事件，从而让受众能够判断身处的环境变化并对自己的决策提供参考。在此篇文章中，新闻标题就能很好地体现媒介的环境监测功能：Students warned USC about gynecologist early in his career："They missed an opportunity to save a lot of other women"（南加州大学学生在该妇科医生职业生涯早期就警告过学校："他们错过了拯救很多其他女性的机会。"）新闻标题监测社会环境主要体现在"错过"二字上，要是南加州大学在这名校医职业生涯的早期就能依据受害女性的投诉揭露其罪行并进行处理，也不会有这么多其他受害女性了。

Part Five   Exploring beyond the text

一、知识拓展

（一）调查性报道写作模式与策略

调查性报道的写作没有固定的格式。题材的多样性决定可表现方式的多样性，而且这类报道与纯新闻相比，也是更便于发挥记者写作个性的报道，可以有所创新。

这里列举两点表现技巧：打好开场锣鼓——写好开头；为了使调查性报道生动吸引人，在可能的范围内，应使用一些目击式的写法，用一些现场材料。

（二）如何写好调查性报道的开头

1. "橱窗"式开头

记者通过描述一个人、提供一个典型，来带出全篇。如《费城问讯报》（*The Philadelphia Inquirer*）记者采写的揭露新泽西州疗养院丑闻的报道，在开头部分描述了一个普通老人的悲惨身世：

艾伯塔·西尼尔活了98岁，大半生是在为人作佣中默默无闻地度过的。她挣的钱少，没有结过婚，朋友也很少。

3月22日她死了，她的死同样是默默无闻的。梦默思县福利部门出钱为她举行了葬礼，并把她安葬在一块义地里。

2. 归纳性开头

当报道的事件本身就非常具有吸引力时，大多数记者会选用归纳性导语，力求把事件的结论简明扼要地告诉读者。例如：

辛辛苦苦种了一年粮食，最后只换回一张白纸条子：这是农民最深恶痛绝的事情之一。当今年粮食大丰收已成定局的时候，党中央国务院的领导就多次强调，一定要将粮食收上来，不要打白条子。最近我们的记者在黑龙江省五大连池了解到，当地的农民售出粮食三个月来，竟然没有一个人拿到售粮款。

——《焦点访谈》1996 年 12 月 7 日《巨额粮款化为水》

3. 描述性开头

绘声绘色地在读者心中描述一幅图画，让所描写的人物或地点在读者处留下深刻的印象。如 1968 年普利策地方专题调查性报道奖作品《林达·菲次帕特里克的两个世界》的开头：

欧文·斯克拉大夫的接待室位于第五大道二号，它的窗户朝着华盛顿广场。一位正不安地等待牙医开钻的病人可以看鸽群在斯坦福·怀特设计的威严的华盛顿拱门上盘旋。孩子们在广场宽阔的走道上玩"造房子"游戏，大学生们手拉手，在美洲榆树下漫步。

——《林达·菲次帕特里克的两个世界》

（三）如何运用调查材料？

1. 展现调查的过程和方式

展示调查的过程通常有两种方式：

第一种方式：直接把调查者本人的调查经历写入调查性报道的正文。如《中国青年报》"冰点"栏目的调查性报道《锁不住的自行车》中，有一段写了作者的调查过程：

我一直想知道什么人在偷车。我想象他们肯定是不城不乡、狡诈卑琐的那种人，沿街游猎、眼睛乱扫，能像鲨鱼在海里迅速扑向血腥一样扑向目标。

初春的一天，我们在城市暮色中的市场上等一个叫二哥的人，他素来在南城地面走动，近 10 年来一直干着销赃车的勾当。

二哥那些同类一看就知道是坏人。他们面目叵测、狡诈，在城市嘈杂角落出卖着手中的猎物，在一个隐秘的地点等待那些破衣烂衫的盗贼送来赃物，装模作样地打算收那些几乎是新的自行车，把价压得很低，然后把钱塞到眼睛发直的外地农民手里。

在缸瓦市、北新桥、天桥、顾城的集市上我都辨出了他们。他们疲惫而警觉，与买主谈价时，可能突然推车狂奔，倏忽之间消失在胡同里，也许仅仅是因为有辆挂着公安牌照的车向这边开来，或仅仅是有个穿了一条警察裤子的人闲逛过来。

那个叫二哥的人推着一辆金狮女车出现了，他两腮鼓凸，面目黝黑，有着狮子一样凶狠犹豫的表情，是一张典型的经历过血雨腥风的面容。远近盗窃车贩都搭话递烟逢迎他，一个师爷模样的人附在他耳边讪笑不止。他微微点头，眼睛看着自己的车，扫着周围。

二哥拉着我们到一个小馆子。酒过三巡，敞开说话。我问刚才有个戴眼镜的家伙是谁，他说是一个中学的物理老师，看着捣车眼热，也试试，尝到甜头就放不下手了，下了课就来。

说着说着，二哥便得意起来："你那点工资我两天就挣出了。"

……

第二种方式：把记者的言行基本上从文中隐去，把采访对象的话语新闻背景相组合，同样也能较好地体现出记者调查的过程和新闻事实的真相。

在这种方式中用得最多的词就是"说"。这个最为中性的词，却最能帮助人们了解事实的真相。

怎样巧妙地组合隐喻和新闻背景？

要注意新闻事实的内在联系。1987 年普利策调查性报道获奖作品《无罪的证据：对一起谋杀案的质疑》中，非常成功地运用了各色人等的语言，把一起冤案查了个水落石出。

特拉华县地方检察官约翰·赖利说，他相信 3 人都与那桩抢劫案有关，他仍然希望将维德克尔和特科特带上法庭。

然而维德克尔说，他参与了抢劫，而麦克拉肯却没有。

我在 6 个月内在 3 个监狱 4 次采访了维德克尔。维德克尔说，他在抢劫之前走进了商店，当特科特抢劫时，他就守候在熟食店外面他租来的白色梅赛德斯-奔驰车上。他说，然后他驾车带着特科特离开作案现场。……

这位送货员说，他站出来说话是出于这样的想法……

2. 进行细致的分析

调查性报道不能缺少细致的分析，但又不能像新闻评论那样进行主观的论证。调查性报道的分析总是在用事实说话。因此，记者在调查性报道中的分析能力，直接体现在对于事实的安排上。一般说来，记者总是用以下两种方法对新闻事实进行分析。

（1）在事实面前比较不同观点，并从中得出结论。

存在不同观点的对立是导致调查性报道写作的根本原因。调查性报道要在事实的比较中让读者得出自己的结论。1987 年普利策调查性报道奖《任人唯亲》中就使用了这样的方法：

爱德华·哈里根是中级民刑法院的检察官，他遇到了一个人事问题，现在他认为解决的时候已经到了。

事情是这样的：据他所知……

但是，当哈里根准备就此事找他谈话时，却遇到了意想不到的事：

卡森的父亲……

（2）透过表面假象，分析其本质。

记者必须在调查性报道的分析中，将事件的实质揭示出来。1930年普利策新闻奖作品《也许这个案子中还有一个女人》，充分展示了作者目光的犀利：

有些东西使我相信这一事件背后有一个陌生女人。带着这种想法，我决定了解他6年前在阿马里洛开法律事务所以来为他工作的每一个速记员。我问他是否曾经迷恋过另一个女人。

"没有"，他断然地说，"即使是在思想上我都从不对我的爱妻不忠，更不用说行动上了。"

他给了我一份他的速记员的名单，我写下了他所说的每一个字……

照他这样谈起来，似乎没有什么值得怀疑，但他说话的方式暴露了一个企图：他想让我们不去怀疑汤普森小姐有什么吸引他的地方，而布什小姐确实非常迷人而危险的。当我们离开他家以后，豪先生问我："你对这事如何看？"

"他是凶手"，我说，"他杀了妻子，他的女儿们知道这件事。其中有一个女人，我知道汤普森小姐知道这一切。"

（3）简洁地勾勒新闻事件。

用简洁的语言勾勒新闻事件的一些场景和细节，对调查性报道能否写得生动有重大意义。这些穿插在引语和分析中的场景，会使原本比较呆板的行文有所改观。

如1998年6月26日《南方周末》记者孙保罗在《跳楼》中就用了最少的段落勾勒已知事件。

阳光明媚的中午。下班的职工、放学的学生在街道上川流不息。

"突然，一对青年男女手牵着手，从坐落在咸宁地区行署对面的郑州铁路局温泉疗养院一栋八层高的楼顶跳了下来。"

"这对青年男女身穿整洁的结婚礼服，从容、平整地躺在阳光明媚的蓝天下。经了解，他们是一对恋人，是为了反抗女方家人粗暴地干涉婚姻自由而跳楼殉情的。"

就像悲剧电影中最后的高潮场面，凄艳绝伦。武汉市一家报纸用《现代梁祝悲歌》为题报道了1998年5月15日发生在湖北咸宁市的一起年轻夫妇跳楼身亡的事件。

然而文中很多描述都是虚构的。事实是他们没有手牵手，没有穿结婚礼服，更谈不上从容、平静。

……

人们议论的焦点，很快就集中到一件事情上——两人跳楼之前，在那八层楼的楼顶上，到底发生了什么？记者听到了多个版本。

其一，两人手牵手往下跳。但这种说法已经被证实站不住脚。

其二，男的拉着女的手，女的吊在楼外面，他似乎想救她，但滑了手。

其三，女的站在楼顶边缘上，男的拉着她的手，最后他有意识地放了手。

其四，女的自己先跳，男的跳之前还对着楼下一个熟人叫道："我先走了！"

最可怕的说法是男的把女的推了下去。

记者在周边进行大量访问，希望找到目击者。很多人听到了坠地声，看到了现场，但没有人愿意或者能够证实楼顶上到底发生了什么。

（4）照片和数据图表的运用。

如 2018 年《华盛顿邮报》有关性侵的调查性报道中，便使用了图表的方法，这样能简洁明了地展示记者的调查结果。

Texts show Project Veritas operative seeking to build rapport with Post employee

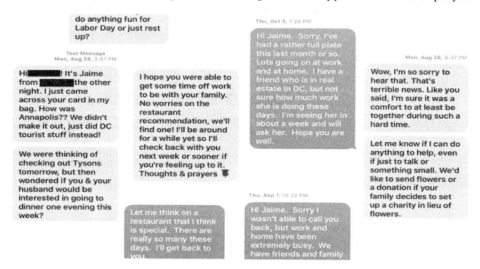

二、能力拓展

（一）中文调查性报道延伸阅读

访问《新京报》网站，阅读《女生遭人大代表性侵事件回顾 校长：应默默承受》这篇调查性报道，http：//news. sina. com. cn/s/2018-11-10/doc-ihnstwwp9948519. shtml。

（二）英文调查性报道延伸阅读

访问《华盛顿邮报》官网，阅读 "Woman's Effort to Infiltrate *The Washington Post* Dated Back Months" 这篇调查性报道，https：//www. washingtonpost. com/investigations/ womans-effort-to-infiltrate-the-washington-post-dates-back-months/2017/11/29/ce95e01a-d 51e-11e7-b62d-d9345ced896d_story. html?noredirect=on&utm_term=. a58a14b73882。

（三）课后练习

1. 简答题

（1）什么是调查性报道？其主要特点是什么？

（2）调查性报道的写作要点有哪些？

（3）中外调查性报道的主要差异在哪里？

2. 论述题

（1）请简要论述调查性报道开头的写作技巧。

（2）调查性报道中怎样巧妙地组合隐喻和新闻背景？

3. 实操题

（1）请分组讨论，并用英语说出《洛杉矶时报》这篇调查性报道的核心事实。

（2）读完这两篇调查性报道后，请写一篇600字左右的新闻评论（时评）。

（3）就自己生活中的让你感触颇深的问题写一篇2000字左右的调查性报道。

参考文献

[1] 布赖恩·布鲁克斯，达于·莫昂，乔治·肯尼迪. 新闻写作教程[M]. 唐兰雷，褚高德，译. 黎瑞文，校. 北京：新华出版社，1986.

[2] 段勃. 调查性报道概论[M]. 北京：新华出版社，2010.

[3] 甘惜分. 新闻学大辞典[M]. 郑州：河南人民出版社，1993.

[4] 威廉·C. 盖恩斯. 调查性报道[M]. 刘波，翁昌寿，译. 北京：中国人民大学出版社，2005.

[5] 威廉·C. 盖恩斯. 调查性报道成功报道的策略[M]. 马锋，译. 北京：中国时代经济出版社，2011.

[6] 曾华国. 中国式调查报道[M]. 广州：南方日报出版社，2006.

[7] 郭镇之. 舆论监督与西方新闻工作者的专业主义[J]. 国际新闻界，1999（5）.

[8] 黄超. 从多媒体呈现形态看调查性报道的变与不变[J]. 新闻记者，2011（10）.

[9] 栾晓文. 浅析新闻追踪报道的作用[J]. 新闻研究导刊，2014（6）.

[10] 周丹. 调查性报道：纸媒在新媒介环境中的起航之帆[J]. 新闻大学，2017（5）.

[11] 马帅. 普利策十年（1998—2007）调查性报道作品分析——兼论中美调查性报道异同[D]. 天津：天津师范大学，2008.

专题报道

Unit Five　Beat Reporting

- Understand the definition and characteristics of beat reporting.
- Understand the reasons for the prosperity of the beat reporting.
- Grasp the skills needed in developing and writing beat reporting.
- Master the key terms and basic words and expressions in the text.
- Apply the strategy to writing beat reporting.

Part One　Preparing to explore

一、专题报道

（一）定义

《柯林斯词典》中对 Beat 一词有"a reporter's regular, assigned territory"的词义解释，即（记者的）负责采访的区域或领域。由此，Beat Reporting 可以理解为是对某些区域或领域所展开的新闻报道。

专题报道是对某一话题、某一领域或某一机构进行的全面系统的报道，专题报道不仅注重事实的记录，还重视分析和评论，挖掘新闻报道的深刻性。因此，专题新闻在记录调查的相关过程与结果的同时还会对事实的发生、发展、结果以及原因等进行分析阐释。多数学者认为专题报道是深度报道中的一种，甚至还有学者认为专题报道是一种宏观深度报道。

从文体上来说，专题报道脱胎于通讯，却又与通讯不同。较之通讯，专题报道没有消息头，篇幅较长可以分小标题，报道角度可正可反，常采用简述笔法，不太讲求文采，可以是单篇报道也可以是组合、连续性报道。适用于多种不同媒体，报纸、广播、电视以及互联网针对重大的内容在相对集中的时间里开辟出专门的版块，大容量地、广视角地、多层次地对某一事件或者人物进行报道。

由此，我们可以将专题报道定义为：媒体在集中的时间段，对某一些领域有着重大影响力的人、事、活动、社会问题等，多角度、深层次、多手法、大容量地在某些专门版块所进行的全面系统的记录研究和分析评论。专题报道并不能简单地被视为一种文体，也不能简单地将其视为一种报道框架。在电视中，专题报道是一种长篇报道的体裁。在报纸中，单篇的专题报道是文体，多篇的专题报道则是专栏，网络专题报道则是框架。

（二）专题报道的意义

第一，专题报道在集中的版块内对新闻事件、人物等进行全面而系统的报道，能让读者在新闻接收过程中做到对新闻的全面了解，避免因断章取义、一知半解等原因导致的新闻误读，能更好地在广度上和深度上去满足受众对信息的需求。

第二，专题报道的内容多数为一些较为复杂的社会问题，在报道中大多采用消息、通讯、评论、图片、漫画等多种方式配合，能更好地揭示新闻背后发生的事实以及那些存在的问题，媒体能引导人们更好地思考这些问题，也能有利于媒体进行舆论引导。

第三，随着自媒体的广泛兴起及其所带来碎片化阅读日渐成为新的媒体接触习惯，传统媒体面临前所未有的竞争。专题报道需要较强的策划能力和采访写作能力，一般的自媒体往往无法做好，因此，专题报道成为当前媒体的主要竞争力，更是新媒体传播环境和传播理念的风向标。在 20 世纪，随着人们对信息解读的深化，专题报道在大量兴起的同时也早已成为媒体竞争力的重要体现，是媒体吸引受众的重要手段。

第四，专题报道在特殊时间段以特定的版面对某一些人、事、物或问题进行专门报道，这能很好地向人们暗示和强调该新闻的重要性和显著性，能让媒体议程设置功能更好地达成。

（三）专题报道的产生与发展

1. 专题报道的产生

西方的专题报道来源于媒体效仿警察的工作方式实行跑口制度，正如警察有各自的巡视地段一样，专题报道记者也有各自负责报道的领域。国外的专题报道其实也较为常见，以美国为例，其知名的三大新闻周刊中的《美国新闻与世界报道》（ *U. S. News & World Report* ）以专题报道世界人物、事件、社会问题而闻名全球。但由于国外的专题报道往往不是以文体的形式存在而更多的时候是以专栏、框架的形式存在，故 1985 年普利策新闻奖开始为此类专题报道设立奖项时将其称为"特别报道奖"（ Pulitzer Prize for Specialized Reporting ），1991 年开始正式称之为"专题报道奖"（ Pulitzer Prize for Beat Reporting ），然而因为文体等因素的考虑，普利策新闻奖最终在 2006 年撤销了这一项新闻奖。

我国的专题报道来源于电视新闻报道。早期的电视专题报道是将一个主题内容单独制成一个电视节目，类似报纸新闻报道中的通讯，由于没有电视通讯这一说法，这种独立的长篇电视新闻报道就被人们称为电视专题报道。因此，电视专题报道一产生就是一种独立的电视新闻体裁，它的文本形成了一种独具特色的专题片解说词文体。1966年我国中央电视台拍摄《收租院》电视纪录片，我国电视新闻专题就此开端。而广播电台在这之后开始播放电视专题的音频则促进了新闻专题的发展，使得广播新闻专题也正式诞生。

电视和广播的专题报道也影响了报刊的长篇报道。随着改革开放的深入发展，在1990年左右，我国报刊新闻报道中的消息篇幅越来越长，为了阅读和写作的方便，长消息开始进行分节处理，每一节还加上了相应的小标题，使得长消息在写法上保留了消息的特点但是在篇幅和结构上已经发生异变。为使新闻点更加突出，结构也更加清晰，长篇的消息演变成电视节目中的专题报道，报道的深度、广度和高度开始提升，与消息呈现出了明显差异。

此外，我国新闻报道中的通讯一直以来都具有一定的宣传性和文艺性，适合做正面报道而不太适合做负面报道。于是长篇通讯进一步分工，在我国衍生出了深度报道、专题报道、新闻调查、调查报告、综合报道、新闻述评等多种形式。同时为了确保新闻报道的真实性，尽量去掉新闻报道中的艺术化、感情化、议论化等，通讯中的艺术性丢失，没有了通讯味，而主题报道这个名称似乎更符合报道的实际，也更适合正面和负面新闻报道的客观与公正的要求，长篇的通讯也直接异化转变成了专题报道。

互联网普及后，在采访权受限制的那些年里，网站只能转登转载传统媒体的新闻，缺乏有效的竞争力。为更好地吸引读者，增加自身的竞争力，互联网新闻专题报道开始问世并成为互联网新闻报道的重要的组成内容。

2. 专题报道的发展

专题报道早已得到报刊、广播、电视、互联网以及广大自媒体平台的青睐，成为这些媒体平台新闻报道中的重要组成部分，甚至成为媒体平台自身实力的象征。

报刊专题报道受版面限制，通常情况下是独立的单篇报道。在一些重大新闻事件、节日等的新闻报道中，为突出新闻报道的价值，报社对此类主题的报道会进行策划，围绕着该主题或焦点派遣记者对此进行高密度、强渗透力的信息传播，于是报刊专题报道中出现了一段时间内的多篇连续的新闻报道。特别是在垂直报道出现后，我国新闻媒体经常派遣记者长期关注报道某一些特殊的领域，"跑口制度""跑口记者"开始出现。报刊中的专题报道开始成为一种常见的报道形式，报刊开始开辟专栏或者专版对此类专题报道进行刊载。

在互联网出现后，报刊开始将自己的新闻报道搬到互联网上。由于在互联网上发布消息不受版面的限制，专题报道在互联网上得到了充分的发展。除了常见的专栏之外，专题报道开始出现了专门的互联网频道。

电视专题报道在新时代也不断发展，其形式开始变得越来越多样，既有每一期节目针对某一个主题进行报道的新闻述评节目，如《焦点访谈》；也出现了某一时间段内专门针对某一个主题进行报道的连续性的专题纪录片，如中央电视台制作的《家风》；

也有短时间内为某一特定主题特别开设的新闻直播类的专题报道，如十九大会议期间的特别报道。

新时代，媒体专题报道的写作开始采用十八般武艺，叙述、描写、概括、归纳、推理、议论，正面报道、负面报道，人、事、物、社会问题等都成为新闻报道中的写作手法、写作角度和写作内容。

（四）专题报道的基本特征

专题报道是媒体多角度、深层次、多手法、大容量地在某些专门版块对那些有着重大影响力的、复杂多样的新闻事件所进行的全面系统的记录研究和分析评论。因此，专题报道主要有着重大性、翔实性与深刻性、客观性、生动性、专业性等特征。

1. 重大性（significance）

专题报道所报道的都是在社会上有着重大影响力的事件，如有着重大影响力的突发事件、焦点、热点，以及重大人物、重大事件、重大活动、重要节日庆典等。

2. 翔实性与深刻性（informative and profound nature）

专题报道的内容较之消息、通讯的内容要更加丰富，更加详细，更加有深度。它不仅仅揭露或记录某些事实，还对这些事实加以评判分析，揭示出它的本质和未来发展趋势，深入挖掘其深刻的内在。

3. 客观性（objectivity）

新闻报道历来提倡客观，在专业主义年代中，客观报道更是一度成为新闻报道的理念。专题报道同样遵守这一理念。专题报道一般不会在报道中持有明确的自身观点，不带感情色彩。叙述和白描写法是专题报道的常用写作手法，这两大写作手法几乎不用文学润色也不带明确的感情色彩，确保了专题报道的客观、理性和中性化。

4. 主动性（initiative）

专题报道尤其是大型专题报道通常由报社或编辑部进行策划，小型专题报道记者编辑也同样会进行策划。报道的题材、主题、深度、广度、角度等都是由记者编辑精心选择的，是新闻工作者们的主动出击。这与突发性新闻报道不同，突发性新闻报道是在事件发生后新闻工作者们被动做出的应对。

5. 专业性（speciality）

专题报道本身就是对某些人或问题所做的专门报道，在报道中注重纵向和横向的挖掘，所深入的相应领域的专业性探究较一般新闻报道而言要高得多，需要记者和编辑对某一领域有足够专业的了解和认知。如知名记者埃米·岛克瑟·马库斯为了报道癌症新闻曾一度潜心研究癌症报道方法，在哈佛大学医学院和匹兹堡大学癌症中心进行专门学习。

二、课前讨论

■ From the perspective of the Chinese experts, scholars, and enterprise managers in the business circles above, what is the confidence and vigour of China when facing the Sino-US trade disputes?

■ If you are assigned to write a feature story about the trade disputes between America and China, which journalese and what perspectives would you adopt?

Part Two   Exploring the text A

一、中文专题报道案例

中国硬气表态的背后，有什么样的底气和好牌？

央视网·焦点访谈

2019-05-19 央视网消息（焦点访谈）：中美贸易摩擦再度升级，有人开始担心，这会不会对中国经济产生巨大的影响？中国经济能不能扛得住美国在贸易领域掀起的这波狂风巨浪？其实，面对外部冲击，我们的态度早就已经亮明了：我们不愿打，但也不怕打，必要时不得不打。那么这份硬气的表态背后有什么样的底气？面对复杂严峻的形势，下一步我们应该怎样应对呢？

中美贸易摩擦如果进一步加剧，对中国经济会产生多大的影响？这种影响是不是在可控范围内呢？专家表示，影响会有，不能无视，但也没必要夸大。

中国人民大学重阳金融研究院执行院长王文说："对中国经济的发展不是一个单向性的维度去看待这个问题，比如说从贸易领域，实际上在冲击中国对美贸易出口商的进程中，另外一方面也推动了中国贸易的进一步多元化，进一步重新进行贸易结构调整。有人曾经预估中国今年对外出口，美国将从第一的位置下降到第三的位置，欧盟和东盟将会成为第一第二的位置。"

加征关税短期内会对相关行业的就业产生一定影响，但专家认为影响可控。而近年来我国产业结构不断调整，服务业就业比重持续上升，也进一步增强了抵抗外部冲击的能力。

北京大学国家发展研究院副院长余淼杰说："哪怕没有中美贸易摩擦，我们现在制造业的比重不断在下降，从第二产业向第三产业转移，我们也鼓励更多人进入到服务产业去工作。"

中美贸易摩擦发生一年多来，无论是宏观经济、企业发展还是民生领域，对中国经济造成的影响总体都处于可控范围。2018 年，中国经济的表现有目共睹，今年一季度经济增速达到 6.4%，也被普遍认为是好于预期。总体上，中国经济表现出了韧性好、潜力足、活力强的状态，这为我们抵御外部的风险和冲击提供了根本支撑。

国家发改委宏观经济研究院副院长王昌林说："中美经贸摩擦会对我们有一定的影响，但是没有大家想象那么大，可能就是心理作用大于实际影响。实际我们可以采取一些措施，利用中国经济的巨大市场、巨大的发展潜力，完全有信心、有能力发挥我们的制度优势，经济体量大、内需潜力大的优势来有效抵御外部冲击。"

改革开放 40 年，中国已经成长为一个经济大国。2018 年经济总量突破 90 万亿元，经济增速位居世界前五大经济体之首，对世界经济增长贡献率接近 30%。此外，中国产业门类齐全，构成多元，是全世界唯一拥有联合国产业分类全部工业门类的国家。经过近年来对产业结构的不断调整，外贸依存度也不断下降。这些都大大增强了中国经济的韧性和我们在应对外部冲击时的回旋余地。而拥有 13 亿多人口，以及全世界规模最大、最具成长性的中等收入群体等，更为中国经济发展提供了充足的潜力。

中国人民大学重阳金融研究院执行院长王文说："这是全世界都非常渴求的市场，更重要的是中国近 14 亿人固有的市场。2018 年统计数据已经显示中国消费市场整个消费总量已经超过美国，中国已经成为全世界最大的消费市场。在这样的情况下，所谓几千亿增加关税的冲击，中国当然能够抵御得住。"

2018 年，消费对中国经济增长的贡献率为 76.2%，消费已经连续 5 年成为经济增长第一动力。下一步工业化、城镇化向纵深推进，还将不断释放经济发展的潜力。

国家发改委宏观经济研究院副院长王昌林说："因为我们的工业化城镇化没有完成，对我们国内的需求也就是说消费需求、投资需求都还有较大的增长空间。同时我们新的动能又在形成，比如说我们消费的升级，包括像信息消费，健康、养老消费，这些新的动能、新的消费热点、新的消费潜力都在释放出来。"

中国人民大学重阳金融研究院执行院长王文说："中国目前城镇化比例还不到60%。中国不停往前发展，航空业、旅游业、装饰业，在城镇化进程中潜力还非常大，所以实际上城镇化会释放出巨大的红利，那在这个过程中我们应该看到中国未来的巨大潜力，我们应该怀揣更强的信心。"

除了韧性强、潜力大，中国抵御风险的底气还来自于被不断激发出来的经济活力。近年来，中国坚定不移推动高质量发展，着力深化供给侧结构性改革，持续打好三大攻坚战。互联网+、大数据、人工智能等不断催生出一些新业态、新模式，成为经济增长新的动能。简政放权、减税降费等一系列政策措施的出台，也优化了营商环境，激发了市场的热情。

虽然有底气抵御外部冲击，但中美贸易摩擦也让我们认识到中国经济还面临很多发展短板，还有很多硬骨头需要攻坚。而这是无论中美贸易磋商最终结果如何，我们都要做好的事情。只有不断壮大自己，在全球化时代提升核心竞争力，提高在全球经济治理中的制度性话语权，中国才能更好地化解这些来自外部的压力。

中国人民大学重阳金融研究院执行院长王文说："要抓住这次外界的压力，倒逼中国全面深化改革的进程和速度。以科技创新，以产品的升级为核心的供给侧结构性改革，这一部分改革的进程越大，中国的产品在全球的竞争力，中国的劳动生产率将会越高。"

关于提升核心竞争力对企业的影响，生产扣式锂电池的力佳科技公司感触很深。当初被突如其来的中美贸易摩擦波及时，他们也曾一下子慌了神。

湖北宜昌力佳科技有限公司副总经理刘琪说："因为我们的第一出口地就是美国，大概占到出口总比例的百分之六七十。看到美国公布的第一批加税名单，我们这个行业就在这里面，所以我们当时的海外市场就积极跟美国那边沟通，最后也是由于价格的问题没有谈拢，所以我们把美国市场大部分都丢失掉了。"

丢掉了最大的美国市场，公司是不是就很难生存了呢？

湖北宜昌力佳科技有限公司副总经理刘琪说："第一反应就是我们只能通过自身的实力提升来提高竞争力，大量投入到研发、技改，研发一些新产品，用我们的产品来主导市场，比如说我们在 2018 年研发了 CRW（超高功率型扣式）电池，这个是在全球属于首创。"

提升了核心竞争力，公司开拓了欧洲市场，效益不降反增，面对美国再次增加关税公司也有了更多应对的底气。

湖北宜昌力佳科技有限公司副总经理刘琪说："现在这次加征关税再出来我们就已经很平静了，在二季度或者三季度我们公司的高管团队会集体到美国拜访我们原来丢失掉的客户，通过我们现在的成本控制，通过性价比，再把丢失掉的订单争取回来。我们通过这一年，包括技术投入的提高，以及企业成本的管理控制，我们现在已经完全有实力有信心可以应对这次贸易摩擦后面的影响。"

同样受到中美贸易摩擦影响的天工国际，也是因为产品的核心竞争力站稳了脚跟。去年美国对他们的产品加征关税后，一些美国客户曾主动提出，为他们承担一半的关税损失。

天工国际董事局主席朱小坤说："我们用了不到两个月的时间总共承担 33 万美元的损失，我们二话没说，我说相信美国的市场离不开天工造，离不开我们中国的产品，所以两个月以后美国客户就不要我们再承担了。"

由于产品的核心竞争力，他们的客户向美国政府特别申请，免除了对天工国际加征的关税，这也更加坚定了天工国际向高端产业发展的决心。

朱小坤说："作为一个企业应该有自己核心的技术，有自己核心的产品，现在中美贸易摩擦在目前的情况之下尽管是愈演愈烈，但是我认为作为我们做实体经济的应该更好地冷静下来，心无旁骛地做好我们自己的实业。"

除了高质量的发展以外，高水平的开放也是我们下一步的努力方向。在今年4月举办的第二届"一带一路"国际合作高峰论坛上，习近平主席宣布，中国将采取一系列重大改革开放举措，加强制度性、结构性安排，促进更高水平对外开放。

北京大学国家发展研究院副院长余淼杰说："我觉得应对中美贸易摩擦最重要最核心的做法是通过高质量发展、高水平开放来推动本国经济做好自己的事情。我觉得目前通过开放来促进国内改革，可以做好下面这几件事情——第一个粤港澳大湾区；第二扩大进口；第三从国际地区合作与发展的角度上来看，我们应该做好积极推进"一带一路"的倡议。向西向南"一带一路"的倡议，向东我们应该做实地区区域全面合作伙伴。"

从40年前"摸着石头过河"，到如今深度融入世界经济链，成为120多个国家和地区的主要贸易伙伴和世界经济增长的重要力量，中国始终坚持改革开放之路。中美贸易摩擦给我们带来了挑战，同时也更加坚定了我们继续全面深化改革的决心。

中国人民大学重阳金融研究院执行院长王文说："目前我们全面深化改革所产生的政策改革的红利也是全世界所没有的，这些政策改革红利尤其是这些年来推进的供给侧结构性改革所产生的巨大红利，不只是覆盖在我们这些年来每个老百姓都能享受到的共享经济、快捷的国内互联互通、便捷的支付、电子商务等，未来随着我们改革的进程进一步加大，我们改革所释放出来的红利还会继续使中国经济呈现出可持续性。"

北京大学国家发展研究院副院长余淼杰说："哪怕最后达成贸易协议，不是两国关系就一马平川，肯定是在前进中有沟沟坎坎，我觉得还会看到一些波浪式起伏，当然我们希望螺旋式上升。但是对中国来讲，最重要的是定力，做好自己的事情，这一点是非常重要的。我们每个人都应该从自己工作的角度做好自己的事情。"

新中国70年的发展之路并不是轻轻松松、一帆风顺走过来的。任何一个国家、一个民族的发展历程，往往也都会跌宕起伏。在以习近平同志为核心的党中央坚强领导下，我们以一系列沉着有力的举措，稳妥应对中美贸易摩擦，也给中国人民以无比的信心、十足的底气。可以说，党中央的坚强领导、中国特色社会主义制度的优越性、国家意志的高度统一和全国人民的紧密团结，正是我们应对贸易摩擦的最大优势和根本保证。面对霸凌主义，紧跟党中央的调控号令，团结一心做好我们自己的事，我们就有信心变挑战为中国经济发展的新机遇。

"中国经济是一片大海，而不是一个小池塘""狂风骤雨可以掀翻小池塘，但不能掀翻大海。""经历了无数次狂风骤雨，大海依旧在那儿！"中国依旧在这儿。中国经济曾遭遇很多沟沟坎坎，不同的是，今天的中国体量大了，体质强了，有更充足的实力、更充沛的底气去应对各种风险挑战。压力可以是动力，挑战也可以是机遇。在关键时刻保持战略定力，踏踏实实干好该干的事情，好好发展我们自己，中国经济的大海就一定会更加壮阔。最终还是那句话：发展才是硬道理。（结语）

（文章来源：央视网·焦点访谈，http: //tv. cctv. com/2019/05/19/VIDElQOC ZYdod BRaOcWW7LEu190519. shtml, 2019-05-19）

二、中文新闻报道分析

（一）事件背景与意义

2018 年 7 月 6 日，美国正式对 340 亿美元中国输美产品加征 25%关税。作为回应，中国也于同日对同等规模的美国产品加征 25%的进口关税。其间，中美双方已经举行过数轮的贸易磋商，并曾经一度达成共识，但最终特朗普政府出尔反尔以致发生中美贸易摩擦。

世界贸易组织规定，成员之间发生贸易争端时，或者说有成员违反规则时，不能根据自己的判断采取行动，应该诉诸世界贸易组织争端解决机制最终得出结论，在这个结论出来前，此成员不能对另外一个成员采取单方面制裁。特朗普政府这次公然违反世界贸易组织相关规则的目的是遏制中国发展而非什么产业、就业等问题的影响，其实质是美国的贸易霸凌。

《焦点访谈》的这一期专题报道，从专家学者对贸易摩擦中我国经济所受到的影响分析再到各企业管理者对贸易摩擦中各家企业所汲取的教训和未来发展机遇的谈论，让国人真正看到了在中美贸易摩擦中我国强硬表态的背后确实有着自身的底气。本篇文章能坚定国人的信心，打消国人在贸易摩擦期间产生的各种不安与怀疑；同时还能在总结本次贸易摩擦教训的基础上，给广大企业指明未来企业发展的新方向和新机遇。

（二）写作立场与角度

第一，从专家角度出发，报道对多位不同机构的专家学者进行采访，分析中国在中美贸易摩擦中经济所受到的影响有多大。

第二，从企业角度出发，报道对企业管理者经营者进行了采访，了解到这些外贸企业在贸易摩擦出现后开始通过高质量的发展来开拓新的市场或者在旧市场中将自己提升到不可或缺的地位上，增加自身的竞争力和对贸易摩擦的抵御能力。

第三，从国家政策发展的角度出发，报道通过对专家进行采访，提出中国面对贸易摩擦除了做好高质量发展外还要做好高水平开放，中美贸易摩擦更加坚定了中国的继续全面深化改革的决心。

第四，从中国发展过程中的成功经验出发，报道对我国应对贸易摩擦的最大优势和根本保障进行了分析，指出坚持党的领导和社会主义制度、全国人民紧密团结才是我们的最大优势和根本保障。

（三）作者主要观点

第一，中美贸易摩擦产生后，增加关税短期内确实会对相关行业产生影响，但是这种影响是可以控制的。中国贸易多元化尤其是欧洲和东盟出口的增加将会改变中国对外贸易主要依赖美国的旧局面。

第二，中国经济国内市场宽泛，韧性强，潜力大，抗击中美贸易摩擦风险的能力强。我国经济从制造业不断转移到第二产业、第三产业，产业门类齐全，构成多元，13亿多人口尤其是规模最大、最具成长性的中等收入群体为我国经济的发展提供了充足的潜力。这些都增强了我国抵抗中美贸易摩擦的能力。

第三，中国经济还有着许多可被激发的活力，这也是中国抵御中美贸易摩擦的主要底气。互联网+、大数据、人工智能等不断催生出一些新业态、新模式，成为经济增长的新动能。

第四，高质量的发展和高水平的开放是我国应对中美贸易摩擦的好牌。企业需要找到自己的核心竞争力，打造自己的核心产品。在未来，政府在对外开放中将采取一系列重大改革开放举措，加强制度性、结构性安排，更高水平地对外开放。

第五，党中央的领导、中国特色社会主义制度的优越性、国家意志的高度统一和全国人民的紧密团结，正是我们应对贸易摩擦的最大优势和根本保证。

（四）写作风格与手法

1. 巧用疑问

标题和提要采用疑问的形式，通过这些问题吸引受众的注意并引起他们的阅读兴趣，向受众传达报道的目的是答疑解惑，避免宣传色彩过浓带给受众的阅读反感。整篇文章以疑问开头，正文围绕答问而展开，解答完了所有疑问。

2. 大量使用直接引语

直接引语的使用可以摒除新闻报道中的主观性因素，增强新闻报道的客观性。本篇专题报道采用了大量的直接引语，这些直接引语既是论据，同时又将主要观点阐述了出来，增强了报道的可信度。

3. 严肃权威

在本篇报道中，文章将研究人员以及具有典型代表性的企业管理者的分析评述作为主要论据并辅以权威数据对文章主要观点进行论证。结构严谨，论证严密，文章严肃。

4. 观点立场鲜明

全文始终围绕着"党中央的领导、中国特色社会主义制度的优越性、国家意志的高度统一和全国人民的紧密团结，正是我们应对贸易摩擦的最大优势和根本保证"这一核心观，立场鲜明。

（五）表现形态

1. 述评性新闻

《焦点访谈》是一档具有电视新闻特色的述评性栏目，以告知新闻事实，分析事理即"用事实说话"为主要目的。本篇文章的主要目的同样是告知人们在中美贸易摩擦中我国不仅仅有底气，更是有着一手的好牌来进行应对。

2. "用事实说话"的客观形态

专题报道本身并不是以报道事实为主要目的，而是以报道分析事理为主要目的。"用事实说话"虽重在说话，但用的是事实，大量运用直接引语和中性词语确保了新闻报道的客观性。

3. 分总的结构形式

本文采用分总结构分别从四个方面进行了论述：中美贸易摩擦对我国经济有影响，但是影响可以控制；中国经济国内市场宽泛，韧性强，潜力大，抗击中美贸易摩擦风险的能力强；中国经济仍有很多可被激发的活力；高质量的发展和高水平的开放是我国应对中美贸易摩擦的好牌。

Part Three   Exploring the text B

一、英文专题报道案例

Big companies feel the sting of Trump's trade war.
But small businesses are in agony.

Parija Kavilanz, *CNN Business Updated 1704 GMT (0104 HKT)*
September 4, 2019

The ongoing trade war between the United States and China has put many of America's small business owners on edge.

Some entrepreneurs say each new round of tariffs imposed in the growing feud makes it even more difficult to manage their businesses and their relationships with customers.

While higher tariffs will affect businesses of all sizes, they are particularly onerous to small businesses, said David French, senior vice president for government relations with the National Retail Federation.

"Small businesses are more vulnerable to a lot of the risk and uncertainty created by trade wars than are larger enterprises," said French. "They have much less leverage in shifting product sourcing to another country, for instance, or spacing out the timing of shipments in order to avoid when the tariffs hit."

Ultimately, that means they will have to pass along the extra costs to customers, business owners warn.

- Losing customers

Tiffany Williams owns The Luggage Shop in Lubbock, Texas. The store has been in her family since 1951, and she's been running it since 2005.

"We are the only luggage shop in town," she said.

Over 85% of the products stocked in her shop - Samsonite, Tumi, Briggs & Riley - and other luggage, briefcases, and travel accessories are imported from China.

"The reality of the travel goods industry is that it is highly dependent on China," she said.

Last fall, the US imposed an additional 10% tariff on top of existing duties, on a slew of goods coming in from China, including luggage. Then, on May 10, the government imposed more tariffs on $200 billion worth of Chinese products, including travel goods, effectively escalating the import duty on luggage and other items from 10% to 25%.

For Williams, the changing rates and uncertainty about how they will impact her costs has created confusion and anxiety for her as a business owner. "I feel like all we have been doing lately are price changes on our products," said Williams.

She's had to raise her retail prices by 25% to keep up with her new costs. So a $400 piece of luggage is now $500. That's made her lose some customers.

"Consumers have not responded well. While some people are still comfortable with a $400 price point, they aren't at $500. That's too much of a jump," she said.

She expects to have an even harder time selling her premium lines of luggage, which are priced higher but are also more profitable for the business.

- Seeking alternatives to China

Over the last three decades, Sharon Evans, CEO of CFJ Manufacturing, has grown her business from a small jewelry store to a 120-employee promotional products company.

The business, based in Fort Worth, Texas, operates half a dozen product divisions, including clothing, bags and electronics for businesses, workplace uniforms and other branded merchandise.

Evans fears a double whammy from the tariffs because her company both sources directly from China and uses distributors who source from China.

As a contingency, Evans has been vetting suppliers from other countries, such as Vietnam and the Dominican Republic. But she might also find herself having to absorb the losses that would come from the punitive duties at some point.

"CFJ's relationship with factories in China goes back to the 1980s so we had become complacent in not researching other countries for suppliers outside of China," said Evans. "But we are now immediately doing that process and beginning to source product outside of

China for next year."

● Absorbing some of the cost

In the most recent trade war salvo, the US has threatened another round of new tariffs on an additional $300 billion of imported Chinese goods — everything from smartphones to sneakers, clothing and bedding.

For American Textile Co., based in Duquesne, Pennsylvania, that could be a devastating blow. The 94-year-old family business makes utility bedding like sheets, pillows, mattress pads and covers for brands such as Sealy and Tempur-Pedic and also for private labels. It relies heavily on Chinese suppliers.

CEO Lance Ruttenberg's grandfather started the business in 1925. Today, the company has about 1,200 employees, operates five factories in the US and sells its products in more than 40,000 stores nationwide.

"Half of our merchandise is assembled in the US and the rest overseas, including in China, Vietnam, India and elsewhere," he said. Still, Ruttenberg said the China tariffs will affect every product in the company's portfolio because even the merchandise made in US factories uses components sourced from China.

"What a consumer sees in the product they buy and what it takes to get those products to a store is the result of a very complex supply chain," said Ruttenberg. "China has heavily invested in manufacturing for our industry. The scale of it dwarfs any other alternative for us. We can't just quickly find another option."

It would take years for his company to try to replace China with another supplier, he said. "Until then, we have no choice but to accept the impact of these tariffs." That could mean raising wholesale prices and losing business.

Ruttenberg hopes the company's longstanding relationships with its customers can withstand any price increases he might have to make. "This isn't a situation we can fix overnight from our end," he said.

● Raising prices

Tucker Garrison knows he has to raise prices for the Goji berries he imports from China.

His company Imlak'esh Organics, which he founded seven years ago in Santa Barbara, California, specializes in importing ethically sourced superfoods like Goji berries, Golden berries, and Sacha Inchi from small-scale organic farmers around the world.

He imports as much as 30,000 pounds of Goji berries a year from China. The company's products are sold in 28 states, including in Whole Foods and natural products stores, and he hopes to distribute his products nationally by years end.

But now, Garrison is worried about the 25% duty the US has slapped on Goji berry imports.

"When it comes to Goji berries, China is the only game in town as the leading producer of the berries. We don't have an alternative source for it," said Garrison. "So when the United States is making it more expensive for us to import the berries, it also makes it more expensive for consumers to buy them."

He expects he will have to hike the price of a 12-ounce jar of his Goji berries from $23.99 to $28.99.

"That's almost too expensive but it's a difficult situation now for everyone," he said. "It's absolutely a frustrating situation. These tariffs might even put some small businesses out of business."

二、英文新闻报道分析

（一）写作立场与角度

1. 贸易摩擦中大企业的皮肉刺痛与小企业的垂死挣扎

CNN 的这篇报道主要聚焦于中美贸易摩擦中的美国企业。自两国发生贸易摩擦以来，美国政府以加征关税等手段相威胁，造成双方经贸关系紧张的同时，美国各个规模的企业都深受冲击。正如负责政府与全美零售联合会关系的高级副总裁弗伦奇（David French）表示：Some entrepreneurs say each new round of tariffs imposed in the growing feud makes it even more difficult to manage their businesses and their relationships with customers.

但大型企业凭借自身扎实的基底和规避的风险能力，暂时还能保持业务稳定；对于抗压能力相对较弱的美国中小型企业来说，贸易摩擦的影响更加严酷。文章开篇便通过对比大小型企业的处境，表达了逆境里美国小型企业的夹缝求生。表现在原文中：

While higher tariffs will affect businesses of all sizes, they are particularly onerous to small businesses, said David French, senior vice president for government relations with the National Retail Federation.

"Small businesses are more vulnerable to a lot of the risk and uncertainty created by trade wars than are larger enterprises," said French. "They have much less leverage in shifting product sourcing to another country, for instance, or spacing out the timing of shipments in order to avoid when the tariffs hit."

2. 大背景小人物：大国贸易摩擦中的小企业家视角

文章旨在分析当前中美两国紧张的经济局势下，美国企业的生存现状，但在具体剖析这些中小企业的发展时，CNN 的这篇报道并没有用过多的数字和图表去做数据模拟和定量分析，而是通过美国本土四个中小型企业的企业家的视角（得克萨斯州 The Luggage Shop 箱包店的经营者 Tiffany Williams，CFJ Manufacturing 的首席执行官 Sharon Evans，总部位于宾夕法尼亚州的美国纺织公司的首席执行官 Lance Ruttenberg，加州有机食品公司 Imlak'esh Organics 的创始人 Tucker Garrison），来叙述贸易摩擦中中小企业面临的困境和调整，表现在原文中：

For Williams, the changing rates and uncertainty about how they will impact her costs has created confusion and anxiety for her as a business owner. "I feel like all we have been doing lately are price changes on our products," said Williams

Evans fears a double whammy from the tariffs because her company both sources directly from China and uses distributors who source from China.

Ruttenberg hopes the company's longstanding relationships with its customers can withstand any price increases he might have to make. "This isn't a situation we can fix overnight from our end," he said.

Tucker Garrison knows he has to raise prices for the Goji berries he imports from China.

（二）主要观点

（1）The ongoing trade war between the United States and China has put many of America's small business owners on edge.

（2）"Small businesses are more vulnerable to a lot of the risk and uncertainty created by trade wars than are larger enterprises," said French. "They have much less leverage in shifting product sourcing to another country, for instance, or spacing out the timing of shipments in order to avoid when the tariffs hit."

（3）Ultimately, that means they will have to pass along the extra costs to customers, business owners warn.

（三）写作风格与手法

1.长短句结合，加强写作的节奏感

优秀的撰稿人通常都希望自己的新闻报道是自然流畅，甚至完美无瑕的，他们希望读者一字不漏地阅读作品中的文字。罗伯特·加宁作为美国百余家报纸杂志的顾问，在其著作《清晰写作的技巧》（*The Techniques of Clear Writing*）中提出了他称之为清晰写作的十条原则，第一条即谈到"如果要使读者不感到烦闷，就必须变换句子长度"。本文就很好地践行了此原则，例如在谈到美国纺织公司对中国供应商的依赖时，原文如下：

For American Textile Co., based in Duquesne, Pennsylvania, that could be a devastating blow. The 94-year-old family business makes utility bedding like sheets, pillows, mattress pads and covers for brands such as Sealy and Tempur-Pedic and also for private labels. It relies heavily on Chinese suppliers.

英语中的短句也可以叫简单句（simple sentence），一般只有一个独立句（independent clause），它的特点是易于组织和表达，随意自然，利于体现文章的精练和力度感。而长句，通常伴随从句一起出现，带有至少一个非独立句（dependent clause）它的特点在于便于表达严密的思想、缜密的逻辑和复杂的活动等。所以，长短句的结合和变化有助于保持新闻报道的流畅性和节奏感。

例如本文在表述有机食品公司的 Tucker Garrison 应对贸易摩擦危机时，先用长句陈述 Garrison 公司在贸易摩擦之前的业务量庞大、分布广阔，再紧跟一个表示转折的短句，凸显关税上涨导致进口商品提价的迅速和突然，原文如下：

The company's products are sold in 28 states, including in Whole Foods and natural products stores, and he hopes to distribute his products nationally by years end.But now, Garrison is worried about the 25% duty the US has slapped on Goji berry imports.

2. 循环式新闻报道

循环式结构（circle style）是一种常用的新闻写作方式，也被称为"圆圈式写作"或"首尾呼应"。在这种结构中，撰稿者通常以围绕着新闻事件或重要消息来源来描写，并通过不断的、循环式的直接或间接的围绕记叙，持续将读者吸引到报道中。

例如在这篇报道中，虽然意图分析大国贸易摩擦这类国际性问题，但全文除了利用少量商贸数据来客观分析外：

Last fall, the US imposed an additional 10% tariff on top of existing duties, on a slew of goods coming in from China, including luggage. Then, on May 10, the government imposed more tariffs on $200 billion worth of Chinese products, including travel goods, effectively escalating the import duty on luggage and other items from 10% to 25%.

更多的是通过剖析四个真实的中小型企业营商环境的案例，来说明如今中美贸易摩擦对美国自身经济发展，甚至民生问题的反思。进口中国物美价廉的消费品是美国通胀率长期保持低位的重要因素之一。加征关税后，中国产品最终销售价格提高，实际上美国消费者和产业链上的企业家也承担了相应的关税成本。

本文从美国小城镇普通规模的箱包店到拥有千余名员工的百年家族企业，步步解析美国中小企业在其产业链或供应链上面临的重大威胁。通过这四个贸易摩擦中同类事件的案例，进行不断循环、重复来组织材料，从而使叙事得以强化和升华，使读者对叙事中的共性得以不断进行回味和思考。

Tiffany Williams owns The Luggage Shop in Lubbock, Texas. The store has been in her family since 1951, and she's been running it since 2005.

Over the last three decades, Sharon Evans, CEO of CFJ Manufacturing, has grown her business from a small jewelry store to a 120-employee promotional products company.

For American Textile Co., based in Duquesne, Pennsylvania, that could be a devastating blow.

Tucker Garrison knows he has to raise prices for the Goji berries he imports from China.

CNN 的这篇报道涉及了大国间经贸和政治的庞大主题，但是在整篇文章中，作者只是循环往复地落脚于各个普通企业的案例故事，使读者与文中的企业家紧密联系在一起，感觉新闻报道既在报道一个更广的主题，又在讲述关于普通的人物消息，"循环式结构"的写作手法让整篇报道充满了可读性。

3. 标题中隐喻修辞的运用

人们在对新的、抽象的、复杂的事理进行表述时，往往借助已知的、熟悉的词汇做比拟，使要表达的内更加通俗易懂、形象生动。利用隐喻（metaphor）拟就的英文新闻标题，能变抽象为具体，把新闻事实以更生动的方式呈现给读者。本文的标题，就以疼痛的不同程度模拟不同规模美国企业的受损程度，易使读者产生共情（empathy）。具体来说，贸易摩擦给美国商业的损伤，抗压力强的大企业就像体态丰腴的巨人感受到的只是轻微的刺痛，"Big companies feel the sting of Trump's trade war."；但本身瘦骨伶仃的小企业，面对逐渐升级的经贸对垒，感受到的却是刻骨的疼痛"But small businesses are in agony."。标题借自身的感官暗喻贸易战的伤害，灵动精妙。

（四）表现形态

1. 客观形态的采访叙述

CNN 在国际新闻报道中素来善于标榜自己新闻报道的客观公正，尽管这种客观与公正在诸多事件的新闻报道中遭到了人们的质疑。但在这篇文章中，CNN 作为报道者，在全篇话语中刻意规避自我，弱化媒体自身的主观倾向性。作者从美国中小企业在贸易摩擦中感受到的顾客流失 Losing customers，中小企业自主寻找中国的替代品 Seeking alternatives to China，中小企业试图吸收部分成本 Absorbing some of the cost 以及提高价格 Raising prices 四个方面分别对四位美国中小企业家代表：得克萨斯州 The Luggage Shop 箱包店的经营者 Tiffany Williams，CFJ Manufacturing 的首席执行官 Sharon Evans，总部位于宾夕法尼亚州的美国纺织公司的首席执行官 Lance Ruttenberg，加州有机食品公司 Imlak'esh Organics 的创始人 Tucker Garrison 进行了采访，并将他们的采访以直接引语的形式呈现了出来。全文虽有观点的流露，但是这些观点并没有直接表达出来。这一做法非常符合客观主义报道理论，体现出对事实原貌还原的本质，也保障了新闻报道的客观形态。

2. 四个小标题高度概括、层层递进

本文作为一篇针对大国贸易话题的财经类专题报道，焦点主要集中于中美贸易摩

擦中受损相对严重的美国中小企业。而面对不同规模不同类型的四个美国企业，文章通过由浅及深、层层深入的分析，剖析各个企业家在贸易逆境下的选择，显示出的对中国产品的依赖程度。层次的变化最明显地体现在高度概括的小标题设计上，文章共有四处小标题，对应产业链上各企业的由表及里的依赖，和不得已而为之的应对战略：

标题一：Losing customers

第一部分的标题"失去顾客"描述了贸易摩擦对最为普通的个体经营户——一家普通的小城镇行李店的直接影响，即客流量的流失。体现在原文中："She's had to raise her retail prices by 25% to keep up with her new costs. So a $400 piece of luggage is now $500. That's made her lose some customers."

标题二：Seeking alternatives to China

"寻找中国产品的替代品"，该题目概括的是一家叫作 CFJ Manufacturing 的小型促销产品公司，在突如其来的贸易摩擦冲击下，不得不放弃进口长期合作的中国产品，寄希望于能迅速找到替代品的窘迫。

标题三：Absorbing some of the cost

在这个部分中，文章刻画了一个产业链更为复杂的企业的生存现状，由于美国纺织公司产品的零部件很多都在中国生产且中国生产制造的规模在同类竞争对手中无可匹敌，使得这家公司短期内根本别无选择，只能自己承受关税增加后产业链上的成本，维持企业正常运转。

标题四：Raising prices

进口食品公司对中国特有农产品"枸杞"的绝对产地依赖，在最后这一部分体现得更加淋漓尽致。中国作为枸杞的主要生产国，该公司完全没有其他采购来源。"提高价格"把成本给消费者承担的举措看似轻而易举，实则是把该企业推向破产的边缘。

Part Four　Further exploring the text

一、英文新闻报道媒体介绍

CNN，全称（Cable News Network），中文译为美国有线电视新闻网。1980 年由 TBS（特纳广播公司）创办，1995 年 TBS 与时代华纳集团合并，于是 CNN 成为全球最大媒体集团时代华纳的子公司企业。

作为全球第一家全天候播报新闻的电视台，其创办人乃是美国电视界的传奇人物——赫德·特纳。特纳敏锐地意识到在信息时代人们越来越痴迷和依赖于电视提供的影像世界，于是开办了一家将世界各地发生的种种新闻，及时地呈现在受众面前的电视台。

奠定 CNN 全球新闻霸主地位的几件重大新闻事件的报道：

1981 年，美国总统罗纳德·里根在公开场合遭遇枪击，CNN 率先对这一突发事件进行报道。

1985 年，美国环球航空公司一架客机遭劫持，CNN 在贝鲁特机场组织了一场连续17 天的现场报道，利用五颗卫星进行转播，将这一事件的图像传播到了全球，从而使得这次报道事件本身也成为当时的重大新闻事件。

1991 年，巴格达遭遇美国为首的多国部队的空袭，海湾战争爆发。CNN 记者彼得·阿纳特在伊拉克战场向全球人民进行着现场报道，成为当时伊拉克与外界仅有的一丝联系。而这次报道真正意义上成就了 CNN。同年，CNN 还抢先报道戈尔巴乔夫辞去苏联共产党总书记职务一事。

现今的 CNN 号称世界新闻领袖，以迅速及时地报道世界范围内的重大事件享誉全球，成为美国国内和全球范围最主要的电视新闻提供者，在全球信息传播中享有广泛的国际影响力。

CNN 电视新闻报道颠覆了新闻界中对新闻的界定，不再去报道已经发生的事件而是报道正在发生的那些事件，也就此形成了 CNN 新闻报道的核心理念：

（1）全天候 24 小时播报新闻。

（2）全球化的视野，CNN 报道全球性的新闻，其报道的事件可能是发生在世界上任何一个国家或地区的任何一个角落。

（3）现场的新闻报道，CNN 的新闻报道是在新闻事件现场，新闻事件发生的同时进行报道而不是在事后进行报道。

（4）只报道，不分析。CNN 强调自己是"新闻特使"，以滚动的、现场的、全球的新闻的迅捷、短促、富有动感的现场报道为其核心灵魂，因此，CNN 的新闻报道基本上没有分析。

正是因为 CNN 的新闻报道缺乏这些分析，所以有学者对 CNN 的报道进行批评时指出它的报道是肤浅、琐碎的，没有事实与事实的联系与意义，使得整个世界看上去就像是一场没完没了的情景喜剧。

二、英文新闻报道语言点讲解

1. Words and Expressions

Sting：*n.* a wound that is made when an insect, a creature or a plant stings you 刺伤；蜇伤 **agony** *n.* very severe pain 极大的痛苦

put...on edge：使……紧张；令人不安，惊恐

entrepreneur：*n.* someone who starts a new business or arranges business deals in order to make money, often in a way that involves financial risks. 企业家

tariff：*n.* a tax on goods coming into a country or going out of a country. 关税

vulnerable *adj.* a place, thing, or idea that is vulnerable is easy to attack or criticize 易受攻击的；易受责难的

impose on：if someone in authority imposes a rule, punishment, tax etc, they force people to accept it 强制推行，强制实行

escalate：*v.* to become higher or increase, or to make something do this（使）升高；（使）增加

alternative：*n.* something you can choose to do or use instead of something else. 可供选择的事物

promotional：*adj.* films, events etc. advertise something 广告宣传的

merchandise：*n.* goods are that being sold 商品，货品

double whammy：two bad things that happen together or one after the other 坏事成双，祸不单行

distributor：*n.* a company or a person that supplies shops and companies with goods. 分销商，经销商，配送商

contingency：*n.* an event or situation that might happen in the future, especially one that could cause problems（可能发生的）意外事件，不测事件

complacent：*adj.* pleased with a situation, especially something you have achieved, so that you stop trying to improve or change things used to show disapproval 自满的，得意的（含贬义）

devastating：*adj.* badly damaging or destroying something 毁灭性的，破坏力极强的

utility：*n.* a service such as gas or electricity provided for people to use. 公用事业

assemble：*v.* to put all the parts of something together. 组装，装配

withstand：*v.* to defend yourself successfully against people who attack, criticize or oppose you 抵挡，顶住

organic：*adj.* relating to farming or gardening methods of growing food without using artificial chemicals, or produced or grown by these methods 有机的，不使用化肥的

out of business：if a company goes out of business, or something puts it out of business, it stops operating, especially because of financial problems. 停业，歇业，倒闭

2. Sentences Comprehension

（1）Some entrepreneurs say each new round of tariffs imposed in the growing feud makes it even more difficult to manage their businesses and their relationships with customers.

句中的 entrepreneur 源自法语词，意为企业家。其实由于历史原因，法国在很长一段时间是欧洲经济文化的中心，英语深受其影响，也吸收了很多法语词，这些词通常出现在一些关于政治、法律、文化产业等的话题中。除了本文的"企业家"，其他由法语词借用来的修饰人物的英语单词还有 fiancée（未婚妻）、elite（精英）等。New round 表示新一轮的，在句中修饰关税，后置定语部分 imposed in the growing feud 同样修饰关税，但在翻译理解时，为更符合中文思维和避免重复，建议单独成句，作为这句话里贸易摩擦大环境描述的补充。

参考译文：一些美国企业家表示，中美两国的贸易摩擦愈演愈烈，每一轮新的关税都会使他们更难处理企业与客户之间的关系。

（2）Over the last three decades, Sharon Evans, CEO of CFJ Manufacturing, has grown her business from a small jewelry store to a 120-employee promotional products company.

我们常说的行政职位首席执行官 CEO 实际是 Chief Executive Officer 的简称。由于本篇文章对焦于各企业的发展现状，文中提到了不少关于企业和公司概念的表达，除了这句话中常见的 company 表示公司以外，相关词汇引申如下：group 集团公司；corporation

公司、企业；enterprise 企业、公司、事业；firm 公司，尤指合股合伙公司；establishment 公司、企业、商业机构；conglomerate company 集团企业、跨行业大企业。

参考译文：在过去的 30 年里，CFJ Manufacturing 的首席执行官 Sharon Evans 将自己的业务从一家小型珠宝店发展成了一家拥有 120 名员工的促销产品公司。

（3）"That's almost too expensive but it's a difficult situation now for everyone," he said. "It's absolutely a frustrating situation. These tariffs might even put some small businesses out of business."

这句话作为全文结尾，蕴藏了一个颇有意思的表达。结尾的短句中重复了两次 business，第一次 business 搭配 small 指小公司，第二次搭配 business 的短语 out of business 指停业、歇业。同词不同义的表达具备形式感和均衡感，使得结尾朗朗上口又别有情趣。

参考译文：Tucker Garrison 说道："这太贵了，但现在对每个人来说都是一个困难的局面。这是一个令人沮丧的情况，这些关税甚至可能让一些小型企业破产。"

三、中西文化比较

新闻报道的传播，一定程度上是一定时期的文化表现，新闻与文化相互促进又相互影响，不同的文化传统使中西新闻在传播理念与新闻表现上各具特色。因此，从文化角度分析中西新闻传播的差异及其根源，对于我们正确认识中西新闻传播中的文化差异，无疑具有一定现实意义。

中国和美国在思维中有着各自截然不同的方法与角度。从古至今，中国的文化价值观都是偏向于集体主义的文化价值观，一切事物的思考分析也都是从集体出发。而西方的文化价值观则是建立在个体本位的基础之上的，以个人主义作为其文化价值观的基础。故中国善从整体角度进行思考，而美国的思考更多关注的则是个体或者局部。这种对比和冲突也充分体现在了这次中美贸易摩擦里，中美两国的企业家提出应对之策时不同的思维角度。

中文的专题报道中，主要以集体主义文化价值观为指导，善于从整体进行观察思考，不论专家学者还是企业管理者都倾向于从整体出发，以国家发展的全局角度进行思考。例如，文章中引用的北大发展研究院副院长的发言"但是对中国来讲，最重要的是定力，做好自己的事情，这一点是非常重要的。我们每个人都应该从自己工作的角度做好自己的事情"，和企业家的态度"作为一个企业应该有自己核心的技术，有自己核心的产品，现在中美贸易摩擦在目前的情况之下尽管是愈演愈烈，但是我认为作为我们做实体经济的应该更好地冷静下来，心无旁骛地做好我们自己的实业"等。文章结论得出"发展才是硬道理"，这才是应对各种风险挑战的大国底气。这句话最早是邓小平同志在南方谈话中提出的一个理论，同样也适用于现在的中国社会和文化背景。正如文章提出的发展自身、创造条件、不断提高国家的综合国力才是对抗贸易摩擦的本质战略。因此在本文中，其思考报道的角度其实仍然是整体角度，从国家这个整体角度出发寻求中美贸易摩擦的应对之策，这个观点也是支撑这篇中文专题报道的核心价值观。

　　本单元选取的英文专题报道，对美国中小型企业在本次中美贸易摩擦中，企业及其管理者们的自我感触与应对等进行了采访与分析。整篇文章的价值观以体现西方文化的个人主义为主，思考擅长从个体和局部出发。受访的企业管理者几乎都是从企业自身发展的个体角度进行思考探究，正如文中的企业家谈到自身公司经受贸易摩擦后的对策时："Still, Ruttenberg said the China tariffs will affect every product in the company's portfolio because even the merchandise made in US factories uses components sourced from China.", "It would take years for his company to try to replace China with another supplier, he said. "Until then, we have no choice but to accept the impact of these tariffs."美国企业明显更重视自身利益，这也符合西方思维中美国人崇尚基于个人实力基础上的功利主义。怎样在贸易摩擦中独善其身，才是美国企业家们关心的议题，而非中国文化里强调的集体主义，即自身与国家层面的宏观经济发展的联系。

Part Five　Exploring beyond the text

一、知识拓展

（一）专题报道写作模式与策略

专题报道是一种集成性的报道，要将一个重大事件或人物、问题的许多不同的方面，如事件的现场情况、发展过程、结果真相、重要细节、关键事实、背景资料、议论观点等多个不同的点连接起来形成一个面，是点面结合的报道。专题报道的小标题将内容划分成了不同的版块，而不同的版块又有机组合在一起形成了最终的专题报道。

专题报道是深度报道中的一种，只要能发现问题，抓住问题，深入调查，取得第一手资料就能写出好的专题报道。

（二）专题报道的写作方法

1. 广泛集纳内容

专题报道的内容集成根据不同的报道内容有着不同的要求。事件专题报道需要集成的是事件发生发展的整个经过及其相关背景资料、未来趋势，根据事件本身的过程来进行内容的集成。

人物专题报道因报道的是重要领导、名人、社会精英、典型人物的活动和言论，以及那些做出了不平凡的事的普通人的活动或者事迹，需要集成的是人物的活动、言论、事迹，集成的依据则是媒体塑造人物形象的需要。

综合专题报道一般是对一个城市或某个地区的某种现象进行综合的专题报道，反映当地经济发展和精神风貌等。因此其报道要求视野宽，内容广，角度高，有深度，要突出一个鲜明的主题，找到新颖点。因此这类专题报道的内容集成依据的是媒体报道的主题。

工作专题报道则主要是对某项重要工作或常态工作取得的重要成效进行专题报道，反映经济社会发展的进展和成就。工作专题报道中需要集成的内容主要包括：实例、数据、人物、问题、进展、成效等。此类专题报道内容集成时比较容易出现用计划、方案、报道等代替事实等问题，导致专题报道掺假掺水。

问题专题报道是针对社会上的一些重大问题或者人们容易忽视但又必须引起注意的问题的专题报道，如民生问题、创业就业问题、食品安全问题、药品质量问题等。问题专题报道事实突出，关系复杂，矛盾尖锐，问题紧迫。报道中要时时围绕问题将相关的背景资料、问题相关的事实情况、问题的发生发展、问题所带来的各种危害与后果、问题的相应解决办法等进行集成式的整合。

2. 综合应用多种手段

专题报道适用性极广，既可以为报纸杂志等平面媒体所用，也可以为广播电视、互联网所用。不同的媒体所能采用的手段各不相同，但总体来说，专题报道的手段比较丰富。在单篇的报道中，文字、图片、图标、漫画、音频、视频等多种形式均可采用；在组合报道中，长篇的、短篇的可以互相结合，消息、评论也可以互相组合。在电视、互联网中，除了以上手段可以相互配合综合应用外，花絮、网上热议、热线链接等也经常被综合应用，为电视专题和网络专题增添了独特的风采。

3. 简练、翔实、中性的写作方法

专题报道的写作融合了消息、通讯、深度报道、调查报告、专稿、特写等多种不同文体的写作手法，对这些文体的写作手法呈现出了兼收并蓄之态。它融合了消息的简述的叙述手法和中性化的客观文字表达，通讯的长篇幅和小标题制作，深度报道和调查报告的全面性，专稿、特写中的描写等写作手法；摒弃了通讯的文采和调查报道的深度分析等，取各文体之长用于事实报道，形成了以专题报道在写作中从快、从简、从实、从细、从准的写作要求并由此形成了专题报道简练、翔实、中性的写作方法。

4. 客观表达法

专题报道强调据实而写，侧重人物、数据、形状、过程、情景、声音、语言等的具体化，一般不用高级形容词、模糊概念和集合概念，会将具有较大新闻价值的新闻点分解为多个有充实内容的看点，再将看点内容具体化。分小段写作，不用太多的长句和文学修辞，不采用议论和抒情，尽量不发表议论，不持立场。

当然不发表议论并不代表不报道议论，故在专题报道中往往会采用大量的人物话语，借助于专家学者或相关人员的意见来进行分析和理性评论。这些议论虽在文章中报道了出来但是并不一定代表作者或者媒体的意见，而更多的是客观地展示与实践有关或无关人员的多角度和多方面的意见以便受众能够通过报道进行全面而客观的自我分析与判断。

5. 分层写作

专题报道一般由三部分构成，具体包括导语、主体和结语，由此组成了专题报道的框架结构。在主体部分往往会用小标题，将内容进行组合之后划分成不同的模块，这些模块之间可能是并列关系，也可能是递进关系。框架式结构明晰地把主体和内容紧密联系在了一起，层次分明，逻辑清晰，便于采写和阅读，而分层写作则更加便于受众在长篇报道中阅读。

（三）专题报道的写作要求

1. 简明直白

专题报道在对事件细节的描述中常常采用简述的方法，力求简练，不积赘。细节的描写采用白描法。在结构安排上不用倒叙、插叙、悬念、交叉、蒙太奇等带有着浓厚文学色彩的结构，一般按照事件发生的原本顺序来进行写作，不会进行文学或者戏剧性冲突的安排，据实直写。

2. 准确凝练

专题报道的中性化写法派生了对高级形容词和修辞手法的采用，在较高程度上保证了新闻报道的真实性和准确性。白描法中大量的动词、子概念的应用使得事情的本来面貌在较大程度上得到了保证，更进一步确保了新闻报道的准确性。直白的写作让霸道内容言简意赅，表达凝练。

二、能力拓展

（一）中文专题报道延伸阅读

访问光明网《一带一路五年来》的专题报道，http://topics.gmw.cn/node_118537.htm。

（二）英文专题报道延伸阅读

访问《南华早报》（*South China Morning Post*）官网"Dominance or Development What's at the End of China's New Silk Road"专题报道, https://www.scmp.com/news/china/diplomacy/article/3007059/dominance-or-development-whats-end-chinas-new-silk-road。

（三）课后练习

1. 简答题

（1）什么是专题报道？

（2）专题报道的特点有哪些？

（3）专题报道的主要写作手法与要求有哪些？

（4）专题报道与消息、通讯等的不同有哪些？

2. 论述题

（1）请简要论述专题报道的写作中如何进行内容的集成。

（2）专题报道的客观性和中性化是如何体现的？哪些方法能提高专题报道的客观性和中性化？

3. 实操题

（1）读完这两篇专题报道后，请分析这两篇专题报道各自的观点、立场、文章结构与文章报道风格。

（2）以大学校园内发生的有影响力的事件或问题为主要内容，试着撰写一篇 2000字以上的专题报道。

（3）Recently, online journalists have a trend for being advocates of their own interests in beat reporting, which might entail a loss of trust and an increasing cynicism of the audience. What do you think the beat reporters could do to avoid behaving as activists rather than detached observers?

参考文献

[1] 郭可. 国际传播学导论[M]. 上海：复旦大学出版社，2004.

[2] 欧阳霞. 新闻采访与写作[M]. 北京：清华大学出版社，2009.

[3] 郭传芹. 专题新闻史料的价值与意义——以日本战犯审判新闻史料为例[N]. 中国社会科学报，2017-09-07.

[4] 胡乾想. 专题系列报道写作方法探[J]. 新闻传播，1998(4).

[5] 贾若. 试论深度报道在体育类电视节目中的应用及发展——透过雅典 2004 展望北京 2008[D]. 长春：东北师范大学，2005.

[6] 陆橙. 浅析民族志方法在深度报道中的运用——毕业作品《倾听一个少数派》的构思与采写[D]. 昆明：云南大学，2013.

[7] 闫冰. 国内新闻类周刊的现状及其发展趋势研究——以《三联生活周刊》《新周刊》《中国新闻周刊》为例[D]. 太原：山西大学，2009.

[8] 李程. 中国青年报专题系列报道研究[D]. 武汉：武汉大学，2005.

[9] 李慧彬. 深度报道在新闻专题中的运用及其发展趋势[D]. 武汉：武汉大学，2004.

[10] 王佳. 深度报道在纸质媒体中的现状与发展探析[D]. 太原：山西大学，2013.

[11] 张露汀. 新闻专题在网络媒体中的发展——以千龙网为例[D]. 北京：中国人民大学，2009.

[12] BERKOWITZ DANIEL A. Social meanings of news: a text-reade[M]. Los Angeles: Sage Publications, 1997.

[13] GUPTA V S. Handbook of reporting and communication skills[M]. New Delhi: Concept Publishing Company, 2003.

[14] RALPH S IZARD, HUGH M CULBERTSON, DONALD A LAMBERT. The specialist at work: beat reporting[M]. Dubuque: Kendall/Hunt, 1994.

[15] RYFE D M. Change in an American newsroom[J]. Structure agency, 2009.

[16] SCANLAN C. Beat reporting: what does it take to be the best[J]. Poynter institute, 2011.

新闻特稿

Unit Six　Feature Writing

- Understand what feature story is and its elements and writing styles.
- Identify the feature story ideas and the author's point.
- Grasp the skills needed in reporting and writing feature story.
- Master the key terms and basic words and expressions in the text.
- Apply the strategy to developing and writing feature story.

Part One   Preparing to explore

一、新闻特稿

（一）定义

新闻特稿（feature writing）是借用电影"特写镜头"（close-up-shot）的手法，用一个新闻事实的横断面，抓住最有代表性和典型意义的片段、场面、镜头，对事件或人物进行形象化的报道的一种新闻体裁，是从消息和通讯之间衍生出来的一种报道形式。西方新闻界非常重视特稿，但对特稿的定义却很难界定，在 *The Complete Book of Feature Writing* 一书中，主编 Leonard Witt 讲到，即便是做了十多年特稿编辑的 Richard Cheverton 也认为"who the hell really understands what a feature is? I've worked for over a decade as a feature editor, and I'm not sure I could define the word 'feature' for a freshman journalism class."（"究竟谁知道什么是特稿？我当了十多年的特稿编辑，我也不确定我能给我的新闻学新生讲清楚什么是特稿啊！"）。笔者查阅了大量资料，借谢菲尔德大学新闻学院的高级讲师 Tony Harcup 所编撰的《新闻学词典》来进行解释，该书认为，Feature is"an article in a newspaper or magazine that is not 'hard news and which is generally written at greater length than most news stories. Features may provide more detailed, contextual information behind a topic event'."。特稿以"描写"（depict）作为主要表现手段，在新闻五要素之外，补充"人情味"的细节来完善新闻事实，提升新闻的可读性，增强传播效果。

特稿与消息都要求简要和迅速地报道新闻事实，但消息更侧重于新闻事件的全过程，而特稿则主要抓住新闻事实中最富有特征的片段，以此切入展开报道。

20世纪50年代刘向羽在《论特写》中认为，特写和诗歌、小说、戏剧等形式一样，属于文学体裁；60年代，新闻界和文艺界提出用"报告文学"代替"特写""文艺性通讯"等概念。在甘惜分主编的《新闻学大辞典》中，对特稿的定义为"特稿，即特写，运用解释、分析、预测等方法，从历史渊源、因果关系、矛盾演变、影响作用、发展趋势等方面报道新闻的形式"。在该书中亦提及中西方对待特稿的态度有所不同，西方特稿的内涵比中国更加博杂。

美国新闻学界认为"特稿通常以叙事形式写成，读来更像短片纪实故事，并且有一个情感中心……它们不仅有消息告知的功能，还能给读者带来娱乐、启发、鼓舞，所以特稿也被叫作'人情味报道'"。美国新闻学教授詹姆斯·阿伦森在《特稿写作与报刊》中指出："特稿，通常指报刊上篇幅较长的某类稿件，这类稿件没有正规的新闻导语，写的是有关某人、某个机构的一桩新闻事件，或某一政治事件或社会事件。"而普利策特稿写作奖则突出看重特稿的文学性，"除了具有独家新闻、调查性报道和现场报道的共有的获奖特质外，特稿主要是考虑高度的文学品质和原创性"。凯利·莱特尔、朱利安·哈瑞斯等美国新闻学者认为，feature（特稿）"是指以人情味为基础的新闻报道——那些不适合硬新闻的严格标准的报道"。麦尔文·曼切尔认为"在新闻学中，feature是个什么都可以往里装的袋子，他可以写太阳下的任何事物——甚至太阳本身都可以写……它可使我们或哭或笑。直白的消息与特稿的一个根本不同就在于消息的主要功能是告知，而特稿通常是娱乐"。特稿是"不是新闻的东西"得到诸多美国记者的认可。

综上可以看出，特稿既要求新闻工作者遵守基本的新闻原则，又要求稿件具有一定的文学性、可读性，以小见大，通过一个侧面让公众了解新闻事件，通过讲故事的形式传播新闻。

（二）特稿的作用

美国的经典新闻学教材《当代媒体新闻写作与报道》认为特稿是软新闻的一种。硬新闻（hard news）是将新闻的六要素（when，what，where，who，why and how）传播给公众，而软新闻（soft news）则是"置身于新闻之外去探究世界、国家和社区的人物、地点和实物"。因此，除了告知信息之外，特稿还具有以下作用：

一是尽可能呈现新闻本身（to present the story as it is）：通常而言特稿会以硬新闻的补充形式出现，通过对新闻事件中的人物、环境多角度的呈现，尽可能向公众还原新闻本身。

二是满足受众的知情权（to ensure the public's right-to-know）：新闻特稿在"消息"之余，更多地探究和呈现这个社会中不断出现的各种思潮及社会发展趋势，将公众想知而未知的信息告知给他们。

三是带领受众思考（to lead the audience to think）：让受众"了解新闻背后的故事"是特稿的使命。"硬新闻"能及时准确地传递消息，但难以产生持久而深刻的效应。特稿可以通过关注新闻事件中当事人内在和精神层面，带领受众更深刻、更全面地思考问题。

四是提升受众的阅读兴趣（to enhance the audience's interest in reading）：相较于消息等文体，特稿在写作过程中更注重"新奇""冲突""人情"等细节，这些充满"幽默""娱乐"或者"悲伤""沮丧"的细节更容易与受众产生共鸣，从而提升受众的阅读兴趣。

（三）特稿的发展与演变

这种特殊的新闻文体来源于西方，特稿在中国属于舶来品。国内新闻界一般将新闻划分为消息和通讯，在中国新闻奖评奖中，通讯是重要的奖项。从 20 世纪 90 年代开始，我国一些媒体开始设置特稿专版，成立了特稿专题部门，其中以《中国青年报》的"冰点"栏目最具代表性。

1. 特稿在西方新闻界的发展

特稿是伴随着西方新闻事业和"文学新闻"而发展起来的。所谓"文学新闻"是"借助叙事和修辞技巧，将真实的内容以小说或速描的艺术手法展现的非虚构性小说"。它以文学方式来进行新闻报道，基于真实的新闻事件进行撰写，既有文学的艺术性又具有新闻报道的真实性、严谨性和深刻性。特稿便是在"文学新闻"的基础上产生的，成为文学新闻在那个时代的具体表现。

17 世纪，美国产生近代报纸时新闻特稿便应运而生。早期的报纸新闻并没有形成如今通用流行的"倒金字塔"结构，通常是以讲故事的方式来告知新闻。因此，早期的报纸也并没有将新闻进行"硬新闻"（hard-news）（消息等）、特稿的划分。

随着 18 世纪文人办报成为潮流，一批作家在媒体刊发纪实性文学作品，其中被后世广为流传的《鲁滨孙漂流记》便是当时连载在《每日邮报》上的作品。

19 世纪 30 年代，美国报纸走向大众化之后，《纽约太阳报》《世界报》《纽约先驱报》等以普通大众为主要读者群的报纸成为市场主力军。在这些报纸上刊发的文章，大多是重视人情味和趣味性的报道，这一时期新闻特稿得到了空前发展。

从 19 世纪 80 年代起美国进入黄色新闻时代，报纸在报道过程中过分渲染黄色、暴力细节，甚至歪曲捏造事实。普利策的《世界报》和赫斯特的《纽约新闻报》都曾以报道暴力、凶杀等内容来争夺受众眼球，并以此获得轰动效应。1899 年至 1900 年，是美国黄色新闻发展的高峰。当时美国的主要报纸中约有三分之一是纯粹的黄色报纸。美国的新闻学者埃德温·埃莫里曾评价："赫斯特制造出了有史以来最坏的新闻，将美国新闻事业的水准降到了最低。"

19 世纪末至 20 世纪初，美国新闻界开始反思黄色新闻对新闻业的冲击，这种煽动色情、暴力的不良风气得到一定程度的抵制，业界开始重新呼吁新闻专业主义，真实客观报道的理念让特稿回归发展的正轨。与此同时，美国金融危机带来的一系列现实问题也为记者提供了广泛的题材，出现了"小说性新闻""新闻体小说"等。

20 世纪六七十年代，文学新闻发展到高潮，产生了一股"新新闻主义"（new journalism）的浪潮。当时很多人认为，传统新闻报道已经不再是反映社会"真实"的最佳方法，要求打破虚构与非虚构的界限，允许作者采用各种象征手法，允许作者虚构某些细节，合理想象。很明显，这些要求有悖于新闻的真实客观原则，因此随着时代的发展也逐渐被放弃。

1979 年，普利策新闻奖评委会第一次设立和颁发了特稿写作奖，并确定其基本评奖标准为：For a distinguished example of feature writing giving prime consideration to quality of writing（写作质量），originality（原创性）and concision（准确性），using any available journalistic tool. 文学、创造和准确成为优秀特稿评价的标准。文学性正是文学新闻的延续，是特稿的最大特点。但与此同时，准确性的要求也让特稿真正脱离"新新闻"的影响。值得一提的是，1981 年，《华盛顿邮报》记者珍妮·库特因虚构新闻人物而被收回已经颁发的普利策新闻奖。

2. 特稿在中国的演变

20 世纪五六十年代国内有学者将特写和小说等体裁一并归为文学类体裁。20 世纪90 年代，随着我国新闻事业的改革，"做生动的新闻"逐渐成为新闻媒体人的选择，"特稿"便在此背景下真正成为中国新闻界常用的文体，媒体也逐渐开设特稿专栏或成立特稿部。《中国青年报》于 1995 年 1 月推出"冰点"特稿专栏；四川《华西都市报》于 1996 年成立特稿部。此外，在电视媒体领域，讲故事的新闻报道手法也逐步出现泛化趋势，在关注舆论导向的同时，也开始强调新闻的故事性与人情味。当时流行的一些以"讲故事"为主打的电视栏目，都借鉴了特稿的故事化表达方式，受到了特稿理念的指导和影响。

1992 年邓小平南方谈话后，中国新闻界开始进入改革阶段，处于改革前沿的《中国青年报》于 1993 年开始扩版，扩版后报社分派版面时发现多出两个版面，于是任命李大同接管版面，"冰点"特稿栏目由此诞生。

"冰点"作为中国最早的特稿实践阵地，一直在摸索属于中国的特稿之路。1995年 1 月 6 日，题为《北京最后的粪桶》的深度报道出现在《中国青年报》第八版名为"冰点"的栏目上，这篇 8000 余字的稿件开启了中国新闻界的特稿之路。

2003 年 6 月 19 日，《南方周末》刊发李海鹏的文章《举重冠军才力之死》，在报社内部被认为是第一篇特稿，至此《南方周末》也开始了"中国式特稿"的探索之路。十余年来，《南方周末》的探索对中国新闻界的影响深远，很多都市类报纸或网站开设特稿版面和栏目，或多或少都是借鉴《南方周末》特稿版。

（四）特稿的特点

从前文可以发现，特稿是一种利用文学手法来完成的新闻性稿件。对学习者而言，通过梳理特稿的特点或许能帮助他们更清晰地理解特稿写作。

1. 文学性和真实性并存

特稿从诞生之日起就与文学密不可分，"以文采见长"是特稿显而易见的特点，特稿存在的价值之一就是在向受众传递信息的同时，让其感受到阅读的快乐。

但不能忽视的一点是，特稿属于新闻的一种写作文体，因此，其根基是新闻而非文学。"新新闻"最终被业界抛弃的根本原因便是其舍弃了特稿的新闻特征，忽视了"真实性"这一重要准则。真实性是新闻的生命，对特稿而言同样如此，只有在真实的前提下进行文学性的优美表达，特稿才是有价值的。

著名记者南香红也曾提出，特稿有两个基本追求，一是真实，二是精彩。在其论述中可以看到，真实性应永远排在精彩之前。一篇好的特稿报道，不仅要文字优美，更要符合结构、价值判断、细节描述、场景还原的高要求，是带着理性和真实光环的优美。

2. 浓厚的人情味

较之于消息，特稿的人情味和趣味性更浓。特稿的人情味更多地体现在内容与主题上。通常，特稿比其他新闻文体更强调"以小见大"的传播效果，因此通常选择小人物和普通事件作为突破口。而这些小人物或普通事件更能体现媒体的人文光环和生活的趣味。

而主题的人文性则体现在特稿通常通过小侧面反映一个时代的大问题，具有平民意识和大众色彩。以普利策新闻奖特稿作品来看，获奖作品往往是带有悲剧色彩的，大多涉及自然灾难、老人、妇女等弱势群体，以及金融危机等"坏消息"。而这些悲剧恰好符合了美国新闻价值观中的"坏消息才是好新闻"，这些悲剧能够勾起人们对社会的反思，这些小人物的命运能够让社会产生怜悯之心，引发社会的深刻思考和讨论。

3. 新媒体时代下的"慢新闻"（slow journalism）

在追求时效性的新闻界中，特稿算是一个特例，它允许作者在一定程度上慢下来。《南方周末特稿采访手册》中有这样一段话，"一般的新闻记者就像追着球满场跑的运动员，而特稿记者似乎要站得离事件远一些，以便能够看到事件的全貌；他似乎要站得更高一些，以便纵横各方面为事件定位。也许日常报道的记者们都离去了，满地扔的都是废料，特稿记者才在现场寻觅，寻找真正想要的东西。"较之于消息，特稿的时效性要求相对较低，记者可以沉下心来打磨一篇稿件。

随着新媒体的发展，受众面对海量的碎片化信息显得手足无措，一方面不停地在接收信息，另一方面又觉得信息本身大同小异。面对新媒体的冲击，很多传统媒体开始转型或者思考应对之策，其中很多媒体主打特稿牌，主打"深度牌"和"人情牌"。

2013 年年初，《东南商报》提出了"在快新闻的时代里做好慢新闻的文章"这一理念，启动特稿记者制度，对特稿记者实行特殊的考核制度，允许一个月只做一篇有深度的特稿，以此鼓励一部分记者静下来，追求新闻的人文关怀。

（五）特稿的取材和分类

特稿的取材灵活，几乎所有类型、所有内容都可以通过记者的挖掘成为特稿。同时在写作上没有固定的格式和套路，因此记者可发挥空间较大。

目前国内外教材或专著中对特稿的分类有不同的标准和参考系，其中美国瑞狄克教授将新闻特稿分为 11 类。本书借鉴刘明华等人所著《新闻写作教程》中的分类，将特稿分为人物特稿和场景特稿两大类。

人物特稿要求再现人物的行为、性格。普利策新闻奖特稿奖获奖作品大多都是以人物为中心的，尤其以小人物的生活与命运受到更多的关注。特稿主要聚焦在那些处于危机中的普通人（《中国青年报》2009 年 5 月 6 日《路》）、与疾病抗争的普通人（《中国青年报》2013 年 8 月 21 日《艾滋病病人的秘密花园》）、具有话题旋涡的人（《三联生活周刊》2016 年 9 月《白银案：时空交错里的片断高承勇》）和受害者（《财新周刊》2018 年 7 月 23 日《尘肺病案中案》）身上。

场景特稿通过在写作中截取某一个或者几个关键性的场景而完成写作，场景特稿也是特稿写作中不容回避的内容。如 2005 年年底启动北京前门、大栅栏"整治、保护"工程后，《南方周末》记者南香红将关注焦点放在拆迁民众上，聚焦胡同里的生活场景，通过生活场景的特写，记录平民买房故事，透视北京拆迁经济。

二、课前讨论

■ Compare *The Ramírez* photograph and the image of *Alan Kurdi* and figure out the similarities presented in both.

■ Should news organizations publish this terrible picture? Will it change our minds? Will it matter in the end?

■ How to balance the cruel fact of the news and the humanistic care of the victims in catastrophic news reporting? Can you cite any instances to illustrate how to report catastrophic news properly?

Part Two　　Exploring the text A

一、中文特稿案例

回　家

（节选）

林天宏《中国青年报》
2008 年 5 月 28 日

在前往地震重灾区映秀镇的山路上，我第一次遇见了程林祥。

那是 5 月 15 日下午大约 2 点钟的时候，距离 5·12 汶川特大地震发生已近 3 天。大范围的山体滑坡和泥石流，摧毁了通往映秀镇的公路和通讯，没有人知道镇子里的情况究竟怎么样。我们只能跟随着救援人员，沿山路徒步往里走。

……

沿途，到处是成群结队从映秀镇逃出来的灾民。他们行色匆匆，脸上多半带着惶恐和悲伤的神情。这时，我看见一个背着人的中年男子，朝我们走来。

这是一个身材瘦小、略有些卷发的男子，面部表情看上去还算平静。背上的人，身材明显要比背他的男子高大，两条腿不时拖在地面上。他头上裹一块薄毯，看不清脸，身上穿着一套干净的白色校服。

同行的一个医生想上去帮忙，但这个男子停住，朝他微微摆了摆手。"不用了。"他说，"他是我儿子，死了。"

在简短的对话中，这个男子告诉我们，他叫程林祥，家在离映秀镇大约25公里的水磨镇上。他背上的人，是他的大儿子程磊，在映秀镇漩口中学读高一。地震后，程林祥赶到学校，扒开废墟，找到了程磊的尸体。于是，他决定把儿子背回去，让他在家里最后过一夜。

紧跟程林祥的，是他的妻子刘志珍。她不知从什么地方捡来两根树干，用力地拿石头砸掉树干上的枝杈，然后往上缠布条，制造出一个简陋的担架。在整个过程中，她始终一言不发，只是有时候略显暴躁地骂自己的丈夫："说什么说！快过来帮忙！"

担架整理好后，夫妻俩把程磊的遗体放了上去。可担架太沉，他们抬不上肩膀，我们赶紧上去帮忙。

"谢谢你。"她看了看我，轻声说道。原本生硬的眼神，突然间闪现出一丝柔软。

在那一刻，我的心像被什么东西狠狠揪了一下。

……

地震发生的时候，程林祥夫妇都在镇上的工地里干活。一阵地动山摇之后，镇上的一些房子开始垮塌，夫妻俩冒着不断的余震，往家里跑。

家里的房子还算无恙，老人们也没受伤，没多久，在水磨中学上课的二儿子程勇也赶到家里。他告诉父母，教学楼只是晃了几下，碎了几块玻璃，同学们都没事。

夫妻俩松了一口气，他们并不清楚刚刚的地震意味着什么。程林祥甚至觉得，远在映秀读书的程磊"最多就是被砖头砸了一下，能有什么大事呢"。

但从外面回来的邻居们，陆续带回了并不乐观的消息。

……

13日早上7时，他们冒着大雨，前往映秀镇的漩口中学，寻找在那里读高一的大儿子程磊。

……

程磊就读的漩口中学，位于镇子的路口。此时，这座原本6层的教学楼，已经坍塌了一大半，程磊所处4层教室的那个位置，早已不存在了。

……

他们找遍了窝棚，只遇到程磊班上的十几个同学，他们都没有看见程磊。其中一个同学告诉程林祥，地震前，他还看见程磊在教室里看书。

那一瞬间，夫妻俩觉得好像"天塌了"。

他们发疯一样地冲上了废墟，翻捡起砖块和碎水泥板，用双手挖着废墟上的土，十指鲜血淋漓，残存的楼体上坠落下的砖块，不时砸落在身边，他们却毫无感觉。

……

发现程磊的时候，他的尸体，被压在一块巨大的水泥板的缝隙里。

……

夫妻俩顾不得哭，他们想把程磊的遗体从缝隙中拉出来，可是缝隙太小了。

……

程林祥不知从什么地方捡来了一根铁镐，这个父亲用力地砸着那块巨大的水泥板。

半个小时后，水泥板逐渐被敲成了碎块，他俯下身去，把找寻了两天的儿子，从废墟中拉了出来。

......

母亲想给他换上带来的新衣服，但程磊的全身已经僵硬。夫妻俩跪在他的尸体前，抚摸着他的手脚，一遍遍地呼唤他的名字。

几分钟后，程磊的四肢竟慢慢地变软，母亲把他身上的脏衣服扯下，为他套上了干净的校服，然后在头上裹上了带来的薄毯。

程林祥把儿子背到了背上，他停住身，掂了掂儿子身体的重量，走上了回家的路。

......

那时走过映秀镇山路的人都知道，沿途的山上，会不时滚下碎石，余震不断，路滑，脚边就是湍急的江水，正常人走路都很艰难，而程林祥的背上，还背着近一百斤的儿子。

正在长身体的程磊，身高 1.65 米，已经比父亲高出了 2 厘米。趴在父亲的背上，他的双脚不时摩擦着地面，每走几步，程林祥就要停下来，把儿子往上掂一掂。刘志珍在丈夫身后，托着儿子的身体，帮助他分担一些重量。

程林祥把儿子的双手绕过脖子，轻放在自己的身前。一边走，程林祥一边和儿子说话："幺儿，爸爸带你回家了。你趴稳了，莫动弹啊。"

儿子的身体在背上起伏着，带出的一丝丝风响，像是一声声呼吸，掠在程林祥的脖颈上。有那么一瞬间，他甚至觉得儿子还活着，还像小时候那样，骑在爸爸的身上，搂着爸爸的脖子。

程林祥的力气原本不大，在工地上，别人一次能背二十块砖头，可他只能背十多块。可此时，他似乎觉得"身上有使不完的力气"，背着儿子一步步地往前走。

在路上，有好几次，他都险些被山上滚下的石头砸中。但那些石头只是擦身而过，落进下面的江水里，发出沉闷的声响。

"我知道，幺儿一定会在天上保佑着我，让我们安全到家。"程林祥心中默默想着。

......

晚上 8 点，程林祥夫妻带着儿子，终于回到了水磨镇。闻讯赶来的邻居们从他们肩上接过了担架，那一刻，夫妻俩突然间觉得身上的力气消失得干干净净，他们一下瘫软在地上。

他们的肩膀，已经被树干上未除干净的分岔，扎出了一个个血洞，但那时，他们察觉不出一丝的疼痛。一路上，也自始至终没有掉过一滴眼泪。

在采访中，程林祥和刘志珍都拉开衣襟，给我看了他们的肩膀，上面划着一道道深紫色的还未愈合的伤口。

但我能察觉到，更深的伤口，其实刻在这个家庭每个成员的心里。

程磊的奶奶这些天一直在后悔，程磊离开家的那天，去摘家里樱桃树上的樱桃，她怕树滑摔着，狠狠骂了程磊几句。

"我的好孙子啊，"这个老人仰天痛哭道，"你回来吧，奶奶让你摘个够啊！"

程林祥的爷爷，要把自己已经预备好的棺材让给程磊用，但程林祥阻止了他。他知道，如果用了老人的棺材，程磊走得会不安心的。

但程林祥也满心遗憾。因为突如其来的死亡，来不及向棺材铺的木匠定做，他只能买到一口顶上有一处烧焦痕迹的棺材。"不知道儿子会不会怪我。"他内疚地说。

……

这几天，家里人收拾出程磊生前穿过的衣服，满满当当地放在他的床上。父亲和二弟程勇怕刘志珍睹物思人，想把这些衣服丢掉，可刘志珍坚决不同意，说是要留个念想儿。

刘志珍已经好几夜睡不着了。她只是躺在儿子的床上，摸着他的衣物，喝些白酒，才能隐约入睡。她总是希望自己能做梦，在梦里儿子能够出现。可每天早晨醒来，等待她的，都是失望。

"幺儿，"她轻拍着程磊的坟头，小声说道，"妈妈现在只有一个念想儿，妈妈晚上做梦的时候，你来陪妈妈说说话，好不好？"

她说这些话的时候，父亲程林祥一直在边上垂着头，用手拭去不断涌出的眼泪。

本来，在整个采访过程中，我一直抑制着不断涌上的悲伤。因为我知道，自己只不过是一个记者，一个旁观者，也许我永远也不可能真正理解这个家庭，这个母亲失去至亲、爱子后的悲恸和痛苦。

但就在这一刻，我突然想起千里之外的父母，在知道我来震区采访后，他们那彻夜难眠的焦虑的脸庞，再也控制不住夺眶而出的泪水。

……

5月19日的全国哀悼日，一家人觉得也应该做点什么。

村子里找不到旗杆，也没有国旗，他们便在帐篷边竖起一根竹竿，在竹竿的中部捆上一块红布，就算是下半旗了。每天下午的2时28分，这户农民就在旗杆下站上一会儿，用自己的方式，来表达对死难者的哀悼。

偶尔有微风吹来，这块微微抖动的红布，和天蓝色的帐篷布，构成了山坡上的一缕亮色。

这天傍晚6时半，在这根竹子制成的旗杆下，摄影记者贺延光为这个大家庭，拍下了灾后的第一张全家合影。除了被亲戚接去外地避难的二儿子程勇外，这个家庭的成员——曾祖母、祖父、祖母和程林祥夫妇，全部在场。

程磊也没有缺席，母亲一直捧着那个土黄色的镜框。在母亲的怀里，他面对着镜头，依旧露出发黄而羞涩的微笑。

5月11日的那个上午，这个懂事的大男孩洗掉了家里所有的脏衣服。吃过午饭后，他从父亲那儿接过100元钱生活费，叮嘱正在院子里学骑摩托车的弟弟注意安全，然后挥手微笑着和母亲作别，跳上了前往学校的汽车。

一天后，突如其来的大地震，把他淹没在倒塌的教学楼里。

（文章来源：中青在线，http：//zqb. cyol. com/content/2008-05/28/content_2200571. htm，200805-28）

二、中文新闻报道分析

(一) 事件背景与意义

2008 年 5 月 12 日 14 时 28 分 4 秒，四川省阿坝藏族羌族自治州汶川县发生 8.0 级地震，地震烈度达到 11 度。根据国务院新闻办公室公布的数据，截至 2008 年 9 月 18 日 12 时，"5·12" 汶川地震共造成 69 227 人死亡，374 643 人受伤，17 923 人失踪，是中华人民共和国成立以来破坏力最大的地震，也是唐山大地震后伤亡最严重的一次地震。

中国媒体在此次灾后报道中的表现凸显了新闻媒体的人文关怀，在还原事实、告知真相的前提下又保持理性克制。本篇特稿获 "《南方周末》2008 年年度传媒致敬之特稿写作奖"，本文在还原了灾难的同时，通过对一个小人物家庭的悲欢故事的聚焦，折射出更多关于生命，关于灾难的感悟和理解。

(二) 写作切入点

一篇好的特稿，首先就是一个好故事。"5·12" 地震期间并不缺少典型人物和故事，"向倩" "可乐男孩" "谭千秋" "瞿万容" …… 这些名字不断被媒体报道，感动中国，一时间成为典型。

《回家》绕开了这些典型人物，而是用 8000 余字的篇幅，还原一个普通受灾家庭的生活。以平凡的场景平凡的人家切入，折射出在巨大灾难面前一个民族的悲伤与坚强。

尽管程林祥一家的故事并不如其他家庭那样有 "爆点" 和冲击力，不典型也不够 "高大全"，但正是因为它的平凡、常态才让人有更深的代入感——生命，对于每个人都是一样的宝贵——比起大篇幅的悲鸣，这种白描式的表现更具有感染力和真实性。

(三) 写作风格与手法

接受腾讯网《深度对话》访问时，林天宏曾提道："我当时一看到那个情景，好像被雷击中了一样，整个人大脑一片空白，有这样一个反应。"《回家》一文能出现在公众眼前一方面得益于作者林天宏的新闻敏感，其在写作风格与手法也有独特之处。

1. 善用 "隐喻"

作者林天宏在 2009 年 5 月 6 日发表了一篇名为《路》(《中国青年报》2009 年 5 月 6 日) 的特稿，叙述了程林祥灾后一年的生活：大儿子和父亲相继去世，尽管悲痛但是日子还是要继续。为了父亲的遗志和村民的幸福，他团结村民、攻坚克难，完成修路愿望。

隐喻是指通过叙事性的文字，连接人的经验从而建构起共同的意义。这两篇文章中"回家"和"路"都属于隐喻，"回家"既有父亲将儿子遗体背回家的本义，同时也有着中国人"落叶归根"的传统文化。"路"一方面是条实实在在的路，另一方面又代表着通往未来生活的道路。尽管作者在稿件中保持相对理智与客观，但读者能从字里行间读出作者笔调里透露出的悲伤、希望与矛盾。通过隐喻，让平凡的人、平凡的故事折射出更宽广的意义，让受众产生共情心理。

2. 用"白描"讲好故事

在文学创作上，"白描"作为一种表现方法，是指用最简练的笔墨，不加渲染，描画出鲜明生动的形象。在《回家》一文中没有哭天抢地的悲伤，而是大量使用白描手法，还原新闻本身，这种"云淡风轻"的描写更容易引起读者的共鸣。

全文以白描开篇，"5月15日下午2时许，在前往地震重灾区映秀镇的山路上，我第一次遇见了程林祥"。这个安静的开篇奠定了本文的写作基调——简洁、克制。同样，文章第一次介绍到程磊时，也是以一种冷静的笔调，"同行的一个医生想上去帮忙，但这个男子停住，朝他微微摆了摆手。'不用了。'他说，'他是我儿子，死了。'"这种平静反而具有一种震慑人心的作用，透过文字受众似乎看到这对悲伤但坚强的父母背着自己已经遇难的儿子回家的身影。

3. 大量细节描写

《回家》一文之所以能打动人，还在于文中用了大量的细节描写。如在描写程祥林背程磊回家的时候，作者是这样写的，"趴在父亲的背上，他的双脚不时摩擦着地面，每走几步，程林祥就要停下来，把儿子往上掂一掂。刘志珍在丈夫身后，托着儿子的身体，帮助他分担一些重量。程林祥把儿子的双手绕过脖子，轻放在自己的身前。一边走，程林祥一边和儿子说话：'幺儿，爸爸带你回家了。你趴稳了，莫动弹啊。'"这里的"双脚摩擦着地面""把儿子往上掂一掂"以及对儿子说的话等细节还原了当时的场面，父亲的形象一下子跃出纸面，作者没有一句形容性的词句，而仅仅只是通过还原父亲的这些动作和言语的细节，便将父母对儿子的爱与不舍显现。

《回家》一文中，作者的语言风格是平和的，以一个旁观者的角度记录程林祥一家的故事，全文以叙述为主要表现方式。但通过细节的描写，可以看到这个家庭的哀伤和坚韧，也可以折射出整个民族的哀伤和坚韧。

Part Three   Exploring the text B

一、英文特稿案例

Photo captures the pathos of migrants who risked it all

Azam Ahmed and Kirk Semple, *The New York Times*
Posted at Jun 26 2019 11:23 PM

MEXICO CITY—The father and daughter lie facedown in the muddy water along the banks of the Rio Grande, her tiny head tucked inside his T-shirt, an arm draped over his neck.

The portrait of desperation was captured Monday by journalist Julia Le Duc, in the hours after Óscar Alberto Martínez Ramírez drowned with his 23-month-old daughter, Valeria, as they tried to cross from Mexico to the United States.

The image represents a poignant distillation of the perilous journey migrants face on their passage north to the United States, and the tragic consequences that often go unseen in the loud and caustic debate over border policy.

It recalled other powerful and sometimes disturbing photos that have galvanized public attention to the horrors of war and the acute suffering of individual refugees and migrants — personal stories that are often obscured by larger events.

Like the iconic photo of a bleeding Syrian child pulled from the rubble in Aleppo after an airstrike, or the 1993 shot of a starving toddler and a nearby vulture in Sudan, the image of a single father and his young child washed up on the Rio Grande's shore had the potential to prick the public conscience.

As the photo ricocheted around social media Tuesday, Democrats in the House were moving toward approval of an emergency $4.5 billion humanitarian aid bill to address the plight of migrants at the border.

Rep. Joaquin Castro, D-Texas, the chairman of the Hispanic Caucus, grew visibly emotional as he discussed the photograph in Washington. He said he hoped that it would make a difference among lawmakers and the broader American public.

"It's very hard to see that photograph, " Castro said. "It's our version of the Syrian photograph — of the 3-year-old boy on the beach, dead. That's what it is."

The young family from El Salvador — Martínez, 25, Valeria and her mother, Tania Vanessa Ávalos — arrived last weekend in the border city of Matamoros, Mexico, hoping to apply for asylum in the United States.

But the international bridge was closed until Monday, officials told them, and as they walked along the banks of the river, the water appeared manageable.

The family set off together around mid-afternoon Sunday. Martínez swam with Valeria on his back, tucked under his shirt. Ávalos followed behind, on the back of a family friend, she told government officials.

But as Martínez approached the bank, carrying Valeria, Ávalos could see he was tiring in the rough water. She decided to swim back to the Mexican bank.

Back on the Mexico side, she turned and saw her husband and daughter, close to the American bank, sink into the river and get swept away.

On Monday, their bodies were recovered by Mexican authorities a few hundred yards downstream, fixed in the same haunting embrace.

"It is very unfortunate that this happens, " President Andrés Manuel López Obrador of Mexico said at a news conference Tuesday. But as more migrants were being turned away by the United States, he said, "there are people who lose their lives in the desert or crossing the Rio Grande."

Recent weeks have brought home the dangers along the border, although none quite as graphically as the death of Martínez and Valeria.

On Sunday, two babies, a child and woman were found dead in the Rio Grande Valley, overcome by the searing heat. A toddler from India was found dead in Arizona earlier this month.

And three children and an adult from Honduras perished when their raft overturned two months ago while crossing the Rio Grande.

Deterrence has been a favored strategy among U. S. officials seeking to stem the tide of migration, even before President Donald Trump took office.

Under sustained pressure from Trump, Mexico has been stepping up its own migration enforcement in recent months.

This effort accelerated in the past two weeks as part of a deal the López Obrador administration struck with Washington to thwart potentially crippling tariffs.

As of Monday, the Mexican government had deployed more than 20 000 security forces to the southern and northern borders to try to impede the passage of unauthorized migrants toward the United States, officials said.

But human rights experts, immigrants' advocates and security analysts warned that the mobilization could drive migrants to resort to more dangerous routes in their effort to reach the United States.

For all the hard-line policies, hundreds of thousands of migrants continue to embark on the dangerous journey to the United States from Central America and elsewhere.

But for every migrant who chooses to take the journey, whether on foot, packed into cargo trucks or on the top of trains, the fear of what lies behind outweighs that which lies ahead.

Some are fleeing gangs that cripple the region and kill wantonly. Others are seeking an economic lifeline.

Such was the case with Martínez and his wife, who left El Salvador in early April intent on starting fresh in the United States, according to Jorge Beltran, a reporter for El Diario de Hoy in El Salvador who interviewed some of the couple's relatives.

Members of the family issued a plea to the public on Tuesday, seeking money to help repatriate the bodies of Martínez and Valeria. The cost was expected to be about $8, 000 — an unimaginable sum for the relatives to manage.

Hours later, the government agreed to cover the costs.

二、英文新闻报道分析

(一) 新闻背景及意义

2019 年 6 月 26 日，几乎全球媒体都在转发一张由墨西哥记者朱利亚·勒杜克拍摄的一张新闻图片。照片中，一对身亡的父女面朝下趴在泥水中，未满两岁的女儿藏在父亲的 T 恤衫中，右臂还搂着父亲的脖子，他们试图非法进入美国，却在美墨边境河中不幸溺亡。《纽约时报》用极富人文关怀的笔触写了新闻背后的故事。美国特朗普政府日益收紧的移民政策下，贫穷、战乱地区人民为了过上安定的生活，不远万里向美国寻求政治庇护，但美国却关上了大门，他们的美国梦越发难以实现。中美洲萨尔瓦多父女的遇难的悲情图片，激起了世界人民对其遭遇的同情，也引发了对于非法移民的讨论。

（二）英文特稿写作分析

本文无疑是社会大背景下的书写小人物命运的人物特稿。其写作特色主要体现在开篇、过渡、主体和结尾等部分。

1. 标题（headline）

特稿的标题具有导读和导向两种作用，旨在使读者读过标题之后就能获悉新闻梗概，或者激发读者兴趣和阅读欲望。

特稿标题类似于杂志标题，有时单刀直入，开门见山；有时故弄玄虚，释放点滴信号，总之，其最终要达到的目的是让读者产生好奇心，对新闻"刨根问底"。

本文的标题"Photo captures the pathos of migrants who risked it all"对照片进行了概述和解释，"photo captures the pathos of migrants"，一张捕捉到了移民悲情的照片，后置定语"who risked it all"修饰"migrants"，移民是"不顾一切的""孤注一掷的"，拿命去搏明天的。

2. 开篇（intro.）（1~2段）

开篇以极富感染力的白描，引出悲情故事。

本文以对照片的描述作为开篇，是典型的延缓式的导语，细致的描写极具感染力：The father and daughter lie facedown in the muddy water along the banks of the Rio Grande, her tiny head tucked inside his T-shirt, an arm draped over his neck. （格兰德河岸边，一个父亲和他的女儿脸朝下趴在泥水里，女儿的小脑袋藏在父亲的 T 恤里，一只小手耷拉在他的脖子上。）第一段完全采用白描，对照片的白描，无声地拉开一个悲情的故事；接着第二段交代故事背景，照片主角以及拍摄的背景。

3. 过渡（transition）（3~6段）

通过"由此及彼"，从萨尔瓦多父女的遭遇进一步拓展到移民群体上。

文章第 3 段一开头就点明了这张照片只是北上移民的一个缩影，从而过渡到更大的移民群体上；第 4 段分析图片的巨大影响力，小人物的悲剧上升到了大政治（美国移民政策）的讨论；第 5、6 段主要引用了民主党左翼人士华金·卡斯特罗对事件的反应和他的直接引语，进一步烘托出图片的巨大影响力，成为民主党人士对抗共和党的一大武器。

4. 新闻主体（news body）（7~23段）

叙议结合，回顾马丁内斯一家以及其他移民遭遇，分析美国移民政策的趋势，以及移民执意非法移民的原因。

（1）第 7~12 段用叙事手法交代马丁内斯一家的遭遇：背井离乡寻求政治庇护—墨西哥边境桥关闭通关受阻—误判水势，冒险偷渡—偷渡失败，他乡丧命。简单清晰地叙事描写，交代清楚了马丁内斯一家的惨痛遭遇。

（2）第 13~16 段故事拓展部分，呈现更多移民的悲情故事：格莱德河周日发现的四具尸体（两具婴儿、一具儿童和一具妇女）；亚利桑那州的印度童尸；洪都拉斯一大四小的悲剧；等等。

（3）第 17~21 段为美国移民政策新趋势分析：这一部分主要分析了特朗普执政后，美国的移民政策日益紧缩，移民条件更加严苛，以多种方式遏制移民：大棒恐吓政策、以增加关税威胁墨西哥，以及增兵墨西哥边境等。

（4）第 22~23 段分析尽管北上赴美凶险重重，移民仍然冒险前往的原因。

5. 结尾（ending）（24~26 段）

回到开篇故事，交代新闻事件最新进展，首尾呼应，意犹未尽。

（三）主要观点

（1）The image represents a poignant distillation of the perilous journey migrants face on their passage north to the United States, and the tragic consequences that often go unseen in the loud and caustic debate over border policy.

（2）For all the hard-line policies, hundreds of thousands of migrants continue to embark on the dangerous journey to the United States from Central America and elsewhere.

（3）For every migrant who chooses to take the journey, whether on foot, packed into cargo trucks or on the top of trains, the fear of what lies behind outweighs that which lies ahead.

（4）We need to see how migrants die. But it's just as important to know how they live.

（四）写作风格与手法

1. 华尔街体与新闻特稿写作

华尔街体：在新闻特稿写作时，华尔街体是运用最广的一种写作方法。首创于美国《华尔街日报》（*Wall Street Journal*）。华尔街体写作主要包含四个部分：

（1）开篇和结尾（intro. and ending）。

首先以一个具体的事例（specific examples）（小故事、小人物、小场景、小细节）开头，导语通常是软性导语，多为描绘式导语（descriptive lead）或者叙事性导语（narrative lead），在本章案例中运用的是描述式导语。华尔街体的结尾通常回到开篇小故事或另起小故事结尾，首尾呼应，文章浑然一体。

（2）过渡（transition）。

过渡是特稿写作中经常使用的一种技巧。它可以是一个单词，也可以是一个词组或句子、一两个段落，用以将其前后的新闻情节、新闻事件连接起来，通常起到由小见大，由个别到群体等作用。

（3）主体部分（news body）。

华尔街体主体部分写作要注意叙议结合、引语和对话的运用，以及细节的刻画。在社会类、人物类特写写作中尤其要注意分析和叙事相结合，分析出深层次的原因。除了叙议结合，更要在写作中牢记新闻的客观性的表达，观点的客观表达要注意引语和对话的使用，并且重视细节描写。

2. 写作特色分析

（1）本文动词，尤其是短小动词的使用非常传神。

比如第一段 "The father and daughter lie facedown in the muddy water along the banks of the Rio Grande, her tiny head tucked inside his T-shirt, an arm draped over his neck." 中，父女俩面朝下躺在（lie facedown）泥水里，女儿的小脑袋（tiny head）塞（tuck）在父亲的 T 恤里，一只小胳膊耷拉（drap）在父亲的脖子上，这里动词的生动、传神刻画，让人动容，感叹父女俩生死相依的悲情人生；同样，在文中第 12 段，父女俩遗体被发现时，被 "swept away", "fixed in the same haunting embrace" 动词 "fix" 宣告生命的终结，被 "定格" 在 "让人难以忘却的拥抱" 上。

在对移民偷渡方式的描绘上，作者用词同样传神。But for every migrant who chooses to take the journey, whether on foot, packed into cargo trucks or on the top of trains, the fear of what lies behind outweighs that which lies ahead. 其中"packed into a cargo trucks" "pack" 原指打包，把东西（这里指人）毫无尊严地、毫无秩序地堆在一起，这里非法移民的无序、无尊严和狼狈就跃然于纸上了。"be on top of trains" 生动地刻画了非法移民选择爬火车这样搏命的方式追求新生活，因此才有 "the fear of what lies behind outweighs that which lies ahead"（前路艰险都不及身后梦魇）的总结，孤注一掷，拿命搏明天。

（2）"A picture is worth a thousand words" 一张图片胜过万语千言，重视细节的描写勾勒出马斯丁父女的悲情故事：对美好生活怀着憧憬的年轻父亲，还没来得及经历人生就戛然画上生命句号的幼童……父女俩面朝下躺在泥水里，女儿的小脑袋塞在父亲的 T 恤里，一只小胳膊耷拉在父亲的脖子上。"a bleeding Syrian child pulled from the rubble in Aleppo after an airstrike"，空袭后从废墟堆里拖出来的血淋淋的叙利亚男孩；"a starving toddler and a nearby vulture in Sudan" 奄奄一息的饥饿的学步幼童和虎视眈眈的秃鹫等都生动形象地刻画出难民们的悲惨遭遇，让人动容。看似白描的手法，实则最能打动人，激发人的同情心。

（3）叙议结合。

在移民悲情故事的展开中进行美国移民政策的讨论，夹叙夹议，分析悲剧造成的原因。特朗普冰冷的移民政策关上了美国的大门，中美洲移民们仍然冒险北上，不惜以生命做赌注。7~12 段以叙事手法交代马丁内斯一家的遭遇；13~16 段故事拓展，呈现更多移民的悲情故事；17~21 段则对美国移民政策新趋势分析；22~23 段分析尽管北上赴美凶险重重，移民仍然冒险前往的原因。

（4）以客观的方式来表现观点。

比如，直接引语的运用，文中用了民主党人华金·卡斯特罗的言论，"It's very hard to see that photograph, " Castro said. "It's our version of the Syrian photograph — of the 3-year-old boy on the beach, dead. That's what it is." 来表达对移民的深切的同情。

引用墨西哥总统洛佩斯·奥夫拉多尔的言论，"It is very unfortunate that this happens, ""there are people who lose their lives in the desert or crossing the Rio Grande." 表达了鉴于美国移民政策收紧，更多的死亡还将继续的悲观预测。

Part Four   Further exploring the text

一、英文报道作者介绍

科尔·森普尔（*Kirk Semple*），纽约时报驻墨西哥记者，主要报道墨西哥、中美洲和哥伦比亚等地新闻，尤其以移民问题新闻见长。曾供职于美联社（the Associated Press）、《迈阿密新时代报》（*Miami New Tiwes*）等，做过许多关于阿富汗、中国、海地、冰岛、马来西亚、韩国和泰国等地的报道。

阿扎母·艾哈迈德（*Azam Ahmed*），纽约时报驻外记者，战地记者。曾驻扎于阿富汗首都喀布尔，对阿富汗战争做特别报道，也在伊拉克做过许多关于极端组织"伊斯兰国"的报道。

二、英文报道媒体介绍

《纽约时报》隶属于苏兹贝格家族控股下的纽约时报公司，与《华盛顿邮报》《洛杉矶时报》一起被誉为美国最有影响力的三家大报。

该报是一份在美国纽约出版、全世界发行的日报，其内容充实、资料齐全，拥有一大批名记者，新闻质量极高，曾获 127 项普利策大奖，是普利策奖的最大赢家，其发行量居全美第二，世界第十七位。《纽约时报》一直以严谨著称，被读者戏称为灰老太太"The Gray Lady"。它标榜独立公正，其报铭是"All the News That's Fit to Print"

——刊登一切适合刊登的新闻。

三、英文新闻报道语言点讲解

1. Words and Expressions

pathos：*n.* a quality that arouses emotions（especially pity or sorrow）感染力，令人产生悲悯共鸣的力量

poignant：*adj.* having a strong effect on your feelings，especially in a way that makes you feel sad 令人沉痛的，悲伤的，悲惨的

distillation：*n.* the process of purifying a liquid by boiling it and condensing its vapors 蒸馏，缩影，浓缩

perilous：*adj.* very dangerous 危险的

caustic：*adj.* critical in a bitter or sarcastic way 尖酸刻薄的；挖苦的；讥讽的

galvanize：*v.* to make sb. take action by shocking them or by making them excited 使震惊；使振奋；激励；刺激

iconic：*adj.* An iconic image or thing is important or impressive because it seems to be a symbol of something. 偶像的；图标的；标志性；影像的

ricochet：*v.* spring back 回弹，反弹

prick：*v.* to make a very small hole in sth. with a sharp point 扎；刺；戳

plight：*n.* a difficult and sad situation 苦难；困境；苦境

manageable：*adj.* possible to deal with or control 可操纵的；可处理的

unauthorized：*adj.* without official permission 未经许可（或批准）的

analyst：*n.* a person whose job involves examining facts or materials in order to give an opinion on 分析者；化验员

deterrence：*n.* the prevention of something, especially war or crime, by having something such as weapons or punishment to use as a threat（尤指对战争或犯罪的）威慑，吓阻，遏制

graphically：*adv.* very clearly and in great detail 形象地；生动地；逼真地

perish：*v.*（formal or literary）（of people or animals）to die, especially in a sudden violent way（人或动物）死亡；暴死

thwart：*v.* to prevent sb. from doing what they want to do 阻止；阻挠；对……构成阻力

cripple：*v.* to seriously damage or harm sb. /sth. 严重毁坏（或损害）

deploy：*v.*（technical 术语）to move soldiers or weapons into a position where they are ready for military action 部署，调度（军队或武器）

haunting：*adj.* beautiful, sad or frightening in a way that cannot be forgotten 萦绕心

头的；使人难忘的

mobilization：*n.* act of assembling and putting into readiness for war or other emergency：“mobilization of the troops”（国家或军队）动员起来；动员（军队）

asylum：*n.* protection that a government gives to people who have left their own country，usually because they were in danger for political reasons（政治）庇护，避难

hard-line：*adj.* rigid and uncompromising 强硬

wantonly：*adj.* A wanton action deliberately causes harm，damage，or waste without having any reason to. 有意伤害的；肆无忌惮的；恶意的

repatriate：*v.* to send or bring sb. back to their own country 遣送回国；遣返

cover：*v.* to be or provide enough money for sth. 足以支付；够付

risk it all for sth.：为了……不顾一切

news conference：新闻发布会

turn away：拒绝

resort to：诉诸；采取；求助于

embark on：开启

hard-line policies：强硬的政策

2. Sentences Comprehension

（1）The image represents a poignant distillation of the perilous journey migrants face on their passage north to the United States, and the tragic consequences that often go unseen in the loud and caustic debate over border policy.

谓语动词 represent 展现，宾语 a poignant distillation 意思是艰辛的、痛苦的缩影，poignant 巨大的伤痛，distillation 是蒸馏、经过蒸馏后浓缩的，因此这里翻译为缩影，"of the perilous journey migrants faces on their passage north to the United States" 意为移民北上赴美面临的辛酸危险旅程，perilous 有生命危险的；go unseen，被忽略的，不被看见的，caustic debate 意为激烈的、尖刻的辩论。

参考译文：移民北上赴美的旅途危险重重，这张照片便是他们所面临的辛酸苦难的缩影，反映了在围绕边境政策的激烈的辩论中，那些常常被忽略的悲剧性后果。

（2）Like the iconic photo of a bleeding Syrian child pulled from the rubble in Aleppo after an airstrike, or the 1993 shot of a starving toddler and a nearby vulture in Sudan, the image of a single father and his young child washed up on the Rio Grande's shore had the potential to prick the public conscience.

介词 like 后接两个名词短语，在句中做状语，意为像……一样，就像那些标志性照片一样，of 后面是照片反映的具体内容；此句中第二个 of、the image of，这里 of 同样是介词，但引导的是同位语，关于……的照片，动词 prick 刺痛，这里刺痛的是公众的同情心

参考译文：就像那些标志性照片一样，比如，阿勒颇遭空袭后从废墟中救出的那

个鲜血淋淋的叙利亚男孩的照片，以及拍摄于 1993 年的那张饥饿的苏丹幼儿和秃鹫的照片，这对被冲刷到格兰德河岸边的父女的照片也很可能会刺痛公众。

（3）Deterrence has been a favored strategy among U. S. officials seeking to stem the tide of migration, even before President Donald Trump took office.

deterrence 威胁、遏制，通常用于政治语境中，"has been a favored strategy" 被作为一种偏爱的策略，这里翻译时转化为主动更好；take office 就任，掌权。

参考译文：美国官员一直以来都喜欢采用恐吓手段来阻止移民大潮，在特朗普执政之前亦是如此。

（4）But for every migrant who chooses to take the journey, whether on foot, packed into cargo trucks or on the top of trains, the fear of what lies behind outweighs that which lies ahead.

who 引导后置定语，"who choose to take the journey"，对那些选择这个旅程的移民来说，whether 引导让步状语，不管是步行的、挤货车的、还是爬火车顶的，"the fear of what lies behind out weighs that which lies ahead，outweigh" 指重于、大于，这里做比较，比较一方是 "the fear of what lies behind"，这里指不冒险，待在动乱贫穷的原地，另一方是 the fear lies ahead 冒险踏上赴美旅程；比较的结果是待在原地更危险，搏一搏还可能有希望。

参考译文：但是，对于每个执意踏上这一旅程的移民来说，无论是徒步、挤货车、还是趴在火车车顶，前路艰险都不及身后梦魇。

四、中西文化比较

1. 倾向性在中、西方新闻特写中的不同表达

新闻的倾向性指新闻报道者在报道或述评新闻时事中所表现出来的一种倾向。这种倾向性受政治体系、新闻传统、文化习俗等影响，以明显直接或者隐晦含蓄等不同形式表现出来，无论是直接还是隐晦，新闻的倾向性总是客观存在的，只是表现的形式不同罢了。西方媒体历来讳言倾向性，纽约时报一直以客观著称，宣称自己 "all the news fit to print"（刊登一切适合刊登的新闻），其所谓的客观也加上了 "fit"（适合），这何尝不是一种选择和倾向呢？

通过对大量中西方新闻通讯、新闻特稿的分析，我们会发现一个有趣的事实：中文通讯旨在求同，而西方新闻志在 "立异"。

2. 新闻特写素材选择差异分析

从新闻特写素材的选择上，我国新闻通讯、新闻特稿多选择正面形象，树立行业标杆，而西方却喜欢揭示阴暗，找人性弱点。

比如，魏巍写了《谁是最可爱的人》，从此许多人就用 "最可爱的人" 来指代解放

军；作家徐迟《哥德巴赫猜想》中的陈景润，以及《县委书记的榜样——焦裕禄》《领导干部的楷模——孔繁森》《生命的支柱——张海迪》《爸爸妈妈，昂起头来》等；无一不是典型的正面形象。然而，我们再分析西方特稿的人物选择，我们会发现，在普利策获奖作品中，优秀的特写充斥着大量的负面形象。如，1978 年普利策特写奖作品《凯利太太的妖怪》讲述的是失败的外科医生；1980 年获奖作品《普策的最后一站》记述的是边缘人，1982 年获奖作品《联邦政府的官僚机构》嘲讽了政府的荒诞，《中毒性休克》中记者亲自尝试了一把接近死亡的旅行，1991 年获奖作品《弃婴》分析某些母亲为什么要抛弃自己的孩子……

3. 负面新闻的报道差异分析

即便所选择的是较为负面的新闻素材，中西方新闻报道也呈现出差异。比如，在灾难性新闻的特稿的采写上，中文新闻特写重点会放在灾害的"救"上，而英文新闻则更关注灾害本身。如本章所采用的案例，中文特稿《回家》无疑是汶川地震很多丧子父母的缩影，白发人送黑发人，这是人类最伤痛的事，但本文并未渲染痛失儿子的父母外在的悲伤，而是大量使用白描手法，还原新闻本身，这种"云淡风轻"的描写更容易引起读者的共鸣，深沉的悲伤中透露出的是中华民族在大灾大难前的隐忍……而英文特稿 "Photo Captures the Pathos of Migrants Who Risked It All"（《一张捕捉悲情的照片：那些孤注一掷的移民》）却着重描写深深的忧伤、对无辜孩子深深的同情，甚至，特稿中的描述让读者看不到希望，对未来的预测也是随着特朗普移民政策收紧、墨西哥边境的增兵，将会有更多的移民会溺亡在河里或在沙漠里脱水而亡。

4. 在行文撰稿上，中文特稿较单一，英文较活

中文的特稿相对单一，多以第三人称来讲故事，记者置身事外，不去参与，靠文字动人；而英文特稿则花样繁多，各种人称皆有采用。比如，1983 年《纽约时报》获奖作品《中毒性休克》中记者亲自尝试了一把接近死亡的旅行，记者直接参与，这在中国是很少的；《跟踪克里斯汀》讲的是无辜女孩被杀的故事，写作者正是被害女孩的父亲；《艾滋病在哈特兰》作者是参与了艾滋病人的最后生活……

Part Five　Exploring beyond the text

一、知识拓展

（一）特稿的写作要领

1. 抓准"镜头"（to catch close-up shot precisely）

"镜头感"是特稿写作的最大亮点，特稿要求记者通过仔细的观察，对准有代表性的近景，准确地记录下新闻事实。

因此，写好特稿的第一要领即找好镜头聚焦点。首先，并非所有新闻事实都有特写的镜头；其次，有些值得特写的镜头可能会隐藏在热点之后，这需要记者用新闻敏感性去挖掘；最后，一个新闻事件通常会有很多侧面，记者需要一种梳理能力，在错综复杂的事物中找到真正有价值的、能产生魅力、感染受众的镜头。比如通过描写国庆升旗仪式来反映国庆气氛的特稿，在整个场景中有国旗班的战士、观看升旗仪式的群众、飘扬的五星红旗、飞翔的白鸽……这些要素，真正能够让读者触动的是哪一个？一个好的记者需要从这些场景要素中筛选适合特写的元素，聚焦于此。

找到聚焦点之后，还要学会如何去呈现。有了写作目标之后，如何更好地聚焦、放大、推进也是需要写作者不断学习和推敲的。

2. 抓好"细节"（to depict the details graphically）

任何一种文体的新闻报道在采访过程中都应该掌握大量的细节，正如戴维·加洛克提到的，"采访是基础，如果你没有得到细节、色彩、印象而后亲眼看到的东西，其他所有的努力都无法使你写出你想要的报道"。在新闻报道写作中，再绚丽的想象都比不过一句脚踏实地的细节描写。特稿更甚，在所有的特稿写作中都离不开精彩的细节支撑。

李希光教授曾提出"新闻感觉化"这一概念，"新闻应写得让受众感觉到，使新闻具有感觉化"。所谓新闻感觉化即受众能够通过阅读新闻感觉到当事人的愤怒、悲伤、压抑、快乐等。而要做到这一点，必须通过细节的刻画，通过细节赋予新闻生命。在普利策新闻奖特稿奖作品中，细节表达成为一个显著的特点。

1978 年 12 月 12 日《巴尔的摩太阳晚报》刊登乔恩·富兰克林的"Mrs. Kelly's Monster"(《凯利太太的妖怪》)，这一篇读起来像短篇小说的医学报道成为第一篇获得普利策特稿写作奖（Pulitzer Prize Feature Stories）的作品。回顾这篇年代已有些久远的稿件会发现，整篇特写充斥着大量的细节描写，而这些细节描写让原本"平常"的手术失败事故变得格外有张力。

达克尔医生走进手术室，在夹着 X 光片的读片器前停住脚。他曾带着这些 X 光片去过欧洲、加拿大和佛罗里达听取意见，他早已把它们印在脑海里。虽然如此，他现在仍然又把它们审视一番。目光长时间地停留在主动脉上两个脆弱的瘤上。它们可能一碰就破。

"走进""停住脚""审视""目光长时间地停留"等细节展现了达克尔医生与"妖怪"斗争前的心理状态。

在与肿瘤斗争失败之后，富兰克林用了这样的一个场景特写：

他把三明治、香蕉和小甜饼放在面前的桌子上，就像手术助理护士摆手术器械那样，放得整整齐齐。

最后，他说，"三重伤害。"达克尔医生眼睛盯着三明治就像盯着 X 光片一样。"三重伤害"。

到 1 点 43 分，一切宣告结束。

达克尔医生神情阴郁地啃起三明治。

妖怪获胜。

整段描述没有用过多的形容词来描绘达克尔医生的心理活动，但通过对三明治、香蕉、小甜饼整整齐齐地摆在桌上的聚焦，以及之后达克尔医生"神情阴郁地啃起了三明治"还原了一个有人情味的医生。

此外，仔细阅读这篇文章可以发现本篇特稿中时间出现的频率极高。从开篇"时针指向上午 6 时 50 分"到"1 点 43 分，一切宣告结束"，8 小时的时间，作者多次提到时间，暗示了手术的紧张；同时 17 次提到了心跳的变化，这个细节贯穿始终，使读者的心跳与凯利太太的心跳产生共振。

（案例："Mrs. Kelly's Monster"(《凯利太太的妖怪》)，《巴尔的摩太阳报》1978 年12 月 12 日）

3. 抓住"高潮"（to push the story to its climax）

特稿的聚焦性决定了它不会像消息等文体一样严格按照 5W 顺序安排层次，它要求谋篇布局紧凑，高潮迭起，不断推动新闻向前发展，给受众一种视觉和感情上的冲击。

1979 年到 2017 年，普利策新闻奖特稿中报道的新闻人物包括患脑疾的太太、退伍老兵、女模特、作者本人、盲童、失业女工、黑人女佣、贫民窟的孩子、求学的黑人少年、洗衣老妇等。可以看到获得普利策特稿奖的作品中大多数将镜头聚焦在普通的小人物身上。平民化的故事要得到共鸣。引发社会的反思需要通过故事的推进抓住公众的注意力，通过设置高潮，引人入胜。

国内特稿也具有相似的选题和写作逻辑。2013 年 6 月 17 日，南京某小区，一对小姐妹被外出寻找毒品的母亲饿死在家里。事件经媒体曝光后引发了社会的广泛讨论、谴责、愤怒和反思。10 月 17 日，《南方周末》发表特稿《复制"贱民" 南京饿死女童母亲的人生轨迹》就是以乐燕的人生轨迹为线索，通过采访复原了她是如何让自己身上上演的悲剧，再一次发生到自己孩子身上的。

特稿在开篇部分就先描述了一个场景——

为了找毒品，南京 22 岁母亲乐燕离家饿死了自己的孩子——3 岁的李梦雪和 1 岁的李彤。2013 年 6 月 21 日，当警察破门发现姐妹俩被风干的尸体并找到乐燕时，她正在一家快餐店吃汉堡。

寥寥几笔便勾勒了这个令人痛心的场面，"姐妹俩被风干的尸体"被发现，而母亲正在"快餐店吃汉堡"。这个场面紧紧抓住了读者的心，形成文章的第一个高潮。

在描述乐燕童年生活的时候，作者是这样写的——

"那时乐燕大概有七八岁，有一次我和我女儿上楼，看见她一个人坐在防盗门后面的地上。"邻居贾琪（化名）说，"我好心去跟她说话，她突然把防盗门摇得哗啦响，还用牙咬铁杆。"

……

从此，乐燕便与爷爷奶奶一起生活。她的爷爷会带着她去附近的公园散步，奶奶每天在楼底的过道跳绳，让孙女在一边看。夏天时，上下楼的邻居有时看到他们家开着门，两个老人和一个女孩，围坐在客厅打扑克。

……

但老人终究无法取代父母。况且，当他们出门时，他们就把乐燕关在家里。这让她变得暴躁而阴郁，比如从窗台往外乱扔东西，一个人在屋子里大喊大叫。而父母未婚生育，乐燕是黑户。在中国，黑户数量已达 1300 多万，几乎相当于全国总人口的 1%。

……

1991 年 12 月，乐燕出生，没过多久，她在饭店当服务员的母亲，因为在公交车上偷窃，被判两年劳教，解教后远走他乡，而她的父亲，则因盗窃罪，永远失去接自己父亲的班成为工人的机会，一样出走他地。

……

乐燕的爷爷当时有一辆三轮车。每天早晨，他骑车送她上学，下午放学再接回去。可三年级时，放学后，老师们经常看见她的爷爷骑着空车，满大街焦急地寻找。

2004年，乐燕从学校辍学回家。她13岁了。某一天，她离开了家，再也没有回来。

紧凑的场景堆砌出了乐燕的童年生活，交代了她的人生悲剧，也将读者带入了她的人生中。

（二）内容为王：新媒体时代特稿的突围选择

随着5G的推行，传统媒体面临新的挑战。受众在内容选择和渠道选择上都有了新的变化，碎片化的阅读习惯和快节奏的发布环境并不适合"特稿"这种需要时间打磨的文体。面对种种挑战，特稿需要做到仍是坚守"内容为王"，精耕细作，在内容上打造精品，在形式上贴近用户。

随着传统媒体的信息垄断被打破，普通信息的稀缺性优势不复存在。因此，"内容为王"有了新的意义，即不仅仅是内容的多少，更重要的是内容是否足够优质，这也是未来特稿需要着力的地方。

二、能力拓展

（一）中文特稿延伸阅读

阅读特写报道《三天三夜——拯救生命的那些感人的瞬间》，http：//news. 163. com/08/0516/07/4C22EG590001124J. html。

（二）英文特稿延伸阅读

访问《华盛顿邮报》官方网站，阅读调查性报道 "Woman's Effort to Infiltrate *The Washington Post* Dated Back Months"，https: //www. washingtonpost. com/investigations/womans-effort-to-infiltrate-the-washington-post-dates-back-months/2017/11/29/ce95e01a-d51e-11e7-b62d-d9345ced896d_story. html?noredirect=on&utm_term=. a58a14b73882。

（三）课后练习

1. 简答题

（1）什么是特稿？其主要特点是什么？

（2）"新新闻"对特稿的发展起到什么作用？

2. 论述题

（1）请简要论述特稿的写作技巧。

（2）新媒体发展背景下，特稿面临怎样的危机？应该如何突围？

3. 实操题

（1）简要分析能力拓展中的两篇延伸阅读特稿，指出其写作特色和亮点。

（2）自选主题完成一篇特稿。

（3）Writing a feature story using the Wall Street Journal Formula, the following writing map for your reference.

Writing Map of a Wall Street Journal Formula Story

What you need to know before you write: Details about the issue, interviews with sources, the identity of your poster child and how this person is affected by the issue. Use the writing map below to help you plan and execute a Wall Street Journal formula story.

Section	Information to Include	Your Prewriting
1	**The soft lead:** can be one or multiple, short paragraphs ● Describe your poster child doing something related to the issue. Use present tense.	
2	**The nut graf:** can be multiple, short paragraphs ● Identify what the whole story is about and why your audience should continue.	
3	**The body:** multiple paragraphs that alternate between types of information below ● Information about the issue from your research. ● Information you learned from sources you interviewed. ● Interesting quotes from your sources.	
4	**The circle kicker:** one or multiple, short paragraphs ● Return to the person identified in your soft lead, your poster child.	

参考文献

[1] 李大同. 冰点故事[M]. 桂林：广西师范大学出版社，2005.

[2] 迈克尔·埃默里，埃德温·埃默里. 美国新闻史：大众传播媒介解释史[M]. 展江，

殷文主，译. 北京：新华出版社，2010.

[3] 麦尚文. 全媒体融合模式研究：中国报业转型的理论逻辑与现实选择[M]. 北京：中国人民大学出版社，2012.

[4] 西伯特，等. 传媒的四种理论[M]. 北京：人民大学出版社，2008.

[5] 周学艺. 美英报刊文章阅读[M]. 5 版. 北京：北京大学出版社，2014.

[6] LEONARD WITT. The complete book of feature writing — from great American feature writers，editors and teachers[J]. Writer's digest books, 1991.

[7] TONY HARCUP. A Dictionary of journalism[M]. Oxford: Oxford University Press, 2014.

[8] WILLIAM E BLUNDELL. The art and craft of feature writing[M]. Oxford: Oxford University Press，1988.

Learning Objectives

- Understand what explanatory reporting is and its elements and writing styles.
- Identify the explanatory story ideas and the author's point.
- Grasp the skills needed in reporting and writing explanatory story.
- Master the key terms and basic words and expressions in the text.
- Apply the strategy to developing and writing explanatory story.

Part One   Preparing to explore

一、解释性报道

（一）定义

关于"解释性报道"，美国报人罗斯科·德拉蒙德的定义颇为精当独特。他认为解释性报道就是"把今天的事件置于昨天的背景之下，从而揭示出它对明天的含义……这是一种作解释或者作分析的报道，是一种加背景给新闻揭示更深一层意义的报道"。而美国新闻学教授卡尔·林兹特诺姆曾说："所谓解释性报道就是在报道新闻事件中补充新的事实"，即"历史性的、环境性的、简历性的、数据性的、反应性的"事实。美国记者杰克·海敦出版的新闻学经典著作《怎样当好新闻记者》一书中指出："解释性报道要求：运用事实；交代情况的背景并作出解释；讲清这些事实在某一背景下的意义；做出分析，分析要有根据，包括记者的观察、引语、轶事等。"（Explanatory reporting requires the use of facts; To give background information and explanations; Explain the meaning of these facts in a particular context; And make analysis, analysis should have basis, including the reporter's observation, quotes, anecdotes and so. ）

维基百科对解释性报道的定义是：解释性报道是指注重挖掘和运用背景材料，以解释新闻事实的原因、影响、发展趋向及深层意义等内容为主要目的和主要任务的报道。

尽管关于解释性新闻的定义五花八门，但用最简单的方式阐释即"新闻背后的新闻"。美国业界的科技评论网站 Digiday 就这样定义解释性新闻：解释性新闻是一种报道形式，即用更容易理解的方式呈现细致入微、正在进行的新闻故事及其背后的深义。

解释性报道起源于美国，美国的新闻学者把解释性报道称作 1929 年经济危机的产物。在此之前的大部分纯客观报道都是以"WHAT"为主导而不提原因，有时往往一笔带过，而解释性报道在提供背景材料的时候，就夹叙夹议地报道内容，开始以"WHY"为主导分析说明事件的原因、影响、意义，对民众起到解释作用。而后关于政党和国家颁布的重要方针、政策及举措，政治、军事、经济等突发重大事件及趋势变化，重要的科技成果等涉及公众切身利益的重大问题的报道大多采用解释性新闻报道，因此，有没有揭示"新闻背后的新闻"或是对"WHY"的解释成为判断某一新闻报道是否为归属性报道的重要标准。

中国媒体在 20 世纪 80 年代开始出现解释性报道，因为以往媒体对新闻事件的有限描述已不能满足公众需要，官方通稿很难清楚明白地解答读者最想了解的问题。在这种情况下，就引入了西方的解释性新闻报道，向读者进行"翻译"，对新闻背景进行注释和分析、制作地图新闻和信息图表等形式便为报刊所用。

综上所述，解释性报道是一种运用大量的背景材料和相关事实来解释和分析新闻事件，揭示新闻题材的原因、实质、影响及发展动向且适应现代广大报刊读者需求的新闻报道方式。与纯新闻报道不同，除信息功能之外，它还有劝说功能，注重解释分析，其结构围绕因果和关联，强调逻辑，把新闻事实和产生事实的环境相联系，运用大量的背景资料分析说明事件的原因、影响、意义等，把报道重点从事实本身，转向产生事实的前因后果、来龙去脉，也就是从"WHAT"主导转向以"WHY"主导。和调查性报道一样，解释性报道也属于深度报道的一种。

（二）解释性报道的意义

一方面，解释性报道着重揭示新闻事件的含义、对方方面面的影响，揭示新闻事件发生的原因，深挖新闻背后的新闻，搞清来龙去脉，从"明天"的角度来分析新闻事件，展望新闻事件的发展趋势对未来的政治、经济、社会发展的影响，把单一的、孤立的新闻事件与其他事件联系起来，揭示其发展的方向、趋势、意义，揭示一系列现象背景的本质，帮助受众认清问题的实质，这些正是解释性报道的价值和意义所在。

另一方面，对于中国的市场化媒体来说，进行调查报道受到商业、成本、监管、时间周期等多方面的压力，但单纯的客观报道又不能满足读者的需要，于是为了生存，媒体多选择解释性报道作为自己的主力栏目。因为解释性报道在价值取向上，并不弱于调查报道，而且市场化媒体可以通过解释性报道，来诠释自己的态度，正确引导舆论，阻击谣传，促进和谐，这就产生了网易的"另一面""数读"，腾讯的"今日话题"等栏目。

解释性报道对当代新闻学和市场化媒体的发展有重大意义，集中表现在这三点：

一是提供客观信息的同时对新闻事件加以解释，帮助民众更好地理解社会现实。

二是修正补充了新闻界一贯信奉的客观性报道理念，推动着新闻业专业化的发展。

三是解释性报道是中国当代市场化媒体的生存之道，诠释媒体和官方的态度，正确引导舆论。

（三）解释性报道的产生与发展

1. 解释性报道的产生

对于解释性报道的产生，学界有两种观点：

一种观点认为兴起于第一次世界大战以后。在第一次世界大战之前，西方报刊是纯新闻报道（straight news reporting）一统天下的局面。报界严格奉行客观主义原则，只提供新闻事实，不发表个人看法。这种报道原则的弊端后来得以充分暴露。第一次世界大战的爆发时，大多数美国人对于大战的爆发感到突然，战争如何产生，对他们生活会产生怎样的影响他们都不了解，他们无法从报刊中了解战争爆发的根本原因。通讯社也不鼓励记者挖掘新闻事件产生的原因，只要求按照客观报道的原则对已经发生的事情进行陈述。

另一种观点认为解释性报道萌芽于 20 世纪初的美国，是对客观报道的修改，美国的新闻学者也把解释性报道称为 1929—1933 年资本主义经济危机的产物。

1929 年经济大萧条（The Great Depression）突然降临：股市崩盘、银行倒闭、公司破产、工人失业，最严重时累积破产企业 8 万多个，倒闭银行 11 000 余家，失业人口逾 1400 万，流离失所者近 200 万。整整一代政治家、经济学家和公众都对"大萧条"心有余悸。危机是突然降临的，但却是长期积累的结果，当时人们只知道"一场史无前例的灾难"爆发了，但它为什么会爆发，会延续多久，该如何应对，广大读者却难以从报刊中寻得答案。正是这场经济危机的到来，使得人们不再满足于新闻中的"是什么"，更多的想要知道"为什么"，要求对社会问题进行分析解释，受众的需求推动了解释性报道的发展。

李普曼在《自由与新闻》一文中发出警告："西方民主面临的危机其实就是新闻学的危机。"面对第一次世界大战和经济大萧条，美国新闻界显得有些不知所措，只报道发生了什么，却从不解释为什么会发生，完全无法胜任报道重大新闻事件的任务。

美国政府面对经济大萧条的无能为力和资本的聚集都打破了民众对政治民主和资本主义的乐观憧憬。当这种悲观绝望折射到新闻界时，便产生了对传统客观性报道理念的怀疑。同时，公关行业的迅速发展威胁到了新闻报道传统的客观性理念，更是令记者怀疑事实和 19 世纪 90 年代的天真经验主义。

柯蒂斯·麦杜格尔在《解释性报道》一书说道："未来的趋势毫无疑问是将解释者的作用与记者的作用结合在一起。"

1933 年，美国报业编辑协会的演讲以及《时代》杂志创刊人亨利·卢斯都支持将事实与意见相糅合，在原则上公开倡导解释性报道，解释性报道的名称及地位得以正式确定。从 20 世纪 20 年代开始，一些报纸出现解释性报道。1933 年，纽约《太阳报》开辟专栏，每周末将一周的新闻加以归纳、解释，这是美国最早的解释性专栏。当时解释性报道初具雏形，名称不一，被称为思考性文章（Reflective writing）、注释性新闻（Annotated news）、深层次报道（In-depth reporting）等。

2. 解释性报道的发展

虽然 1993 年美国报纸编辑协会承认了解释性报道的名称与地位，但新闻界对于解释性报道仍然采取消极态度。当时美联社规定，禁止记者撰写背景材料详实的解释性报道，只要求报道显而易见的事实。

1947 年，英国皇家报业委员会认为客观报道原则企图用两个半真实替代全部真实，这样的客观报道只能产生伪客观性。1948 年，《时代》周刊一篇文章公开向客观性报道发起挑战："不偏不倚与公正的区别是什么?一个有责任感的新闻工作者对在他看来是符合实际情况的事实进行分析时，是'有偏向的'，他只要不是为了说明自己的观点而歪曲事实，只要不隐瞒说明一个不同观点的事实真相，他就是公正的。"

解释性报道发展的真正转机出现在 20 世纪五六十年代，参议员麦卡锡在 50 年代初期掀起一股反共浪潮，无中生有指控大批美国人为共产党，几乎天天发表讲话，新闻媒介都一一报道。到麦卡锡身败名裂时，美国新闻界也声名狼藉。一些新闻学者指出惨痛教训的根源是纯客观报道只报道事件表象不对事件进行分析判断、进行批判，记者也开始意识到，如果只是像传声筒一般传播事实，媒体则可能为人所利用，由此，解释性报道才逐渐为新闻界所接受，解释性报道在报坛上的地位得以牢固确立，此后与日俱增，逐渐风靡报坛。解释性报道在 20 世纪 60 年代的报纸上更是取代纯客观报道占据主导地位。中国媒体在 20 世纪 80 年代开始进行解释性报道，随着解释性报道在西方大行其道，这种在西方早已得到发展的新闻样式才逐渐受到人们的关注。

20 世纪 80 年代是中国一个重要的社会转型期，纷繁复杂的社会现象要求新闻报道具有社会认识和思辨的功能。特别是 80 年代中后期的物价上涨、知识贬值、脑体倒挂、经商热等，这些改革中不可避免的阵痛困惑着受众。为了坚定而稳妥地使改革开放深入发展，并探讨一些问题和做法，解释性报道受到重视并迅速发展。可以说，中国的解释性报道是西方解释性报道观念与中国新闻实践相结合的产物，是改革开放的产物，是改革开放在新闻领域取得的硕果。

当今国际形势扑朔迷离、社会问题错综复杂、新的情况不断产生，人们期望报刊能解决自己的困惑。因此，解释性报道越来越受青睐。发展至今，解释性报道已成为西方报纸的重要报道体裁。美国报界的几家主流大报，像《纽约时报》《华盛顿邮报》《洛杉矶时报》等，解释性报道占了 70%以上版面而西方其他国家如英国、法国、日本等的报纸上，解释性报道一般都占据 50%左右的版面。

（四）解释性报道的基本特征

解释性报道是深度报道的一种，半个多世纪以来，美国报纸的新闻报道经历了巨大的变化，其中一个瞩目之处是出现了大量的解释性报道。根据一位美国新闻学家的统计，在美国享有盛誉的《基督教科学箴言报》(*The Christian Science Monitor*) 刊登的新闻中，90%左右属于解释性报道。1978 年版的《世界大百科》把解释性新闻之增多，列为 20 世纪以来美国新闻事业的一大发展趋势。与其他新闻报道相比，解释性报道在它漫长的发展中也形成了自己鲜明的特点：

1. "WHAT" 退居次要地位，"WHY" 占主导地位

这是解释性报道和纯客观报道最明显的区别。新闻都有六要素，解释性报道与一般报道的区别就亦于，处理新闻六要素的侧重点不同。在一般的新闻报道中，最突出"何事""何人""何时"，即 What，"为何"与"如何"Why 一般都处于从属地位。"倒金字塔"式结构的新闻更忽略对"Why"的报道。

而解释性报道却是在"为何"与"如何"两者上大做文章，尽可能地搜集各种材料，以证明这个事件是在什么样的背景和条件下发生的，这一事件的发生会对社会各界带来什么样的影响，从而帮助读者了解这个新闻事件的本质和意义。

另外要强调说明，解释性报道和包含有解释因素的报道不是一个概念，前者的主要任务是解释新闻，以"Why"为主导，而后者除了包含有解释因素外，往往还有其他更主要的任务，是以"What"为主导。解释性报道重在解释，不仅要报道，更要解释。传媒的深层影响，不仅体现在新闻事件关键信息的提供，还体现在对事件原因、意义、影响的解析，对现场隐含信息的分析，对更大措施的价值与影响的阐释上。

从"WHAT"为主导转为"WHY"为主导，是解释性报道的最主要的特点。

2. 充分运用背景材料进行相关解释

解释性报道中背景材料不仅量大，而且功能也发生了变化。一般的消息有时也会有很多背景材料，但两者区别主要在于背景材料在报道中的作用不同、角色不同。消息背景材料作用在于注释、说明、便于读者理解，属于从属和配角地位；解释性报道的背景材料主要是分析和揭示事件的来龙去脉，重在让读者了解事物的内在因果和外在关联，是报道的主角。

解释本身可以包括很多方式，比如说理、议论、引经据典都属于解释。但是，成功的解释性报道并不采用诸如说理、引论等解释方式，它主要依靠背景材料进行解释。解释性报道是一种背景式新闻，它依据事实解释事实，解释不是靠记、直接说理、发表议论，而是让事实说话，充分运用背景事实进行相关解释，这是解释性报道的一个主要特点。

3. 视野开阔，注重纵横联系

跟一般新闻报道相比，解释性报道不是一事一报，而是具有明显的视野开阔的特点，叙事不局限在中心事件上，议论也不局限在一事一议的小范围内，它所提供的信息有一定的立体感和系统性。在此类报道中，任何一件事情都可以向它的纵的方面（历史发展演变过程）挖掘，也可以向它的横的方面（环境、同类对比）挖掘。这一特点，决定了解释性报道是需要展开"相关联想"的。有很多事情，单独地、孤立地看，不值得报道，但是若把它与其他事件相对比、相联系，往往能发现其中隐藏着的不寻常

的新闻。而解释性报道就是充分利用了"联想"这一特点。

二、课前讨论

■ With the rise of commercial mountaineering projects, how do you view the recent Qomolangma congestion incident?

■ How do journalists write explanatory reports on such emergencies?

■ Read the following Chinese and English explanatory reports, and think over what the differences in the writing between Chinese and Western explanatory reports are?

Part Two　　Exploring the text A

一、中文解释性报道案例

珠峰大拥堵：一路上都是待救的人、要死的人、已死的人（节选）

《中国新闻周刊》

2019 年 6 月 6 日

如果不是这一次爆出新闻，或许没多少人会知道珠峰也会"交通堵塞"。

珠峰大拥堵

白色的雪山，密密麻麻的登山者排成长龙，等待通过。尼马尔·普尔亚（Nirmal Purja）在距离顶峰不远的希拉里台阶拍下这张照片。照片发布后，人们惊呼原来珠峰也会"堵车"。

与平地堵车不同，珠峰拥堵显然会带来更严重的后果。今年攀登季死亡人数为 14 人，另有 3 人失踪，这在珠峰攀登史上排名第四，仅次于 1996 年山难、2014 年雪崩、2015 年大地震。普通年份登珠峰死亡人数一般为 5 人左右，2018 年为 6 人，2016 年和 2017 年为 5 人。今年死亡的 14 人中，并没有中国公民。

5 月 22 日上午，登山者于水刚刚跟随国内一家叫作巅峰探游的公司完成自己第一次珠峰登顶，在珠峰上，她晕过去两次。她对《中国新闻周刊》说，"从珠峰下来，一路上都是需要救援的人，要死的人，等死的人，已经死的人。"

随着商业登山的兴起，珠峰被越来越多的人向往。围绕珠峰的，是人类挑战自我的野心、坚持的毅力，也有与毅力不匹配的欲望，更有因为欲望产生的种种生意。独立攀登者Rocker被巅峰探游雇佣，全程用拍照和视频记录团友的登顶历程。他告诉《中国新闻周刊》，"如今的珠峰就是一个名利场。"

而这次的珠峰拥堵事件，也给反思近年来的商业攀登项目带来契机。

拥堵、气旋、窗口期

张宝龙是巅峰探游的向导，今年是他连续第三年登上珠峰。他对《中国新闻周刊》说，前两次基本没怎么排队，而今年上山、下山都排了两小时。

拥堵缘于窗口期缩短。每年的4月、5月是珠峰天气最好的时候，也是珠峰的最佳登山季。攀登珠峰的团队通常会在4月初集结，来到海拔5000米的珠峰大本营，适应、集训、并等待合适的天气窗口，向珠峰发起冲顶挑战。

Rocker告诉《中国新闻周刊》，在珠峰顶上，常态风力是每小时四五十公里，甚至可能出现每小时80公里的情形。高山大风会引起体温骤降十几度，甚至引发生命危险，因此只有晴天且微风或无风的天气才适合登山。但在珠峰，即使是四五月，这样的天气也不是每天都有。

张宝龙对《中国新闻周刊》说，从大本营出发到顶峰一般要走4天，从大本营到C2营地一天，C2到C3一天，C3到C4一天，C4到峰顶一天。登山队在决定出发时，必须要预计到四天之内的天气情况。这也使珠峰的攀登增加了很大的不确定。

去年珠峰出现了长达12天的天气良好的窗口期，然而今年的攀登者没那么幸运。Rocker回忆自己在大本营时看天气预报，发现天气预报并不准确，每天天气剧烈变化。正值其他团队冲顶，然而受法尼气旋影响，这些队伍大多没能冲顶。

来自孟加拉海湾的法尼（Fani）气旋被印度气象局定级为特强气旋风暴，多个受访者向《中国新闻周刊》确认，它是今年珠峰窗口期缩短的主要原因。登山者Rocker估计，法尼气旋过境持续了一周。气象条件导致珠峰的窗口期集中在5月12日到16日，18日到23日这两个短窗口，其中21日、22日、23日，是天气最为理想的日子。

5月12日，珠峰天气开始转好，然而通往顶峰的路还没有修完。这一次共有60~70名中国登山者参与登珠峰，只有12人从中国境内的北坡出发，其余人都从南坡上山。登山队之一的川藏队领队泽勇决定将登山队分成两批，夏尔巴人（原住民，因为给攀登珠穆朗玛峰的各国登山队当向导或背夫而闻名）一批先走，将物资运送到C4营地，中国向导和团员随后前往C2营地。两批人在C2营地汇合再一起往上走。同时泽勇又了解到，在14日当天，至少有一大半路程会修完，他跟团里夏尔巴人商量，如果到时候还有一小部分路段没修完，就组织夏尔巴人来修。

巅峰探游创始人孙斌认为，这是个激进的选择，因为没人知道路况到底会如何。另一名不愿具名的探险公司老板表示，修路是尼泊尔官方组织的，无论中国人还是夏尔巴人都不具备修路的能力。即便14日路修完了，冲顶时间压在15、16日两天窗口期，也是比较冒险的。事实上，12日那天所有中国团队中，只有川藏队一支队伍选择出发。幸运的是，14 日中午公路全部修好，川藏队就此于 16 日上午成功登顶。而大多数队伍放弃这个窗口期，将冲顶的时间押在了 21 日、22 日、23 日这三天。

于是，就出现了尼马尔·普尔亚照片中前所未有的拥堵场景。

氧气、希拉里台阶、尸体

冲顶前一星期，巅峰探游创始人孙斌给会员开会，强调大风和氧气问题。第一个窗口期，大多数队伍都没走，孙斌已经预见到可能会出现拥堵。他提前在 C3 至 C4，C4 至顶峰阶段预备了更多氧气。事后证明，这是十分必要的举措。受珠峰拥堵的影响，登山客在峰顶的停留时间变长，氧气消耗量也加剧。缺氧会加剧体能耗尽，孙斌告诉《中国新闻周刊》，今年的遇难者，基本都是这种情况。标配的 6 瓶氧气不够用。孙斌团里的麦姐记得自己用了 8 瓶氧气，还有 3 个队友用了 10 瓶。

5 月 21 日晚上六点，巅峰探险的团员决定提前一小时从 C4 出发，以期避开人群。但出发时他们发现，自己已经置身在大部队的中间。拥堵从出发地就开始了，近 270 人同时从海拔 8000 米的 C4 营地向 8848 米的顶峰冲击。因为人流众多，队伍行进缓慢，很多体能不好的人，在路边停着，喘气，这更加剧了堵塞。

在希拉里台阶，拥堵达到了极致。这是一段前后距离 100 米，整个路程中最狭窄、陡峭的地方，却是前往峰顶的必经道路。"80 度斜坡，仅仅能容纳两只脚，旁边就是悬崖。"Rocker 这样描述。

由于特别狭窄，这里只适合一人通行。遇到上下山的人交汇，登山者必须左手抓着绳子，右手使劲往外探，绕到对面的人的身后，再抓绳子另外一头，脚慢慢地挪过去。

希拉里台阶上都是坎和岩壁，上下步子要迈特别大。很显然，一些登山者并没有充分的准备与技能。登山者于水看见身后四个印度女孩趴在地上，久久过不了一个坎。路线狭窄且唯一，后面的人也就堵着，最后还是夏尔巴人把她们抬了上去。

8600 米处，出现了陡峭岩壁。于水发现自己不会踩着冰爪攀岩，去珠峰之前，她只爬过一个 6000 米的雀儿峰，好多技能都没训练过。"我就在 8600 米跟夏尔巴人现学。"她告诉记者。

没有足够的夏尔巴人协助以及没有足够氧气的人就没那么幸运。他们需要面对的是寒冷、缺氧、衰竭。C4 返回 C2 路段，麦姐和于水都遇见别的团的人，因为氧气不够喊救命。

于水估计，如果没有拥堵，12 到 15 小时可以完成从 C4 营地到峰顶的往返路程，然而实际上她用了 20 个小时。她们团中最快的人用了 17 到 18 小时，最慢的人用了 26 到 27 个小时。团里有两个将近 60 岁的男人因为等待太久，体力透支，分别被四个夏尔巴人抬下山。

几乎所有人都遇见了尸体。登山者于水、Rocker 都记得 C3 到 C4 路段遇见两具尸体，距离很近，两米不到，但是他们无暇再管别人。

攀登乱象

"夏尔巴人太辛苦了。"每个从珠峰回来的人都这么说。

登顶之前，夏尔巴人需要提前将物资，包括帐篷、氧气瓶、煤气罐等生活物资提前运上沿线的营地。从 C4 出发冲顶，团员背一瓶氧气，夏尔巴人却要背三瓶，一瓶自己吸，剩下两瓶给客户。一瓶氧气 5 公斤，加上其他物资，于水估计，一个夏尔巴人要背 40 公斤的东西。

每年登山季来临前，铺路队要先将固定的路线修复，沿路布上绳索，登山者的安全带系在绳索上，防止登山者踏空坠崖。为防止登山者可能沿绳索坠落，每隔 100 米，绳索会打个锚点。

越来越多的人想加入珠峰挑战，一些客户为了节省体力，甚至需要夏尔巴人帮自己穿登山鞋。Rocker 打比方，商业登山公司像一个管家，"所有东西都有人来做，你交钱就可以了。"这种"保姆式服务"，为安全埋下隐患。登山客户普遍能力不足，依赖心理强，缺乏独立面对风险的能力，一旦在极高海拔出现意外，难以自保。

为了给自己增添保障，于水的四个团友都各自雇了两个向导，其中两人雇了两个中国向导，两人雇了一个中国向导和一个夏尔巴人。四个团友中有两个因为体力衰竭而呼救，幸亏另两个团友提前下山，空出四个多余的人力，这样每人有四个人抬，才安全下山。

更弱的能力，意味着需要更多的氧气，更多的夏尔巴人，这又反过来造成登山路上的加倍拥堵。尼泊尔政府今年针对普通登山者签发了 381 张登山许可证，每张登山许可证能为尼泊尔带来 1.1 万美元的收入。然而，每个登山者还要配一到两个夏尔巴人和向导。最终共有超过 1000 人上山。

攀登珠峰有两个选择，从中国境内的北坡攀爬或者从尼泊尔境内的南坡攀爬。与中国相比，尼泊尔对登山管理更为松散。办理尼泊尔政府颁发的登山许可证，只需要提供一张体检证明即可。由于审查不严，瞒报病史的情况时有发生。今年，一位 62 岁的美国人就因为在珠峰上心脏病发作去世。

今年 2 月，有传言称"珠峰永久关闭"，引发热议，但事后证实为误传。实际情况是出于保护环境的原因要求游客由原先的 5 200 米大本营下撤到 5 150 米，对正常游览、登山活动没有影响。

相比而言，南坡登山的时间与金钱成本更低。按照中国法规，从中国境内的北坡出发，必须跟随特定的公司提前一年登顶卓奥友峰（8 000 米）才能获得珠峰的攀登资格。从南坡出发却无此要求。南坡出发的团费在 50 000 美元左右，也比北坡平均少 25 000 美元。这导致大量游客从尼泊尔境内的珠峰南坡涌入珠峰，而今年死亡的 14 人里，有 9 例都是在南坡发生的。

七峰公司是尼泊尔当地最大的登山公司，它提供有竞争力的价格，但也伴随着不规范的行为。去年该公司刚刚因为"假证"被罚。今年该公司的客人中有两名遇难者，一名死于坠崖，一名死于高山病。根据 wikipedia 提供的数据，14 例死亡中，至少 7 人雇佣的是尼泊尔本地的探险公司。

孙斌撰文指出，常见的探险公司过失包括："没有筛选登山者身体资格，夏尔巴人资质存在问题，没有针对登顶时显而易见会出现的拥堵，在攀登计划、氧气配备、用氧策略上进行调整，导致拥堵出现后，普遍出现断氧以及救援力量不足的状况，极大地增加了攀登者在极高海拔衰竭、冻伤和水肿的几率。"

目前，在商业登山领域做得比较好的是北美最高峰麦金利山。登山者 Rocker 向记者介绍，"登麦金利山必须雇佣当地经过认证的向导，去了以后要集训，集训中会审核登山者的操作能力，不合格就筛掉。所有行李都用雪橇自己拖着，向导只帮你带路，不负责其他任何事情。而且向导会在整个攀登过程中观察你，看到有不规范的行为就立刻请你下山。"

此外，与珠峰顶上如今乌鸦盘旋着吃人类垃圾的情形不同，在麦金利山上，人类产生的所有垃圾，吃的喝的，全部都得自己背下来。而珠峰则是另外一种情形，在这座最具象征意义的最高峰上，登山者遗留的生活垃圾常年积存，此前已经屡被诟病，而死于山难者的遗体，有一些也囿于实际原因无法被运送下山，而这一次遇难的 14 具遗体中，有些注定要长存于珠峰登顶的路途之中了。

（文章来源：中新网，http://www.chinanews.com/gn/2019/06-06/8857479.shtml）

二、中文新闻报道分析

（一）事件背景与意义

1953 年 5 月 29 日，新西兰探险家埃德蒙·希拉里和尼泊尔夏尔巴人丹增诺尔盖首次登顶珠峰。如今，60 多年过去了，攀登珠峰早已不是职业探险家和专业登山者的专属运动，越来越多的业余爱好者来到珠峰，圆心中的"世界最高峰之梦"。但是，越来越低的门槛也让一些业余登山者忽略了高风险性，葬身于此。

2019 年 5 月，巍峨耸立的珠峰迎来了登山热潮，出现了大排长龙的景象。为登顶，许多登山者在海拔 8000 米的"死亡地带"排队 3 小时。据尼泊尔政府部门的统计，由于等候时间过长，消耗体力过多，加之高寒和缺氧，至 2019 年 6 月 6 日已有 14 人死亡，另有 3 人失踪。仅在珠峰南坡就有 7 人丧生。仅 5 月 23 日一天就有 3 人丧生。

为何珠峰会发生前所未有的拥堵场景，又是什么原因导致这么多人死亡遇难，相关部门又该怎样管治攀登乱象……

因为这次的珠峰拥堵事件，给反思近年来的商业攀登项目带来契机。记者对此次的珠峰大拥堵事件进行了解释性报道，深挖这个事件背后的新闻，向读者解释珠峰大拥堵事件的原因、对社会的影响。及时且合理地进行解释和报道，能够正确引导社会舆论，传播事实真相，提升受众的认知水平，培养社会理性，从而形成良性的社会话语空间。

（二）写作立场与角度

1. 站在"探究原因"的视角

这篇解释性报道关注的是珠峰大拥堵事件，记者站在"探究原因"的视角，通过采访本次珠峰大拥堵事件的当事人，发掘解释性报道研究事实、列举相关的专业知识表现事实的报道角度，详尽地介绍了事故发生的基本情况、后果，并全面、深刻地剖析了事故突发的原因。

记者首先开门见山地交代了珠峰大拥堵事件造成的后果，让受众了解事故的伤亡情况，同时向读者介绍了商业登山项目的兴起，解释为什有这么多人去登山，是出于什么目的；紧接着通过援引攀登业内人士和攀登者的介绍和罗列相关的专业知识，对大拥堵事故是如何发生的做出了详尽的分析：气旋导致珠峰窗口期缩短，又因为修路错失一个短窗口，大多数队伍将冲顶的时间押在了 21 日、22 日、23 日这三天，就出现了前所未有的拥堵场景；而后又探究和解释了此次事故伤亡惨重的原因。

综上可见，这篇解释性报道，其视角一直围绕"探究原因"，从天气气象、氧气设备、管理制度方面寻找这一重大事故的成因，既遵循了新闻报道中实事求是的报道原则，又给受众对此次珠峰大拥堵事故的疑惑做出了解释。

2. 用事实解释事实

用事实解释事实包括两个方面，一是占有材料，二是选择性地使用材料。用来解释新闻的事实主要有历史性事实、环境性事实、数据性事实、知识性事实、简历性事实。

这篇报道比较好地选择了恰当的解释性事实。文章中用一系列的数据说明了珠峰大拥堵事故的伤亡情况，这是数据性事实；用向导和攀登者的话来说明珠峰的气象和攀登状况，这是环境性事实；然后选用知识性事实对"拥堵""缺氧"等一系列现象做出解释。全文所有的解释都是围绕着各种事实展开。

用事实解释事实，还要注意事实之间的逻辑关系，这篇报道的逻辑思路就很清晰，把事件和事实材料一一对应，形成对事件的全面而清晰的描述和解释：气象和修路导致了珠峰上的大拥堵，"保姆式服务"使得登山者普遍能力不足，需要更多的氧气，更多的夏尔巴人，这又反过来造成登山路上的加倍拥堵。寒冷、缺氧、衰竭造成了惨剧，而惨剧给反思近年来的商业攀登项目带来契机。全文所有的事实材料按照上述逻辑思路相连贯。

（三）作者主要观点

（1）随着商业登山的兴起，珠峰被越来越多的人向往，而这次的珠峰拥堵事件，也给反思近年来的商业攀登项目带来契机。

（2）商业登山公司应该加强管理，对登山者能力资格进行严格审核和筛选，及时调整攀登计划、氧气配备、用氧策略。

（3）登山者要减少对向导的依赖，锻炼独立面对风险的能力，规范登山行为。

（四）写作风格与手法

1. 运用平衡手法

重视平衡手法是新闻写作的原则和传统之一，尤其是在批评性报道和解释性报道中，平衡手法更是体现客观性、提高报道的可信度与准确性的必要手段。在这篇报道中就可以看出作者对平衡手法的娴熟运用。

该报道分析了珠峰大拥堵事故的其中一个原因——商业登山公司行为不规范，以七峰公司为负面案例展开论述："七峰公司是尼泊尔当地最大的登山公司，它提供有竞争力的价格，但也伴随着不规范的行为……"但记者没有"一竿子打死"，同时也写了正面案例："目前，在商业登山领域做得比较好的是北美最高峰麦金利山，登麦金利山必须雇佣当地经过认证的向导，去了以后要集训，集训中会审核登山者的操作能力，不合格就筛掉。所有行李都用雪橇自己拖着，向导只帮你带路，不负责其他任何事情。而且向导会在整个攀登过程中观察你，看到有不规范的行为就立刻请你下山。"这段话肯定了登麦金利山的做法，从而与上文对珠峰负面问题的描述构成平衡。

平衡手法有助于造成一种两面说理，有好说好、有差说差的公正、公平的传播姿态。

2. 以对比烘托来表明观点、启发读者

虽然整篇文章的基调是客观性报道，是对新闻事实的深入剖析，但是在充分介绍新闻背景的基础上，作者将自己的观点以逻辑说理的形式糅合到文章中去，表面上看并没有太多主观性的句子，其实，背景材料的运用都是为作者表明自己的观点而服务的，而作者所采用的表现手法就是对比烘托，努力寻找事物之间的联系，启发读者。

比如文章开头"与平地堵车不同，珠峰拥堵显然会带来更严重的后果……"和结尾"此外，与珠峰顶上如今乌鸦盘旋着吃人类垃圾的情形不同，在麦金利山上，人类产生的所有垃圾，吃的喝的，全部都得自己背下来。而珠峰则是另外一种情形……"在这里既介绍了新闻的背景材料，又通过珠峰和麦金利山的对比，烘托出了珠峰的管理不善，也包含了作者的观点：加强登山行业的管理，从而给读者带来启迪。

（五）表现形态

全文采用深度报道的表现形态，围绕珠峰大拥堵事件进行问题分析和解释，注重逻辑关系。按照"事件—分析—解释"的模式进行报道。先介绍最重要的事件"珠峰

大拥堵"，再就"拥堵、气旋、窗口期""氧气、希拉里台阶、尸体"进行分析，最后是对"攀登乱象"做出解释。这种结构突出逻辑性，段落层次清楚，一目了然；彼此联系紧密，衔接自然，而这种表现形态也有助于解释性报道功能的发挥。

　　解释性报道不像纯新闻报道那样有严格的语篇模式和表现形态，其篇章结构形式较为丰富多样。但其主体却基本相同，一般都包括问题（事件）与分析（解释）这两大部分。要把事件意义阐述清楚，来龙去脉讲明白，前因后果分析透彻，语篇结构上就得注重逻辑。

Part Three　Exploring the text B

一、英文解释性报道案例

It Was Like a Zoo: Death on an Unruly, Overcrowded Everest
Kai Schultz, Jeffrey Gettleman, Mujib Mashal and Bhadra Sharma
The New York Times

NEW DELHI — Ed Dohring, a doctor from Arizona, had dreamed his whole life of reaching the top of Mount Everest. But when he summited a few days ago, he was shocked by what he saw.

Climbers were pushing and shoving to take selfies. The flat part of the summit, which he estimated at about the size of two Ping-Pong tables, was packed with 15 or 20 people. To get up there, he had to wait hours in a line, chest to chest, one puffy jacket after the next, on an icy, rocky ridge with a several-thousand foot drop.

He even had to step around the body of a woman who had just died.

"It was scary," he said by telephone from Kathmandu, Nepal, where he was resting in a hotel room. "It was like a zoo."

This has been one of the deadliest climbing seasons on Everest, with at least 10 deaths. And at least some seem to have been avoidable.

The problem hasn't been avalanches, blizzards or high winds. Veteran climbers and industry leaders blame having too many people on the mountain, in general, and too many inexperienced climbers, in particular.

Fly-by-night adventure companies are taking up untrained climbers who pose a risk to everyone on the mountain. And the Nepalese government, hungry for every climbing dollar it can get, has issued more permits than Everest can safely handle, some experienced mountaineers say.

Add to that Everest's inimitable appeal to a growing body of thrill-seekers the world over. And the fact that Nepal, one of Asia's poorest nations and the site of most Everest climbs, has a long record of shoddy regulations, mismanagement and corruption.

The result is a crowded, unruly scene reminiscent of "Lord of the Flies" — at 29, 000 feet. At that altitude, there is no room for error and altruism is put to the test.

To reach the summit, climbers shed every pound of gear they can and take with them just enough canisters of compressed oxygen to make it to the top and back down. It is hard to think straight that high up, climbers say, and a delay of even an hour or two can mean life or death.

According to Sherpas and climbers, some of the deaths this year were caused by people getting held up in the long lines on the last 1, 000 feet or so of the climb, unable to get up and down fast enough to replenish their oxygen supply. Others were simply not fit enough to be on the mountain in the first place.

Some climbers did not even know how to put on a pair of crampons, clip-on spikes that increase traction on ice, Sherpas said.

Nepal has no strict rules about who can climb Everest, and veteran climbers say that is a recipe for disaster.

"You have to qualify to do the Ironman," said Alan Arnette, a prominent Everest chronicler and climber. "But you don't have to qualify to climb the highest mountain in the world? What's wrong with this picture?"

The last time 10 or more people died on Everest was in 2015, during an avalanche.

By some measures, the Everest machine has only gotten more out of control.

Last year, veteran climbers, insurance companies and news organizations exposed a far-reaching conspiracy by guides, helicopter companies and hospitals to bilk millions of dollars from insurance companies by evacuating trekkers with minor signs of altitude sickness.

Climbers complain of theft and heaps of trash on the mountain. And earlier this year, government investigators uncovered profound problems with some of the oxygen systems used by climbers. Climbers said cylinders were found to be leaking, exploding or being improperly filled on a black market.

But despite complaints about safety lapses, this year the Nepali government issued a record number of permits, 381, as part of a bigger push to commercialize the mountain. Climbers say the permit numbers have been going up steadily each year and that this year the traffic jams were heavier than ever.

"This is not going to improve," said Lukas Furtenbach, a guide who recently relocated his climbers to the Chinese side of Everest because of the overcrowding in Nepal and the surge of inexperienced climbers.

"There's a lot of corruption in the Nepali government," he said. "They take whatever they can get."

Nepali officials denied any wrongdoing and said the trekking companies were the ones responsible for safety on the mountain.

Danduraj Ghimire, the director general of Nepal's department of tourism, said in an interview on Sunday that the large number of deaths this year was not related to crowds, but because there were fewer good weather days for climbers to safely summit. He said the government was not inclined to change the number of permits.

"If you really want to limit the number of climbers," Mr. Ghimire said, "let's just end all expeditions on our holy mountain."

To be sure, the race to the top is driven by the weather. May is the best time of the year to summit, but even then there are only a few days when it is clear enough and the winds are mild enough to make an attempt at the top.

But one of the critical problems this year, veterans say, seems to be the sheer number of people trying to reach the summit at the same time. And since there is no government traffic cop high on the mountain, the task of deciding when groups get to attempt their final ascent is left up to mountaineering companies.

Climbers themselves, experienced or not, are often so driven to finish their quest that they may keep going even if they see the dangers escalating.

A few decades ago, the people climbing Everest were largely experienced mountaineers willing to pay a lot of money. But in recent years, longtime climbers say, lower-cost operators working out of small storefronts in Kathmandu, the capital, and even more expensive foreign companies that don't emphasize safety have entered the market and offered to take just about anyone to the top.

Sometimes these trips go very wrong.

From interviews with several climbers, it seems that as the groups get closer to the summit, the pressures increase and some people lose their sense of decency.

Fatima Deryan, an experienced Lebanese mountaineer, was making her way to the summit recently when less experienced climbers started collapsing in front of her. Temperatures were dropping to -30 Celsius. Oxygen tanks were running low. And roughly 150 people were packed together, clipped to the same safety line.

"A lot of people were panicking, worrying about the mselves — and nobody thinks about those who are collapsing," Ms. Deryan said.

"It is a question of ethics, " she said. "We are all on oxygen. You figure out that if you help, you are going to die."

She offered to help some of the sick people, she said, but then calculated she was beginning to endanger herself and kept going to the summit, which is currently measured at 29, 029 feet. On the way back down, she had to fight her way again through the crowds.

"It was terrible," she said.

Around the same time, Rizza Alee, an 18-year-old climber from Kashmir, a disputed territory between India and Pakistan, was making his way up the mountain. He said he was stunned by how little empathy people had for those who were struggling.

"I saw some people like they had no emotions," he said. "I asked people for water and no one gave me any. People are really obsessed with the summit. They are ready to kill themselves for the summit."

But Mr. Alee himself took some chances; he has a heart condition and says he "kind of lied"to his expedition company when they asked if he had any health issues.

Mr. Dohring, the American doctor, represents the other end of the spectrum.

At 62, he has climbed peaks all over the world. He read about explorers as a boy and said he had always wanted to get to the "one spot where you can stand higher than any place else on earth."

To prepare for Everest, he slept at home in a tent that simulated high-altitude conditions. His total Everest experience cost $70, 000.

Still, there was only so much he could prepare for. Last month, when he hiked into base camp at Everest at an altitude of more than 17, 000 feet, Mr. Dohring said he was overcome with awe.

"You look at a circle of mountain peaks above you and think, 'What am I doing here?'"he said.

He pressed on. After long, cold days, he inched up a spiny trail to the summit early on Thursday and ran into crowds "aggressively jostling for pictures.

He was so scared, he said, that he plunked down on the snow to keep from losing his balance and had his guide take a picture of him holding up a small sign that said, "Hi Mom Love You."

On the way down, he passed two more dead bodies in their tents.

"I was not prepared to see sick climbers being dragged down the mountain by Sherpas or the surreal experience of finding dead bodies, " he said.

But on Sunday, he had made it out. He boarded a helicopter after reaching base camp and flew back to Kathmandu.

He counted his blisters at the Yak and Yeti Hotel, where he said he treated himself to a thick steak and cracked open a cold beer. "Everest Lager, of course," he said.

Kai Schultz, Jeffrey Gettleman and Mujib Mashal reported from New Delhi, and Bhadra Sharma from Kathmandu, Nepal.

（文章来源，https://www.msn.com/en-ie/news/world/it-was-like-a-zoo-death-on-an-unruly-overcrowded-everest/ar-AABYRXg）

二、英文新闻报道分析

（一）事件背景与意义

没有雪崩，也没有狂风，为什么有这么多人殒命珠峰？在珠峰事故出现后，各国媒体都对此事件表示密切关注，也立即对此事件展开报道和解释。通过对攀登者和专业人员的采访，记者在了解到造成此事故的原因后对读者做出解释：一夜之间冒出来的探险公司接收未经训练的登山者，而尼泊尔政府也对登山的收入来者不拒，发放的登山许可证超出了珠穆朗玛峰的安全承载力，最终酿出悲剧。这个事件暴露出尼泊尔政府存在的腐败问题。

这一解释性报道引用大量的事实材料，在采访多位登山者和专业人士后，用通俗易懂的话向群众解释分析，解答了群众的疑惑，有较大的社会影响。

（二）写作立场与角度

1. 公众视角揭露真相

这篇报道的记者站在公众的视角，以为公众还原事件真相、解释事故原因为出发点，对这次的登山者和业内人士进行采访，也以公众的立场报道登山者对尼泊尔政府的不满。这原文多处，在这里列举其中两处：Last year, veteran climbers, insurance companies and news organizations exposed a far-reaching conspiracy by guides, helicopter companies and hospitals to bilk millions of dollars from insurance companies by evacuating trekkers with minor signs of altitude sickness. 这是对报道公众对登山骗局的揭露；There's a lot of corruption in the Nepali government, he said. They take whatever they can get." 这是采访导游 Lukas Furtenbach 时，他表达的对尼泊尔政府的不满，他因此把自己带队的登山者转移到了珠峰的中国一侧。

2. 生存和道德的对立面思考

记者在采访中，多名被采访者都曾面临生存和道德的冲突，记者让大家直视这个残忍的人性话题，于是他采访了两个站在对立面思考的登山者——It is a question of ethics, she said. We are all on oxygen. You figure out that if you help, you are going to die. 黎巴嫩登山运动员 Deryan 女士谈到了她在这个矛盾中的心路历程。而 18 岁登山者

Rizza Alee 也说出了他的看法和感受：I saw some people like they had no emotions, he said, I asked people for water and no one gave me any. People are really obsessed with the summit. They are ready to kill themselves for the summit.

（三）主要观点

（1）Add to that Everest's inimitable appeal to a growing body of thrill-seekers the world over. And the fact that Nepal, one of Asia's poorest nations and the site of most Everest climbs, has a long record of shoddy regulations, mismanagement and corruption.

（2）Fly-by-night adventure companies are taking up untrained climbers who pose a risk to everyone on the mountain. And the Nepalese government, hungry for every climbing dollar it can get, has issued more permits than Everest can safely handle, some experienced mountaineers say.

（3）A few decades ago, the people climbing Everest were largely experienced mountaineers willing to pay a lot of money. But in recent years, longtime climbers say, lower-cost operators working out of small storefronts in Kathmandu, the capital, and even more expensive foreign companies that don't emphasize safety have entered the market and offered to take just about anyone to the top. Sometimes these trips go very wrong.

（四）写作风格与手法

1. 细节化展示

这篇报道的整体风格偏向于严肃，但在记者的笔下文章却并不枯燥，其中的奥妙，一方面是用富有人情味的故事带动报道，一方面是糅合了记者细致的现场观察。比如文章结尾——"他在 Yak and Yeti 酒店数了数他的水泡，他说他在那里用一块厚厚的牛排和一杯冰啤酒犒劳自己。'当然，珠穆朗玛峰啤酒'他说。"这个细致而又充满生活气息的细节化展示，体现了多森医生在一场灾难中幸存的微妙心理。

西方新闻记者习惯于通过寻找与事件相关的细节，让新闻充满人情味，从而引起受众的共鸣。正如梅尔文·门彻所说："为了确保报道被人们阅读，新闻记者必须以一种呈现个人亲历的戏剧性事件的手法进行报道。"真实生动的细节为作者的报道增添不少光彩。

2. 递进式写法

这篇报道采用的是递进式的写法。首先从一个具体的事例（亚利桑那州的医生 Ed Dohring 的登山经历）入手；然后再逐步递进，自然地过渡到新闻的主体部分（大珠峰拥挤事件）；接下来将所要传递的新闻大主题、大背景和盘托出，集中力量深化主题；结尾再呼应开头，回归到开头的人物身上（Ed Dohring 死里逃生的感触），进行主题升华，意味深长。

除了内容上的递进，还有主题思想的递进。这种写法从小处落笔、向大处扩展递进，符合读者认识事物从浅到深、从抽象到具体的过程，让读者渐入佳境。

（五）表现形态

1. 华尔街日报体的组织结构

本文采用的是"华尔街日报体"的组织结构。

第一部分，人性化的开头，即与新闻主题有关的人物故事：

Climbers were pushing and shoving to take selfies. The flat part of the summit, which he estimated at about the size of two Ping-Pong tables, was packed with 15 or 20 people. To get up there, he had to wait hours in a line, chest to chest, one puffy jacket after the next, on an icy, rocky ridge with a several-thousand foot drop.

第二部分，过渡，即从人物与新闻主题的交叉点切入，将真正的新闻内容推到读者眼前，如：This has been one of the deadliest climbing seasons on Everest, with at least 10 deaths. And at least some seem to have been avoidable.

第三部分，展开，即集中而有层次地阐述新闻主题，如：A few decades ago, the people climbing Everest were largely experienced mountaineers willing to pay a lot of money. But in recent years, longtime climbers say, lower-cost operators working out of small storefronts in Kathmandu, the capital, and even more expensive foreign companies that don't emphasize safety have entered the market and offered to take just about anyone to the top.

第四部分，回归人物，即重新将人物引入新闻，交代此人与新闻主题的深层关系：He counted his blisters at the Yak and Yeti Hotel, where he said he treated himself to a thick steak and cracked open a cold beer. Everest Lager, of course, he said.

我们也可以将这个结构总结为 DEE：Description 描写，Explanation 解释，Evaluation 评价。

2. 生动形象的标题

本文新闻标题为 It Was Like a Zoo': Death on an Unruly, Overcrowded Everest（它就像一个动物园：在一个失序、拥挤的珠穆朗玛峰上死亡）这一标题生动形象地展现所发生的新闻事实，将当时的珠峰比喻成拥挤的动物园，在一定程度上制造悬念，吸引读者注意。

在优秀写作特征和原则中有一条，"使用读者可以想象画面的词语"，而本文的标题无疑就符合这一点。读者可能没有去过珠峰，也没有经历那时的场景，但大多数人是去过动物园的，这个标题的使用有效地帮助读者理解当时情景。

Part Four   Further exploring the text

一、英文新闻报道作者及媒体介绍

（一）记者介绍

杰弗里·盖特曼（Jeffrey Gettleman），撰稿人，《纽约时报》南亚分社总编。2012年普利策国际报道奖（Pulitzer Prize for international reporting）得主。他的作品曾刊登在《国家地理》GQ、*Foreign Policy* 和《纽约时报书评》上。他在康奈尔大学学习哲学，而后获得了马歇尔奖学金前往牛津大学深造。2006 年至 2017 年，他曾担任《纽约时报》驻肯尼亚的东非分社总编。他出版的《爱，非洲》记录了他在非洲经历的回忆以及很多其他故事。

（二）媒体介绍

请见第 163 页关于《纽约时报》的简介。

二、英文新闻报道语言点讲解

1. Words and Expressions

Everest: *n.* a term initially used by early western colonists to refer to mount

Qomolangma, the highest mountain in the world. 珠穆朗玛峰

selfie: *n.* A selfie is a type of self-portrait photograph, typically taken with a hand-held digital camera or camera phone. 自拍，自拍照

avalanches: *n.* a slide of large masses of snow and ice and mud down a mountain 雪崩

blizzard: *n.* a storm with widespread snowfall accompanied by strong winds 暴风雪

veteran: *adj.* rendered competent through trial and experience 经验丰富的，老兵的

in general: in shortin conclusion 一般来说，总之

in particular: specifically or especially distinguished from others 尤其是

fly-by-night: *adj.* of businesses and businessmen of questionable honesty（尤值商业）不可信任的，不可靠的

pose a risk to: have a threat to 对……构成危险/威胁

hungry for: be eager for 渴望，渴求

add to: have an increased effect 加入，加上；另外

thrill-seekers: the people who seek for the pleasurable sensation of fright 寻求刺激的人

reminiscent: *n.* 回忆者，回忆往事

altitude: *n.* elevation especially above sea level or above the earth's surface 高度，海拔

altruism: *n.* the quality of unselfish concern for the welfare of others 利他；利他主义

heaps of: 大量的，许多的

commercialize: *v.* make commercials 使商业化

far-reaching: *adj.* 影响深远的

minor signs: slight signals 轻微迹象

altitude sickness: effects（as nosebleed or nausea）of oxygen deficiency in the blood and tissues at high altitudes 高原反应

be related to: have a relationship with 和……有关系

be inclined to: have a tendency to 倾向于

escalate: *v.* increase in extent or intensity 增强，加剧

ethics: *n.* the philosophical study of moral values and rules 伦理观，道德标准

2. Sentence Comprehension

（1）To get up there, he had to wait hours in a line, chest to chest, one puffy jacket after the next, on an icy, rocky ridge with a several-thousand foot drop.

此句主要句子结构是 he had to wait hours in a line 他不得不排队等待数小时，其他短语都作状语，To get up there 是目的状语，为了登上那里，chest to chest 是伴随状语，胸贴胸，前胸贴后背，on an icy, rocky ridge with a several-thousand foot drop 是地点状语，在一个有几千英尺高的寒冷的岩石山脊上。

参考译文：为了登上那里，他不得不在一个有几千英尺高的寒冷的岩石山脊上排

队等待数小时。排队人群一个个穿着臃肿的外套，人贴人地排着。

（2）And the Nepalese government，hungry for every climbing dollar it can get，has issued more permits than Everest can safely handle，some experienced mountaineers say.

此句主语是 the Nepalese government 尼泊尔政府，谓语是 has issued 颁发了，宾语是 more permits than Everest can safely handle，注意 more…than…短语的翻译方式：很多（登峰）许可证，超出了珠穆朗玛峰本身能够安全容纳的数量。

参考译文：一些经验丰富的登山者说，尼泊尔政府渴望获得它能够得到的每一笔登山缴费，发放了很多（登峰）许可证，超出了珠穆朗玛峰本身能够安全容纳的数量。

（3）Some of the deaths this year were caused by people getting held up in the long lines on the last 1,000 feet or so of the climb, unable to get up and down fast enough to replenish their oxygen supply.

此句是个简单句，被动语态。主语是 some of the deaths，谓语是 were caused，介词 by 后面的长短语 by people getting held up in the long lines on the last 1,000 feet or so of the climb，unable to get up and down fast enough to replenish their oxygen supply 是状语，意为导致这次伤亡的原因。

参考译文：今年的一些死亡事件是由于人们在攀爬中最后 1000 英尺左右时长时间排队造成的，他们无法足够快地登顶和下山去补充氧气供给。

（4）Last year, veteran climbers, insurance companies and news organizations exposed a far-reaching conspiracy by guides, helicopter companies and hospitals to bilk millions of dollars from insurance companies by evacuating trekkers with minor signs of altitude sickness.

此句中，主语是 veteran climbers，insurance companies and news organizations，谓语是 exposed，宾语是 a far-reaching conspiracy，意思是经验丰富的登山者、保险公司和新闻机构暴露了一个影响深远的阴谋。by guides, helicopter companies and hospitals to bilk millions of dollars from insurance companies by evacuating trekkers with minor signs of altitude sickness 作方式状语，短语 bilk…from…从……骗取，to bilk millions of dollars from insurance companies 从保险公司获得数百万美元，guides, helicopter companies and hospitals 作为该动作的逻辑主语，是导游、直升机公司和医院从保险公司骗钱，by evacuating trekkers with minor signs of altitude sickness 作方式状语，通过撤离具有轻微高原反应迹象的徒步旅行者骗保险公司钱。

参考译文：去年，经验丰富的登山者、保险公司和新闻机构暴露了一个影响深远的阴谋，导游、直升机公司和医院通过撤离具有轻微高原反应迹象的徒步旅行者从保险公司获得数百万美元赔偿。

三、中西文化比较

结合本单元相关内容（珠峰大拥堵事件）的中英文解释性报道分析，我们可以发现中西方在解释性报道写作上的一些差异。

1. 解释方式的比较："逻辑说理"与"背景解释"

我国的解释性报告中，"解释"通常是借助逻辑的力量以说理或是述评的形式出现，文章中大量运用一些夹叙夹议的句子，如本单元中文解释性报道案例中有一处提到——"商业登山公司像一个管家，只要交钱任何事情都有人替你办好"，作者对此发表了自己的述评——"这种'保姆式服务'，为安全埋下隐患。登山客户普遍能力不足，依赖心理强，缺乏独立面对风险的能力，一旦在极高海拔出现意外，难以自保"。中式解释性报道整篇都是用内在逻辑串联起来，既介绍事件发生的经过，又从深层次指出这次事件引发的大规模民意讨论，揭示这次新闻事件的社会影响（商业登山领域）。在充分介绍新闻背景的基础上，作者将自己的观点以逻辑说理的形式融入文章中，背景材料的运用也主要是为作者表明自己的观点而服务的。比如在介绍独立攀登者 Rocker 向《中国新闻周刊》说"如今的珠峰就是一个名利场。"之后，紧接着作者就说这次的珠峰拥堵事件也给反思近年来的商业攀登项目带来契机。其实就是在间接表明自己的观点。

而西方的解释性报告基本上都是在客观地报道新闻事实，即通过新闻事实、背景材料的运用给读者呈现一种真实可信的画面。纵观本单元英文解释性报道案例，我们很难看到作者主观性的意见，基本上都是通过材料的介绍或是当事人、目击者、权威人士的话语给读者呈现，虽然没有作者的主观意见，但是却能引发读者思考"没有雪崩，也没有狂风，为什么他们殒命珠峰？"。大量的背景材料，可以尽可能地扩大读者的视野，从更深更广的范围去认识新闻事实是在什么样的背景与条件下发生的，让读者不仅知其然，还进一步知其所以然。这符合新闻客观性的原则，给读者展示的是尽量真实的世界。

2. 中国解释性报道的发展创新之道：发扬与借鉴

中国的解释性报道虽然是从西方引入，深受西方解释性报道的影响，但它走的是一条与西方不同的路，不少地方甚至与西方式的深度报道相悖。对中西方解释性报道的比较，既有利于我们对二者的文化理解与学术宽容，也有利于我国解释性报道写作水平的提升。

两种报道方式，各有利弊。中国带有思辨色彩的解释性报道注重事物之间的联系，主观色彩较强，文字之间环环相扣，可读性较强。作者往往巧妙地将背景材料运用到文章中去，背景材料往往很好地为表达作者的观点而服务。西方纯客观式的运用背景材料，不带有任何作者主观性的色彩，却往往在大量背景材料的运用中让读者自然地发现存在的问题。发扬自身传统，借鉴西方的写作方法，正是中国解释性报道的发展创新之道。

Part Five　Exploring beyond the text

一、知识拓展

（一）解释性报道写作模式与策略

与一般新闻报道相比，解释性报道要求记者有更高的政治、文化和业务素养，掌握更多的政治、经济、军事、文化、历史等自然科学和社会科学知识，并要善于思考，具有一定的洞察能力和预见能力。正是因为涉及的领域广，所以题材也不限，解释性报道也就和调查性报道一样，没有固定的写作格式，但是就写作而言，还是有一定的写作模式可以作为参考。

这里就从解释性报道的开篇、主体、结尾和注意点展开叙述：

1. 开篇的方式

（1）开门见山。

直接揭示事件发生的时间、地点。

例如：

导语：上个周末，一则"男子死亡 4 月后才被发现只剩骷髅"的新闻再度令人震惊。

据新民网报道，11 月 3 日，上海虹口场中路忠烈小区一居民楼内，一名独居的中年男子前天被发现已死亡数月。楼内居民称，今年 7 月，楼道里就有腐臭味，但一直未查出原因。直到 11 月 3 日，由于死者最近多次未接听电话，他的两个哥哥请锁匠开门，才发现弟弟死在厨房里，尸体已高度腐烂……一系列独居死事件，是逝者的不幸，更是社会的悲哀。这些事件也引发社会对独居老人的关注。

（后面的解释报道就是世界独居老人所占的比例，中国开始步入独居时代，独居者的心态：死了没人知道）

——《中国新闻周刊》2012 年 11 月 11 日《独居时代，死亡悄无声息》

（2）提出问题。

设置悬念，或者直接提出问题，或者摆出相互矛盾的事实作为铺垫，引起读者注意。

例如：血铅事件的开篇，直接提出问题，引起读者的阅读兴趣。

今年春天，医生们在治疗一位在严重的电击事故中受伤的五岁男童时，发现了另一个同样严重的问题：男童血液里的铅含量已达到相当危险的水平。

（3）以橱窗式导语开篇。

橱窗式导语是指由典型事例构成的导语，其特点在于依靠故事吸引读者，通过典型事例给读者具体印象，受到感染，进而进入主体。

例如：

广西中部，来宾市武宣县和律村。从喧闹的县城坐中巴车到村口，进行约 40 分钟的空间转换，时间马上停滞。

3 年前，3 个 13 到 15 岁的幼女，就是在这个村下属的两个自然村里经历了她们可怕的噩梦——被多名 70 岁老人以零花钱为诱饵"性侵"，而且时间长达一年多。

上溯和律村的历史，这是一个不可想象的罪恶故事。但从 3 年前一直到今天，支撑这个故事的社会心理背景，正慢慢扩大、弥散。（这个村子怎么了？ 这些小孩发生了什么事）

——《南风窗》2012 年 11 月 12 日《谁来庇护孱弱的幼女？》

2. 主体和结尾

解释性报道除了开篇部分要量体裁衣，它的主体和结尾同样需要从题材本身的特点出发，精心运笔。

（1）以事实解释事实。①通过数据的罗列解释事实；②用相关事实解释事实。

（2）要尽可能利用背景材料，学会"用昨天说明今天"的方法：①历史背景；②社会背景；③个人背景；④知识背景。

3. 解释性报道写作中的注意点

（1）要区分客观解释与主观议论的界限。

美国有位新闻工作者指出：是解释还是议论，这是不难区别的。他举了这样一个例子：

史密斯辞去市政府职务。（这是客观报道）

他为什么辞职？（这是解释）

他是否早该辞职了？（这是记者的主观议论）

在解释性报道中，不允许有这种主观议论。即使在夹叙夹议的时候，也要尽可能地以事实为依据。

（2）解释要恰到好处。

在一篇报道中，解释要有所侧重，分清主次，不必事事解释，处处解释。主要的、专业性的东西适当解释，一般大众可以理解的无须做过多的解释。

（3）解释中要有分析。

解释性报道中实际就有分析的成分，对事实的筛选是记者分析后选定的，对背景的解释夹杂着记者的分析。所以解释性报道必定离不开分析。

（二）解释性报道该如何去解释

1. 数据化解释

数据常常被认为是最精确的事实，但也往往会显得枯燥，让数字"活"起来的方法包括：

不要在一个段落里运用过多的数字；

一些数字的表述可以相对模糊一些，如 2 611 423 元改为 260 万元；

用比率代替庞大的数据，如 5 800 名司机中，有 1 400 人参加了爱心送考活动→平均每 4 名司机中，就有 1 人参加了爱心送考活动；

提供一个参照对象，让数字更加形象，如洞里萨湖在旱季的蓄水量为×××立方米，雨季的蓄水量为×××立方米→旱季的洞里萨湖相当于三分之一个台湾岛，雨季时则有半个台湾岛那么大。

2. 对比解释

对比的方式可以表现事实之间的差异，而差异化恰巧能够凸显单一事实的新闻意义或价值，反过来说，缺少差异化的事实表现，其新闻意义是模糊不清的。

例如：

身居高位的威尔森先生生活上却简单质朴，形成鲜明的对比。

多尔顿·威尔森有丰厚的薪水、很长的头衔和一张干净的办公桌。

（威尔森先生今年 52 岁，是美国农业部农产品外销局行政主管助理的助理。有一天，一位记者找他聊天，看见他的桌上仅仅摆了三样东西：一块糖、一包烟和威尔森先生的一双脚。他正背靠座椅，阅读着《华盛顿邮报》上面的房产广告。）

——选自《〈华尔街日报〉是如何讲故事的》

3. 提供不同类型的证据

在运用这种解释方式时，记者要不断调整记者的注意力：要让他们的目光时而在抽象信息上，时而在具体信息上；时而在综合信息上，时而在详细信息上；时而在宏观信息上，时而在微观信息上。

要达到这种目的，需要综合运用多方面的元素以概括总体情况，解释具体原因，如引用实例和当事人的直接引语等。

例如：

"许多医疗专业都缺少医生，这一现象正在变得越来越严重"，约翰·塞波恩，美国医疗协会的主席说。来自洛杉矶西奈山雪松医疗中心的外科主治医生詹姆斯·希波恩也说："医疗保健的人在下降。"在明尼阿波利斯总医院的主任医师爱德华·安科次也说："我们现在就需要增加至少 5 个产科医生。

——选自《〈华尔街日报〉是如何讲故事的》

4. 引语解释

（1）当事人的话语。优点：让受众直接了解当事人的态度，对新闻事实产生直观的了解。缺点：主观。

（2）目击者的话语。优点：一般而言，目击者由于不涉及利益冲突，他们的语言往往是比较客观的。缺点：但目击者对整个事件的理解可能只是表面化的，有时甚至不总是真实的。

（3）权威的话语。优点：能说服广大受众。缺点：权威是相对的，特别是在学术领域，由于各自研究方向、角度的不同，某些权威的话语甚至是矛盾的。

使用引语时须注意：

可信度——可信度≠资历。

情感回应——真情流露的直接引语才是好的引语。

鲜明有力——引用尖锐有力的引语，有性格特征、地方特色的引语。

引语不是越多越好——分清主角和配角：

主角要说话、动作，配角可能只是在背景做做动作；

主角身份确定，有名有姓，配角可能只是一个形象，无名无姓（匿名，"一位×××"）。

5. 背景解释

运用丰富的背景材料，可展现新闻事件发生的前因后果和内在联系，使新闻具有时空上的纵深感，从而增强新闻的穿透力。而简单的新闻事件放在不同的新闻背景下，会呈现不同的解释和意义。

例如：

目前国内从事铁矿石贸易的企业主要分三类：一是大型进口商，自己没有钢铁企业，只做铁矿石贸易，如中钢集团，其每年的进口量约 1 000 万吨；二是国内的一些大型钢铁企业，主要通过长期合同从国际市场进货；三是一些小的贸易商，进口后寻找国内买家，其中包括一些过去从未接触过矿石进口业务的小企业，看到铁矿石贸易巨大的利润空间而匆忙进入。（背景材料）

——《铁矿石谈判凸显中国软肋》

二、能力拓展

（一）中文解释性报道延伸阅读

访问南方周末网站，阅读《爱情也跟风？择偶复制效应在起作用》这篇解释性新闻报告，http://www.infzm.com/wap/#/content/14610?Appinstall=0。

（二）英文解释性报道延伸阅读

访问卫报 *The Guardian* 官网，阅读解释性报道"Just My Type：Why New Partners Are Often Like Exes?"，http://www.theguardian.com/science/2019/jun/10/just-my-type-why-new-partners-are-often-like-exes。

（三）课后练习

1. 简答题

（1）什么是解释性报道？其主要特点是什么？
（2）解释性报道的写作要点有哪些？
（3）中外解释性报道的主要差异在哪里？

2. 论述题

（1）请简要论述解释性报道的几种解释方法。
（2）解释性报道写作时有哪些注意点？

3. 实操题

（1）读完这两篇解释性报道后，请写一篇 600 字左右的学习心得和体会。
（2）就最近你所关注的新闻事件写一篇 2000 字左右的解释性报道。
（3）Read the English passage mentioned above, and find out the author's points about how he explains the reasons of the event. Write a summary about it.

参考文献

[1] 杰克·海敦. 怎样当好新闻记者[M]. 北京：新华出版社，1980.
[2] 李良荣. 西方新闻事业概论[M]. 上海：复旦大学出版社，1997.
[3] 陆小华. 掌握第一解释权传媒竞争新焦点[N]. 中国新闻出版报，2008-08-12.

[4] 俞旭. 美国解释性报道发展的原由[J]. 新闻大学，1984(2).

[5] 陈玉申. 美国报纸新闻模式的演变[J]. 山东师范大学学报（社会科学版），1991(2).

[6] 胡立德. 历史与逻辑视角的深度报道研究[J]. 深圳大学学报（人文社会科学版），2011(3).

[7] 冯铃. 浅析解释性报道——读迈克尔·舒德森《发掘新闻》所得[J]. 电视指南，2017(14).

[8] 李珂. 浅论解释性报道产生的原因[J]. 长江丛刊，2017(19).

[9] 廖俊玉. 浅析西方解释性报道的历史成因[J]. 南方论刊，2010(7).

[10] 祁晨. 解释性报道：信息时代党报传播方式的新选择——以改版后的《人民日报》为例[J]. 淮海工学院学报（人文社会科学版），2012(21).

[11] 王百娣. 解释性报道如何做到"深"与"广"[J]. 记者摇篮，2011(8).

Learning Objectives

- Understand the definition and characteristics of news commentary.
- Understand the reasons for the prosperity of the news commentary.
- Grasp the skills needed in developing and writing commentary.
- Master the key terms and basic words and expressions in the text.
- Apply the strategy to making comments more convincing.

Part One　Preparing to explore

一、新闻时评

（一）定　义

从全球传媒发展来看，无论国内还是国外，新闻时评（news commentary）都是媒体的"旗帜"和"灵魂"，是舆论（public opinion）最直接的表达方式。随着社会的发展，媒体技术不断演变，公民的言论权不断扩张，新闻时评迎来了发展的高潮。

新闻时评，又称时事评论或新闻评论，国内外对其定义基本一致，指的是主要针对新近发生的有价值的时事新闻、读者普遍关心的重大问题或思想领域中的突出问题直接阐明作者的意见、态度和建议，从而引导社会舆论，并引起读者在思想认识上的共鸣，其核心在于对新闻事实和社会现象的观察与挖掘。

新闻时评是一种新闻评论体裁，是一种公民表达和影响时政的实用文体。

国内学术界对新闻时评的定义各有侧重点。范荣康在《新闻评论学》一书中的定义侧重时评的"时效性"（timeliness），"新闻时评是就当天或最近的新闻，发表的具有一定思想倾向的、以广大受众为对象的评论文章"。而秦珪、胡文龙在其著作《新闻评论》中则提到"新闻时评是运用现代化传播手段，针对社会热点或群众关心的重大问题、重大事件阐明立场，从而影响受众的一种言说行为"。这种定义将研究重点聚焦于社会影响力（social influence）之上。马少华提出了新闻时评的三层属性：

第一层属性是人们进行交流与沟通的载体与工具；

第二层属性是议论文，针对新闻事实发表议论或看法，用于反映和引导舆论；

第三层属性与其进行大众传播的文体特征有关，有着独特的文本要求，更加注重表达的效率。

本书认为新闻时评是个人或传媒对新近发生的有价值的事件或现象的思考，是写作者观点的表达，能够对大众起到思想启迪、舆论引导的作用。新闻告知公众"是什么"（What），时评引领公众思考"为什么"（Why）、"怎么办"（How）。

（二）"时评热"发展历程及其原因

信息爆炸（information explosion）的时代，媒体的竞争不仅仅是新闻题材的竞争，也是思想的竞争，独家新闻也不再仅仅限于新闻报道的独家，更是新闻解读的独家与独特性。尤其是自媒体的发展给时评提供了更大的舞台，一股新的"时评热"兴起。丁法章在《当代新闻评论教程》中提到此前中国经历了三次"时评热"：1896 年《实务报》创刊，于 1899 年首倡"时评"，掀起中国第一次"时评热"；20 世纪 40 年代由《大公报》"星期社评"掀起第二次"时评热"；1998 年起进入中国的第三次"时评热"，比较具有代表性的有《人民日报》"人民时评"、《南方周末》"方舟时评"、《中国青年报》"冰点时评"等，时评逐渐成为媒体竞争的一个重要领域。

但随着网络的发展，尤其是 4G 网络的发展，互联网（移动互联网）平台成为时评的新阵地，一大批网络时评兴起，这次"时评热"可以视作第四次"时评热"，如新华网的融媒体评论平台"辛识平"便是这一时期的产物。

"时评热"的出现和发展最本质上的原因是传媒业的发展。新闻媒体具有两大功能，提供信息和影响社会与公众。但长期以来，"提供信息"的作用得到大力发展，相对而言"影响社会与公众"的作用发展较弱。随着媒介产品的日益丰富，传统的信息垄断逐渐消失，受众对新闻有了新的要求，不再仅仅追求"量"，而是从"质"和"深度"上提出了更新更高的要求。

随着 5G "万物皆媒"（Everything is connected with medium.）时代的到来，公民都拥有了信息发布的渠道和能力。一方面，社会进入了"百家争鸣"的局面，思想的碰撞更有利于社会的发展。另一方面，一些非理性、欠思考甚至是不合理的言论也会大量出现在媒体平台上，尤其是"后真相"时代，更是缺乏理性的思考和声音。一些传统媒体加入网络时评阵营，一方面给公众提供自由表达的平台，另一方面更是在引领社会舆论朝着理性的方向发展。社会舆论犹如一个水池，正面、理性的声音多了，非理性的言论自然会受到冲击。

（三）新闻时评的特点及价值取向

新闻时评是新闻评论的一个分支，与传统新闻评论相比，新闻时评具有真实性、时效性、思想性、逻辑性和公众性五大特点。

1. 真实性（truthfulness）

新闻时评依托新闻事实或现象，真实性是新闻的生命，因此新闻时评同样要求真实性。新闻时评的真实性体现在所评论的事实或现象是真实的，此外所选择的论据是真实的。任何一个环节造假都会让新闻时评失去意义，离开真实性，新闻时评毫无价值。

2. 时效性（timeliness）

尽管相对于新闻本身，时评的生命周期略长，但随着媒体发展，时评的时效性要求也越来越强，成为"易碎品"。一旦人们失去了对某个事件的关注，其相关的时评同样会失去生命力和影响力，传播效力降低。

3. 思想性（ideology）

新闻告诉受众发生了什么，而时评则需要引导受众"如何看待问题"，因此新闻时评讲求思想的深度和厚度，要求写作者能够高瞻远瞩，透过现象看到本质。

4. 逻辑性（logicality）

新闻时评是一种理性的思考，要求有的放矢，就事论理。一篇好的新闻时评要有鲜明的观点，同时离不开严密的逻辑。实践中，不少初学者在论证过程中会出现前言不搭后语、偷换概念、答非所问等问题，究其根源都是在论证中缺乏逻辑思考。

5. 公众性（publicity）

新闻时评的"时"既有时效之意，又取"时事""时代"的时，其魅力在于"说当今社会之热点，抓民众关心之焦点，破群众生活之难点"，要服务社会。因此，时评作者要心系公众，从选题来说从"公众视角"出发，立论契合"公众利益"，语言表达上也要符合"公众习惯"。

新闻时评是一场价值的判断，因此要求写作者和媒体有独特的价值取向。尽管每个媒体的编辑方针不一，每个人的立场不一，但通过对国内外优秀评论的分析，可以看到好的新闻时评在价值取向上都有如下的共性：以公众利益为出发点；批判性强；注重"建设性"。

（四）新闻时评的功能与作用

关于新闻时评的功能与作用有很多溢美之词，如新闻时评是"灵魂""旗帜""主旋律"等。新闻时评对宏观社会的作用主要体现在对社会舆论的引导方面，具体体现在把握正确的舆论导向和实行舆论监督上。

此外，新闻时评同样具有"议程设置"（agenda setting）功能，通过新闻时评对具有较高价值的新闻或现象进行深加工，可以再次引起社会的关注和深度思考，提升新闻价值。

（五）新闻时评与新闻报道的区别

新闻报道与新闻时评是新闻实务中最常见的文体，两者相互配合完成传播任务。两者在内容、写作目的和表达方式三个方面有着较明显的区别（见表 8-1）。

表 8-1　新闻报道与新闻时评的区别

区别要素	新闻报道	新闻时评
反映内容	新闻事实	新闻事实背后的思考
写作目的	传播新闻事实	引领思考，启迪人心
表达方式	记叙为主	议论为主

（六）新闻时评的分类

新闻时评根据其主要性能、评述内容、写作主体等可以划分为不同的类型，同时中外学者有不一样的体系。

西方国家通常将时评分为社论、专论、释论、短评和杂志评论。在美国，狭义的新闻时评包括社论、短评、专栏评论；而广义的评论则将政治漫画、民意调查等都包含在其中。显然，这种广义的分法扩大了新闻时评的概念与外延，不具备操作性。

国内目前比较常见的是根据作者身份和发表规格来进行分类。其中代表集体意见（编辑部思想）的评论有：社论（编辑部文章）、社评、本报评论员文章（特约评论员文章）、短评、编后、编者按以及述评等。而代表个人意见的评论有：专论、思想评论、小言论（如微博评论）、杂文等。

（七）时评写作的基本要求

时评写作应达到以下基本要求：

1. 论题恰当，思想明确

时评的论题要体现日常生活和工作中紧迫的问题，因此对写作者而言就需要研究现实生活中的新事物、新问题。同时，时评要直接表达媒体的观点和意图，传达媒体的声音，因此写作者要准确把握文章的政治性和思想性，确保主题的明确，而非偏激。

2. 分析问题深刻、透彻

时评对舆论的引导作用，并非仅仅只是依靠"必须""理应如此"等词语就能完成，而是需要经过具体分析和严密的论证过程。首先需要作者能够进行抽象、概括，抓住问题的关键所在；其次需要写作者对抽象的道理进行阐释和剖析；最后要做到材料和观点相统一，切忌出现材料和观点、结论和论据"两张皮"。

3. 追求短而精、质朴的文风

国内时评一度出现的文字拖沓、缺乏文采、喜用套话等问题，让时评变得晦涩难懂，受众意识薄弱。在新媒体时代，时评要想做到有影响力，除了要拓展选题领域，带着人文关怀撰写以外，更要注意文风上应尽量生动，放弃所谓的套话，做到引人入胜。一方面，篇幅不宜过长。资讯的碎片化让受众的注意力也变得零散，传统长篇累牍式的时评容易造成受众的阅读疲劳。另一方面时评同样需要追求文采和形式。

二、课前讨论

■ Discuss the differences between reporting and commentary.

■ Is it necessary for news commentators to keep objective while writing news commentaries? Will they take sides?

■ How to make facts speak while writing news commentaries?

Part Two   Exploring the text A

一、中文新闻时评案例

辛识平："华为的底气"告诉我们什么？

新华社

2019 年 5 月 23 日

一个中国企业，可以有多坚强？最近，华为公司的表现给了国人一个"硬核"的答案。

这段时间，面对美方的蛮横打压，面对此起彼伏的"断供"风波，华为始终表现得处变不惊、淡定从容。这不是故作姿态，因为华为有底气、有准备，通过未雨绸缪、持续不断的研发，牢牢掌握了核心技术，所以能"泰山崩于前而色不变"。

"越高端，'备胎'越充分"，华为长期打造的创新"备胎"一夜转正，赢得一片点赞。"备胎"的背后是坚持底线思维，永远保持一种忧患意识。今天，很多人佩服华为在十多年前就设想会出现"极端情形"的远见，殊不知，在当时，无论是企业内部还是行业竞争对手中，不乏认为这么做有点"傻"或者"太浪费"的声音。所谓"为之于未有，治之于未乱"，企业要谋长远发展，就必须居安思危，对自身的短板要有清醒的认知，切不可被一时、一地、一事上的成功遮蔽了眼睛。如果只顾眼前，缺乏布局未来的自觉和行动，等到"胎坏了"才考虑，恐怕就连生存都成了问题。

这正说明，技术创新是企业的命根子，创新能力的比拼是终极的较量。

创新实力，不仅源自自身的努力，也源自开放的胸怀。中国开放的大门越开越大，中国企业从来也不当"独行侠"，从不排斥包括美国企业在内的合作伙伴，这符合技术创新的规律。在经济全球化的今天，创新资源全球流动和配置，闭门造车行不通，包打天下也不现实。文明因交流互鉴而多彩，创新之花也必然要吸收全世界的滋养才能绚丽绽放。包括华为芯片在内的创新成果，始终建立在利用和共享全球科技创新资源的基础之上。从这个角度看，美方大搞保护主义，挥舞霸凌大棒，心态何其扭曲，格局何其狭隘，如此倒行逆施，终将被滚滚向前的时代潮流所淘汰。

创新不是"一个人的战斗"，也不是三两天的奋发，而是一场艰苦的持久战。只有持续投入基础研究和教育的优质"火石"，创新引擎才会始终动力澎湃。在华为总部的接待大厅，大屏幕上反复播放着一个宣传片，其核心内容就是基础教育和基础科研是产业发展的根本动力。"备胎"能在关键时候用得上，是因为十几年如一日的坚持不懈，舍得"砸钱"，更舍得下苦功夫培养人才。

板凳要坐十年冷，说起来容易做起来难。当业界纷纷为华为叫好的时候，不妨多一些自照和反思，摈弃功利思维，扎扎实实做好技术创新的必修课。当企业抓创新、抓研发蔚然成风，"中国制造"迈向"中国创造"就有了无比深厚的底气，任它惊涛骇浪，我自闲庭信步。

（文章来源：新华网，http://www.xinhuanet.com//2019-05-23/c_1210142031.htm）

二、中文时评分析

（一）事件背景与意义

2019年5月，美国总统特朗普签署名为《确保信息和通信技术及服务供应链安全》的行政命令。美国商务部下属工业和安全局同日发表声明，将把华为及其附属公司列入"实体清单"，清单上的企业或个人购买或通过转让获得美国技术需获得有关许可。此政策被坊间认为是加剧了彼时的"中美贸易摩擦"。

在此背景下媒体（主流媒体与自媒体）纷纷追逐热点，对此发表评论，其中除了一些有独特见解的观点以外，舆论界还充斥着大量非理性的言论。辛识平作为新华社推出的融媒体评论栏目，代表新华社发声，其评论代表理性，能够对舆论起到正面引导作用。

（二）时评选题与角度分析

评价一篇时评好坏，文字优美与否绝非唯一且最重要的一条。对于一篇时评来说，选题是否具有影响力，立论角度是否有建设性显得更重要。《"华为"的底气告诉我们什么？》一文无论是选题还是立论角度，都具有时代的代表性。

1. 选题聚焦国际热点

评论选题，是新闻评论所要评述的事件、人物或问题，一定程度上决定了评论的可读性，甚至在一定程度上决定了评论的质量。尽管新闻评论的选题包括民生、经济、国际时事等不同范畴，上到国家大事，下到鸡毛蒜皮，可以说任何一个话题都值得评论。但一个好的选题一定是全社会都关注，且对这个社会有一定影响的。

辛识平的这篇评论在选题上则属于重大题材选题。2019年的中美贸易摩擦无疑是当年上半年全球关注的焦点，也是时评无法回避的热点。这个选题本身也十分符合新华社"国家通讯社"的定位。

2. 在冲突中理性思考

确定好选题之后，时评人下一步就是要找准选题的切入点。所谓评论的角度，其实就是看问题的方向。切入的角度在一定程度也会影响时评的深度，影响受众对问题的理解。

新华社等国家主流媒体一方面要代表国家的声音，另一方面要引领公众理性地思考。中美发生贸易摩擦后，舆论界也十分"热闹"，尤其是在微博、微信朋友圈等社交平台，大量以"爱国"为名的非理性言论充斥其中。《"华为"的底气告诉我们什么？》一文在立论上没有刻意煽动民族情绪，没有盲目地为华为摇旗呐喊，而是以国际商业界、制造界里的一个共识"创新力"作为全文立足的基点。这个立足点是在冲突中的理性思考，在表明国家立场的前提下，让公众从另一个角度去思考"为什么华为不怕""中国企业在世界贸易中如何立足"等议题。

（三）作者主要观点

（1）面对美国的蛮横打压，华为的淡定源于有底气。华为的"备胎转正"并非偶然，而是长久以来"忧患意识"带来的长线考虑起了作用。

（2）技术创新是企业的命根子。技术创新源于企业自身的努力也源于开放的胸怀，需要全球范围内的资源共享。美国此番打压，是有悖于创新精神的。同时企业的技术创新是一场持久战，需要有"十几年如一日的坚持不懈，舍得"砸钱"，更舍得下苦功夫培养人才。

（3）企业要摈弃功利思维，扎扎实实做好技术创新的必修课，"中国制造"迈向"中国创造"才会有无比深厚的底气。

（四）本文的论证结构

"是什么（What）——为什么（Why）——怎么办（How）"是新闻时评论证中常见的论证结构，也是写作者最常用到的论证结构。

"是什么"，通常是用于阐述时评将要论述的话题。"为什么"是分析问题、现象产生的原因或者为什么要讨论这个话题，即话题的现实意义。"怎么办"主要是从建构层面来分析，"如何解决问题"或"如何看待问题"。

需要注意的是，一篇好的时评，作者可能会聚焦"为什么"，可能会侧重于分析"怎么办"，也可能两者兼具，但通常而言都不会仅仅停留在"是什么"层面。

本文的论证结构可以做如下分析：

1. "是什么"（第 1~2 自然段）

话题是什么？
面对风波，华为给出了自己的答案。
答案是什么？有坚持核心技术的创新，所以不怕"风波"（美国对其的打压政策）。

2. "为什么"（第 3 自然段）

为什么"创新"能成为此次华为的武器？
因为华为坚持底线思维，居安思危，长远布局。

3. "怎么办"（第 4~6 自然段）

"华为"给了企业怎样的启示？
技术创新是企业的命根子。
怎样才能做到创新？
需要自身努力与开放的胸怀，同时还需要长期的努力，要舍得下功夫。
怎样看待美国此次的"打压"？
"如此倒行逆施，终将被滚滚向前的时代潮流所淘汰。"

Part Three　Exploring the text B

一、英文时评案例

Solidarity, cooperation vital in combating COVID-19

By Chen Weihua, chinadaily.com.cn

2020-03-11 09:40

Since the novel coronavirus hit China two months ago, many countries, including the European Union and its member states, have provided timely and critical moral and material support to help Chinese fight the epidemic.

I was deeply moved by such solidarity at an extremely difficult time endured by the Chinese, especially those in Wuhan, Hubei province, the epicenter of the outbreak.

At the same time, I was quite puzzled why some countries have not heeded repeated warnings by the World Health Organization to seize the window of opportunity created by China's massive containment and mitigation measures to get prepared.

WHO Director-General Tedros Adhanom Ghebreyesus said weeks ago that no country should assume it will not get cases. He stressed that the virus does not respect borders or ideologies, does not distinguish between races or ethnicities, and has no regard for a country's level of development.

Sadly that has proven true as the Republic of Korea and Italy, both OECD countries, eyed rapid increases of cases. None of the 27 EU member states is immune after Cyprus confirmed its first two cases on Monday.

Italy has enforced a nationwide lockdown starting this week, while France and Belgium have banned gatherings of 1,000 people and over. In Ireland, all St Patrick's Day parades were canceled.

After a videoconference on Tuesday with leaders of member states, European Council President Charles Michel said they agreed on the need to work together to do everything necessary and to act swiftly. They stressed the need for a joint European approach and a close coordination with the European Commission.

The EU is comprised of rich nations in the world. But as Italy shows, its excellent healthcare system, including intensive care, could be easily overwhelmed when the number of cases skyrocketed, a warning that the WHO also gave weeks ago.

It's not easy for the EU to implement the many measures China has done, given that it is a group of 27 sovereign nations and most have open borders. That makes solidarity and coordination among member states even more important if they want to win the battle to control the virus.

China, which has been on the forefront of the fight and made significant progress in bringing the epidemic under control, is lending a hand to the EU and its member states.

Foreign Minister Wang Yi held a phone conversation with Italian Foreign Minister Luigi Di Maio on Tuesday, offering solidarity and all necessary assistance to a nation which had wholeheartedly supported China in the fight against the virus.

Italian President Sergio Mattarella visited a school in Rome with a large number of Chinese students in early February, and a few days later, he held a special concert, both to show solidarity with the Chinese people.

Now China is sending to Italy much-needed medical supplies, from high-tech face masks and protective suits to pulmonary ventilators and test kits, to help save lives. China is also providing help to the WHO and other countries.

The COVID-19 situation in the EU may get worse before it gets better. But it's encouraging that the EU and its member states are stepping up the game, and they should do so even more aggressively.

Despite remarks by some that COVID-19 will accelerate deglobalization, including moving supply chains out of China, no EU leaders seem to share such myopic views. Italy is also an important part of global supply chains.

On the contrary, if the COVID-19 crisis teaches the world anything, it is that more international cooperation, not less, is badly needed in tackling such a global public health crisis since no single nation can deal with it alone. That is especially true amid a rise of protectionism and unilateralism in the past years.

二、英文时评分析

（一）新闻背景及意义

2019 年 12 月以来，湖北省武汉市部分医院陆续发现了多例不明原因肺炎病例，随后病例持续增长。2020 年 1 月 23 日，武汉正式宣布封城。1 月 30 日，世界卫生组织（WHO）在其官方网站宣布将疫情定位为"国际公共卫生紧急事件"（A public health emergency of international concern over the global outbreak of 2019 nCoV.）。2020 年 2 月 11 日，世界卫生组织总干事谭德塞在瑞士日内瓦宣布，将新型冠状病毒感染的肺炎命名为"COVID-19"。2020 年 3 月 11 日，世界卫生组织总干事谭德塞宣布，世界卫生组织认为当前新冠肺炎疫情可被称为全球大流行（pandemic）。

在中国，早期的病例 80%集中在湖北，由于中国政府采取了强有力的干预措施，中国人民也齐心配合，疫情没有造成全国范围的大暴发，在三月初就基本得到了控制。世界卫生组织总干事谭德塞先生对中国的抗疫工作给予了高度的肯定和赞扬，但他同时也表示疫情很有可能在其他国家蔓延肆虐。三月，抗击疫情的战场转移到以美国和欧盟为首的国家，意大利和西班牙等国成为疫情的重灾区。三月初，以意大利为首的欧盟国家相继实行封城政策（lockdown），欧盟国家之间也不再自由流通；美国各州也先后封城，采取了流动限制，关停工厂、企业，禁止营业等措施来对抗疫情。

面对疫情带来的巨大的政治和经济压力，一些欧美政客采取了转移民怨和人民注意力的方式，对世界卫生组织、世界卫生组织领导人，对中国政府发起了舆论攻击。世界卫生组织总干事谭德塞先生呼吁：我们要事实，不要恐惧；我们要理性，不要谣言；我们要团结协作，不要相互诋毁（This is a time for facts, not fear;This is a time for rationality, not rumors;This is a time for solidarity, not stigma.）

（二）英文时评写作分析

时评是基于最新或最近的热点新闻所作的评论性文章，是作者观点的表达，以反映或引导舆论。西方媒体历来重视个人观点的表达，时评和专栏评论是最常见的意见表达方式，具有很强的主观意识，反映了评论者的观点和态度。因此，英语新闻时评在标题和文章写作上观点明确，个人风格突出。

本文所采用的论证结构是西方评论写作中比较常见的"马拉犁模式"。下面从标题，导语和新闻评论主体等方面来分析本文结构。

1. 标题（headline）：开宗明义，旗帜鲜明

be vital to, 对……至关重要。传统的纸媒新闻时评就是一种基于时事新闻之上，对时事表明态度、说明观点的评论性文章，因此，本文在标题中就开门见山地表明态

度：solidarity（团结）和 cooperation （合作）对抗疫情，团结、协作至关重要。

2. 开篇（intro.）：交代写作由头，树立论点

（1）导语。

新闻时评基于时事新闻之上，第一段高度凝练地交代时事背景：两个月前，中国遭受冠状病毒袭击，欧盟及其成员国曾为中国提供了及时且非常重要的援助（既有精神上的，也有物质的），帮助中国人民对抗病毒。

（2）立论点（topic-setting）。

文章第 2、3 段带着强烈的个人色彩："我"为这种在困难时期团结一致的行为感动，尤其是在当时疫情最为严重的武汉，这种众志成城的团结令人泪目；也对一些国家的行为表示困惑。比如说，一些国家完全忽视世界卫生组织关于一定要抓住中国抗疫所创造的防控机会，包括要做好防疫的一些准备的提醒。

3. 论证展开（argument developing）

文章第 4~9 段，从多个角度，运用多种论证法论证欧盟国家团结协作的重要性。本文作者是中国日报驻欧盟分社社长，因此从欧盟各国入手分析疫情期间的国际团结更具有可操作性和说服力。

（1）引述世界卫生组织总干事谭德塞的观点：没有哪个国家和地区可以肯定自己不会有确诊病例。同时，他也强调，这个病毒并不会因为地理的界限或者意识形态、人种、种族而有所区别对待，病毒对所有人都很"公平"，也不会因为国家的发展程度不同而有所不一样。

（2）以韩国和意大利为例佐证了谭德塞的观点。文中提到，欧盟的 27 个成员国在塞浦路斯出现两起冠状病毒确诊病例后，也均出现了冠状病毒确诊病例。面对疫情，意大利、法国、比利时都采取了一系列的措施，爱尔兰的圣·帕特里克节（St. Patrick's Day）游行也被取消了。

（4）援引欧洲理事会主席查尔斯·米歇尔的言论进一步证明面对疫情团结、协作的重要性。第 9 段作最后小结：考虑到欧盟是一个由 27 个主权国家组成的集团，而且大多数国家都有开放的边界，因此欧盟要执行中国所采取的许多措施并不容易。如果想要赢得这场与病毒之间的战斗，成员国之间就必须更加团结和协调，再一次点题。

4. 论点的深入讨论（further argument）

文章第 10~13 段提供更多论据支撑和深化论点，从欧盟转回到中国。提到中国目前走在抗疫前沿，取得一定进展的同时，也对欧盟及成员国伸出援助之手：外交部部长王毅与意大利外长迪马约通电话时也表示，中国也会向那些曾经全心全意支持中国抗击病毒的国家表示声援和给予一切必要援助。意大利总统马塔雷拉二月初与大批中国学生一起访问了罗马的一所学校，几天后，他举行了一场特别音乐会，两次音乐会

都是为了声援中国人民。在作者发稿时，中国正在向意大利运送急需的医疗用品，到目前为止，中国也在向世界卫生组织和其他有需要的国家提供帮助。尽管目前疫情对各国来说都还比较严峻，但可以看到大多数国家正在采取积极的措施。

作者在紧密围绕论点的同时，也表达了中国"滴水之恩，当涌泉相报"的态度。任何国家、任何地区在这场全球性的病毒战役中都没有办法完全保持"孤岛"状态。如果不采取团结和合作，将会举步维艰。

5. 结论（conclusion）

文章第 14~16 段对全文进行了总结：欧洲疫情形势不容乐观，最坏的日子可能还未到来；有人认为新冠疫情将加速去全球化进程，但似乎没有欧盟领导人认同这种短视的观点；应对这样一场全球公共卫生危机时，迫切需要更多的国际合作，没有一个国家能够单独应对这场危机。

（三）主要观点

（1）WHO Director-General Tedros Adhanom Ghebreyesus said weeks ago that no country should assume it will not get cases. He stressed that the virus does not respect borders or ideologies, does not distinguish between races or ethnicities, and has no regard for a country's level of development.

（2）It's not easy for the EU to implement the many measures China has done, given that it is a group of 27 sovereign nations and most have open borders. That makes solidarity and coordination among member states even more important if they want to win the battle to control the virus.

（3）The COVID-19 situation in the EU may get worse before it gets better. But it's encouraging that the EU and its member states are stepping up the game, and they should do so even more aggressively.

（4）If the COVID-19 crisis teaches the world anything, it is that more international cooperation, not less, is badly needed in tackling such a global public health crisis since no single nation can deal with it alone. That is especially true amid a rise of protectionism and unilateralism in the past years.

（四）写作风格与手法

1. "马拉犁"写作模式

本文所采用的论证结构是西方时评写作中比较常见的"马拉犁模式"（Horse-drawn Plow Pattern）。"马拉犁"写法之于评论就如同"倒金字塔"（the Inverted-pyramid Form）之于消息写作，是一种简单易行、效率极高的写作模式。《华盛顿邮报》绝大部分的社论所采用的正是这种写作结构。

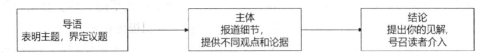

作为一种高效率的写作结构，"马拉犁模式"已经形成一种较为固化的时评写作模式，对作者来说，只需要按照框架"填空"即可。

本文论证结构如下：

（1）文章开篇就提出论点，指出文章的写作背景（Leading to the topic at the first beginning, and pointing out the writing background of the easy.）。

Since the novel coronavirus hit China two months ago, many countries, including the European Union and its member states, have provided timely and critical moral and material support to help Chinese fight the epidemic.

（2）补充额外细节和事实，进一步证明观点（Having further extended the demonstration through adding extradetails and events.）。

The concerns of WHO Director-General Tedros Adhanom Ghebreyesus...

The outbreaks in EU countries, esp. in Italy...

The solidarity and cooperation among European Countries and China during the outbreaks...

（3）结论再次深化论点：去全球化不得人心，疫情给我们经验教训，我们需要更多合作。（To sum up, more facts to support the idea.）

Different voice — deglobalization,

No EU leaders seem to share such myopic views,

If the COVID-19 crisis teaches the world anything, it is that more international cooperation, not less,

2. 强烈的个人观点——I 在时评中的展现

美国资深新闻评论员 Caleb Hendrich 在其文章 The Difference Between Reporting & Commentary 中称，读者不要把新闻报道和评论混为一谈：新闻报道记者的职责是求真相并报道真相（seek the truth and report it），一旦有了争议他们必须让双方的意见得以呈现（they must fairly represent both sides of that conflict where possible.）；而评论则是提供观点（to provide our perspective on it.），表达立场，若有冲突，他们会站队或者表达自己的独特观点。（If there is a conflict involved in the news, we tend to fall on one side or the other and we structure our opinions accordingly.）

本文中第 2、3 段，作者以"我"的视角，来树立强有力的个人观点。"我"因中国人民在遭受疫情时所做出的牺牲而感动，也为国际社会某些国家忽视世界卫生组织总干事谭德赛先生的不断预警错失中国给他国打开的机会之窗而困惑。

3. 重视新闻的真实性，以客观的方式来表现"我"的观点

（1）善于采用意见领袖观点。

新闻评论是基于新闻事实之上的评论，因而，对于观点的表达既有直截了当的"我"的直抒胸臆，更有他人，尤其是意见领袖观点的引用和采纳。

① WHO Director-General Tedros Adhanom Ghebreyesus said weeks ago that no country should assume it will not get cases. He stressed that the virus does not respect borders or ideologies, does not distinguish between races or ethnicities, and has no regard for a country's level of development. （世界卫生组织的总干事谭德塞几周前便提到，没有哪个国家和地区可以肯定自己不会有确诊病例。同时，他也强调，这个病毒并不会因为地理的界限或者意识形态、人种、种族而有所区别对待，病毒对所有人都很"公平"，也不会因为国家的发展程度不同而有所不一样。）

② European Council President Charles Michel said they agreed on the need to work together to do everything necessary and to act swiftly. They stressed the need for a joint European approach and a close coordination with the European Commission. （欧洲理事会主席查尔斯·米歇尔认为欧盟需要竭尽全力精诚合作，迅速行动；强调协同作战、各成员国紧密合作的必要性。）

（2）用众多新闻事实佐证观点。

文章不仅用世界卫生组织总干事谭德塞先生和欧洲理事会主席查尔斯·米歇尔的观点来支撑自己的观点，而且用了众多新闻事实来表达团结、协作的重要性。比如，发达国家意大利，虽有完善和先进的医疗应急系统，但在强大的病毒面前仍然应对乏力；面对疫情，欧盟其他国家同样危机重重；中国对意大利在困难之时的援助给予的回报，去全球化不得人心……综上所述，众多新闻事实多方法、多角度地支撑观点，让事实说话。

Part Four　Further exploring the text

一、英文时评作者简介

陈卫华,《中国日报》资深记者、编辑,专栏作家、评论家。现《中国日报》社欧盟分社社长。曾任《中国日报》社评论部副主任,《中国日报》驻华盛顿记者站首席记者等职务。

二、英文时评媒体介绍

1. 媒体介绍

《中国日报》是中国国家英文日报,创刊于 1981 年,全球期均发行 90 余万份,其中海外期均发行 60 余万份。

《中国日报》作为中国了解世界、世界了解中国的重要窗口,是国内外高端人士首选的中国英文媒体,是唯一有效进入国际主流社会、国外媒体转载率最高的中国报纸,也是国内承办大型国际会议会刊最多的媒体。

2. 常识扩充

世界卫生组织（World Health Organization,缩写 WHO,中文简称世卫组织）是联合国下属的一个专门机构,总部设置在瑞士日内瓦,只有主权国家才能参加,是国际上最大的政府间卫生组织。

三、英文时评语言点讲解

1. Words and Expressions

epicenter: *n*. the point on the Earth's surface directly above the focus of an earthquake, 震中；集中点；中心。

heed：*v*. to pay careful attention to sb's advice or warning, 留心，留意，听从（劝告）。

mitigation: *n*. a reduction in the unpleasantness, seriousness, or painfulness of something. 减轻；缓解。

ideology: *n*. An ideology is a set of beliefs, especially the political beliefs on which people, parties, or countries base their actions. 思想（体系）；思想意识；意识形态；观念形态。

immune: *adj*. that cannot catch or be affected by a particular disease or illness 有免疫力；不受影响；受保护的；免除的。

Cyprus: *n*. 塞浦路斯（地中海东部之一岛国，原属英，1960 年独立，首都 Nicosia）。

St. Patrick's Day: 圣帕特里克节，每年的 3 月 17 日，为了纪念爱尔兰守护神圣帕特里克。

sovereign: *adj*. [only before noun] （of a country or state 国家） 有主权的；完全独立的，free to govern itself; completely independent 有主权的；完全独立的；掌握全部权力的；有至高无上的权力的。

deglobalization: *n*. de-, off, 否定前缀，表示剥离，使其脱离。globalization, 全球化，deglobalization, 去全球化。

unilateralism: *n*. uni-, 前缀，表示单独，一，unilateralism, 单边主义。

2. Sentences Comprehension

（1）WHO Director-General Tedros Adhanom Ghebreyesus said weeks ago that no country should assume it will not get cases. He stressed that the virus does not respect borders or ideologies, does not distinguish between races or ethnicities, and has no regard for a country's level of development.

以 that 引导宾语从句表达世界卫生组织总干事谭德赛的观点：① no country should assume it will not get cases.没有任何国家可以想当然地觉得自己能幸免于难；assume，常指没有根据的假定、假设。② 病毒不分国界和意识形态（does not respect borders or ideologies），不分人种，不会区别对待，也跟国家发达程度无关。distinguish, respect, regard 三个动作性极强的名词表示同一个意思：区别对待，翻译时对词性要进行转译，名词转为动词。

参考译文：几周前，世界卫生组织总干事谭德赛先生说，没有国家能想当然地认为自己能幸免于难。他强调病毒不会区分国界和意识形态，不会因人种不同而区别对待，更不会因国家的发展程度而有所不同。

（2）It's not easy for the EU to implement the many measures China has done, given that it is a group of 27 sovereign nations and most have open borders. That makes solidarity and coordination among member states even more important if they want to win the battle to control the virus.

该句主体结构是由形式主语 it 引导，it's not easy for sb. to do sth. 对某人来说做某事并非易事。后面 given（鉴于）给出原因：it is a group of 27 sovereign nations and most have open borders. 其后进一步分析，正由于欧盟成员国众多、边境开放，要采取中国那样的措施很难，因此，精诚合作协同作战更重要，后面加上 if 引导的条件状语从句，如果他们要打赢病毒对抗战役的话 if they want to win the battle to control the virus.

参考译文：鉴于欧盟是由 27 个主权国家组成的，并且他们大多数国家边境开放，要采用中国方式对抗病毒很难。这就让各成员国之间的团结协作尤为重要，如果他们要控制病毒，打赢这场战争的话。

（3）The COVID-19 situation in the EU may get worse before it gets better. But it's encouraging that the EU and its member states are stepping up the game, and they should do so even more aggressively.

习惯表达，sth. gets worse before it gets better. 某事在好转之前会有个很糟糕的过程。在不同环境之下，该表达翻译时需要灵活处理，通常有"好事多磨""黎明前的黑暗"等意思。作者在这里要表达的意思是战胜病毒是有信心的，但战胜病毒的过程是很艰辛的。俚语 step up the game，通常用于鼓励他人时，意为迎头赶上，再努力一点，加把劲。

参考翻译：欧盟各国正处于战胜疫情的黎明前的黑暗时期。让人鼓舞的是欧盟及其成员国正在团结一致、协同作战，他们应该继续坚持，更加努力。

（4）If the COVID-19 crisis teaches the world anything, it is that more international cooperation, not less, is badly needed in tackling such a global public health crisis since no single nation can deal with it alone. That is especially true amid a rise of protectionism and unilateralism in the past years.

此句是 if 引导的条件状语从句，if 表假设"如果"，后接 it is 引导的强调句，是……而不是……。badly，表示迫切的，强调程度，"非常地""迫切地"；"tackle"解决，通常解决问题，难题。"protectionism", refers to government policies that restrict international trade to help domestic industries, 保护主义；unilateralism, refers to the doctrine that nations should conduct their foreign affairs individualistically without the advice or involvement of other nations. 单边主义, uni-, 单一的。

如果说新冠疫情教会了世界任何东西的话，那就是在应对这样一场全球公共卫生危机时，迫切需要更多的国际合作，而不是减少合作。因为没有一个国家能够单独应对这场危机，而这一点在过去几年保护主义和单边主义抬头的情况下表现得尤为突出。

四、中西文化比较

2020 年初，新型冠状病毒引发的肺炎疫情在我国湖北省武汉市集中爆发，随即在全国范围内蔓延开来。面对疫情，中国全民抗疫：戴口罩、测体温，政府主导，人人自觉。正是由于这样的严防死守，我国的抗疫工作取得了举世瞩目的伟大成就。相比亚洲，欧洲和美洲疫情集中爆发相对较晚，但其传播的速度和死亡率却是触目惊心的。截至 2020 年 6 月下旬，全球近千万的感染人数中，作为全球最发达国家的美国新冠肺炎感染人数高达 250 多万，约占总数的 1/4。对比以中国为代表的东方国家，我们可以发现以美国为首的西方国家在防疫期间的共性表现为：拒绝口罩，拒绝关停经济；对抗隔离，呼吁人身自由；崇尚天赋人权；接受物竞天择、自然淘汰。

戴不戴口罩之争，表面看是个人选择，但当个体的选择以群体的形式得以展现时，实为群体的差异。当西方民众为了不戴口罩而走上街头游行示威时，实际是群体/集体（community）的集体主义（collectivism）与个人（individual）的个人主义（individualism）之间意识对立的集中爆发。

集体主义（collectivism），主流词典大多是从政治、经济体制上对其定义的。这里偏向于从个体和群体关系、从价值观上来谈集体主义，因此更倾向于维基百科对它的解释：集体主义是一种价值观，它强调全体凝聚力高于个体，群体利益高于个人利益（Collectivism is a value that is characterized by emphasis on cohensiveness among individuals and prioritization of the group over the self.）。

个人主义是西方个体价值的集中体现。维基百科认为，它强调个体的价值，持有这种价值观的个人主义者（individualist）推崇个人目标和理想的实现，重视独立与自强，提倡个人利益高于国家或者集体利益。（Individualists promote the exercise of one's goals and desires and so value independence and self-reliance and advocate that interests of the individual should achieve precedence over the state or a social group.）

从戴不戴口罩这一简单行为上来看，东方人展现的是：（1）对政府的信任和服从。无论是中国还是日本、韩国等受儒家文化影响的东方国家，在公共卫生事件上，对政府都是信任的，认为只有强大的政府才能群策群力解决疫情这样的大问题，而其他的组织和个人没有这个力量和能力。（2）对他人负责任的态度。美国疾病预防控制中心认为，普通医用口罩并不能贴合面部，虽然可以阻止配戴者口鼻滴液和飞沫的传播，但是无法阻止环境中携带病毒的微小颗粒物通过口罩与面部的缝隙处进入口鼻，佩戴不正确还会让感染概率上升。*The Daily Telegraph* 曾报道为什么戴口罩不管用。因为口罩是防止飞沫飞出去而非防止其进来。因此戴口罩实际更偏向于"利他"而不是"保护自己"。而对东方人来说，戴口罩可以对他人起到安慰作用，表达了一种集体主义价值观，拒绝戴口罩会遭到谴责，人们通过戴口罩展现出团结的姿态。（3）东方人对戴口罩的历史认同由来已久。1910 年中国东北发生大规模的鼠疫，伍连德博士采取了积极有效的防控策略，其中戴口罩就是最重要的一个举措。此后，在我国疾病防疫中，戴口罩就成了一个重要举措。在新冠肺炎疫情爆发前，一些体弱者、过敏体质者，或者重视疾病防控的人本来就有佩戴口罩的习惯。（4）佩戴口罩的审美认同。神秘感、礼貌性的疏离感在东方的审美意识中也影响深远。口罩冬天有防寒效果，夏天又能防晒，很多人认为其兼具了实用性和美感，因而社会整体接受度较高。

以美国为首的西方社会对口罩的抵制，我们也可以分析其文化、宗教、法律传统等方面的缘由：（1）个人主义下的"小政府"意识。小政府主义（Minarchism）主张在自由社会里，政府的大小以及所扮演的角色应该最小化——只要有能力保护每个人的自由、防范侵犯自由的行为即可，以此最大化个人的自由。因此，在崇尚个人主义的社会里，政府只是保障公民权利的工具（费孝通《初访美国》）。导致政府的权威性及民众对政府的服从性都很弱。正因如此，虽然传染病专家福奇（Anthony Fauci）号召美国人民戴口罩，多州州政府也颁布法令要求民众公共场合必须戴口罩，但美国人民却并不买账，从特朗普到普通民众，都各持各的理由，甚至为了不戴口罩而抗议集会，更助推了病毒的集中传播。（2）基督教生死观对疾病的消极应对。从宗教传统看东西方人对生命的影响，我们可以发现，一些东方人对长生不死的"积极"追求与西方人的消极生命观对比是显著的。在基督教的"原罪"理论下，人们对生命和疾病的态度更为消极。正如一些示威者所言，每天车祸会死人，意外会死人，不能因为怕死而放弃对"自由"的追求。（3）戴口罩与旧有法令的冲突。一些西方国家为了人脸识别，有明确的法律规定禁止戴口罩。例如，法国有明确的《禁止蒙面法》，"禁止任何人在公共场所蒙面"；奥地利也规定民众在没有合理理由的情况下，禁止在公共场所穿戴口罩或是面罩等遮盖脸部的物品，违者将会被处 150 欧元的罚款，因生病要戴口罩必须持有医生所开的处方。（4）恐怖主义后遗症。由于恐怖主义等的侵蚀，西方国家一些民众对佩戴口罩者持有抵触情绪，轻则认为佩戴口罩的就是病人，严重者甚至会把戴口罩者认为是恐怖分子。

对于中西方在对于戴不戴口罩问题截然不同的反应，我们应该透过现象看到深层的文化差异。

东方集体主义的文化渊源：中国人一直坚持"大一统"和"大同"理念。从秦朝灭六国一统天下到清朝末期，中国绝大部分时期都处于中央集权之下，封建社会所形成的"家国天下"与"和"文化为社会主义新中国的和谐社会奠定了一定的基础。同样，深受儒家文化影响的日本、韩国等东方国家在疫情期间也表现出集体主义的强大优势，当个人利益与"集体"和"天下"利益发生冲突，总是牺牲"小我"顾全"大家"。

与中国的集体主义相反，西方文化更强调文化多元性。在对待人的方面，主要体现在个体的中心意识和强烈的独立意识，人人都想展现自我的独特性。个体主义是以美国为首的西方国家社会文化的核心。Francis Hsu （许烺光）和 Alfred J. Kraemer

（阿尔弗雷德·小克莱默）等人类学家把个体主义列为西方民主的首条价值观，他们崇尚自己对自己负责，靠自己的能力去生存，反对外来的干涉和约束，尤其是政府的约束。

值得欣慰的是，从最近的新闻报道来看，随着感染人数的持续高攀，越来越多的西方人也戴起了口罩，展现出来了对己对人更负责任的态度。

Part Five　Exploring beyond the text

一、知识拓展

（一）"马拉犁"写作模式

正如前文所阐释的，"马拉犁"写作模式是西方新闻时评中常见的写作模式，也是一种简单高效的模式，非常适合初学者借鉴。但"马拉犁"是一种非常宽泛的提法，在实践中可以分为以下三类：

1. SAC 型

SAC 来自 Statement（论点）、Argument（论述讨论）、Conclusion（总结全文，得出结论）三个单词的首字母缩写，这是一种最基本的"马拉犁模式"。

美国《达拉斯晨报》（ *The Dallas Morning News* ）的"Resuscitation, Stat: Help for dying Southwest Center Mall can't wait" 获 2010 年普利策奖社论奖，这是一篇非常典型的运用 SAC 型写作的评论。这篇以"城市建设"为选题的评论以"唯一一家商店"引出"过时的繁华中心"这一评议对象（Statement）；接下来从"报告"（An advisory panel）、"专家评价"（Experts laid out their assessment of...)和"紧迫感"（Most important was the sense of urgency... ）、"指导方针"（Directives from the panel）及措施清单（The city's to-do Immediately）、政府对发展的蓝图及期望（The experts offered an outline... ）等几个方面展开论述（Argument）；最后提出自己的观点 Now, it's time to get to work（Conclusion）。

（原文链接：Resuscitation, Stat, http: //www. pulitzer. org/archives/8756）

2. CSAC 型

这种写作模式与 SAC 型类似，因为在开头部分先陈述了作者的观点、结论（Conclusion），因此被称为 CSAC 型。

2011 年 11 月《华盛顿邮报》的一篇名为 "A Failure to Deliver Solutions to Postal Servicers Problems" 的社论在开篇部分，还没有交代任何背景的情况下就直接开门见山地表达了自己的观点：THE 21ST CENTURY Postal Service Act is not a bill to save the U. S. Postal Service（USPS），即 21 世纪邮政法案并不是一个拯救美国邮政的法案。

这种写作模式最大的优点在于这种开门见山直抛观点的做法容易让读者产生疑问，这种疑问会成为他们阅读的理由和思考的路径。

3. SA$_1$A$_2$DC 型

从论证的方式来看，一部分时评是围绕一个观点的某个角度来进行论证，即从单一的方向进行论证（One-sided argument）。而另一部分时评则从正反两面展开论证，即双面论证（Two-sided argument）。SA$_1$A$_2$DC 型论证模式就是双面论证，作者将某个问题的正反两面意见都呈现出来，形成 Argument1 和 Argument2，然后分别对这些论据进行分析、比较和讨论（Discussion），最后得出自己的结论。这种写法的优点是更加公正客观，将同一问题的不同侧面开诚布公地呈现在公众面前，这也让论证更有说服力。

（二）如何做好时评的选题

确定选题，即评论的对象是做好新闻时评的第一步。马少华在《新闻评论教程》中提到，"选题就是人们在选择要评论的事的时候的价值判断……选题的价值判断尺度，要比新闻报道的价值判断尺度还要严格"。时评选题的过程，归根到底是一次价值判断的过程。确定好选题，时评成功一半。

1. 好的选题应具有时代感（great topics contain the sense of times）

所谓好选题的时代感是指一个真正好的选题一定是能够击中一个时代大多数人内心的话题，比如早前的"剩女""啃老"等话题。

时代感并不等于宏大的题材。有些题材看上去很微小，但因为能反映一个时代的普遍问题（common issues）和焦虑（anxiety），也可以称为有时代感的选题。

《齐鲁晚报》2019 年 7 月 19 日刊登一篇题为《二两茶叶五斤包装，垃圾分类应从源头"减负"》的时评，其选题来源是当时国内最热门的"垃圾分类"问题，立论的角度是"过度包装"——

茶叶封装在铝材小罐里，每个小罐又被泡沫内衬隔开，泡沫上又裹着一层绒布，全都挤在精美的硬纸盒中，购买时外面还套个手提袋。记者连续多日调查发现，商品的过度包装，快递的繁复包裹，一次性餐具的泛滥等，不仅增加了垃圾分类的负荷，更是浪费了大量资源，亟待改变。

茶叶二两多，包装重五斤，这样的奢侈包装，已然背离了包装保护商品的"初心"，如此不仅变相增加了垃圾，且增加了消费者购物成本。其实，更不难发现，与茶叶一样，烟酒、月饼等礼品，也都是过度包装的重灾区。而且，新型消费模式也让食品外包装进一步"过度化"。比如，一次性餐具泛滥问题随着网络外卖等兴起而愈发严重，当然还有快递过度包装造成的垃圾，等等。

在垃圾分类投放渐入人心的当下，在源头上实现垃圾减量也亟待引起重视，而商品过度包装就是其中之一。同时，也不难理解，商品过度包装难治难绝的背后，一是商家为了商品的安全不得不为之；二是商家为了显得高档而选择过度包装；三是为了满足顾客的面子；四是对于过度包装缺乏有效的规制。

作为一道社会课题，也正如专家表示，包装减量需各方各尽其责。从法律及标准方面，国家并不缺乏相关规定。比如，我国当前限制商品过度包装相关的国家标准有GB23350-2009《限制商品过度包装要求 食品和化妆品》、GB/T 31268-2014《限制商品过度包装通则》等。但是，如何让这些标准真正落地，却需要商家及监管执法部门共同给力。

从网络平台来讲，也应该鼓励环保，推动减量包装。以外卖平台为例，有的在下单页面上添加了"无需餐具"选项，以减少一次性餐具的使用；有的平台还为选择"无需餐具"的用户提供积分奖励。这些就值得借鉴。同样，虽说平台和商家各自是独立的法人，平台无法管控商家的包装行为，但是可以通过激励措施，引导餐饮企业选择合格、安全、环保的餐盒。

从消费者角度来讲，也应该增强环境保护意识，向过度包装说"不"。中消协曾明确指出，凡包装体积明显超过商品本身的10%、包装费用明显超出商品价格的30%，就可判定为侵害消费者权益的"商业欺诈"。对此，面对商家的过度包装问题，也应善于拿起法律武器维权。唯有每个人的绿色消费理念增强了，过度包装才不会有市场。

同样，国外的做法也值得借鉴。比如，一些发达国家利用"生产者责任延伸制度"抑制过度包装，该制度规定生产者应当承担产品使用完毕后的回收、循环使用和最终处理的责任，零售商、消费者也应对所销售和消费的资源，尽到安全回收的责任。这也有助于从源头上实现垃圾"减负"，以及强化各个环节的责任。总之，垃圾分类没有局外人，就须全民总动员。

（原文链接：http://sjb. qlwb. com. cn/qlwb/content/20190709/ArticelA02003FM. htm）

垃圾分类和过度包装都是极其生活化的话题，但因其和时下国内正在推行的"垃圾分类"浪潮契合，提倡"绿色""低碳"等理念，因而成为一篇具有时代感的评论。

2. 好的选题应聚焦矛盾（great topics focus on contradictions）

聚焦矛盾是新闻时评有价值的关键。中国正处于社会转型期，各种矛盾冲突涌出，而一篇好的新闻时评一定是聚焦（focus）时下社会的矛盾，而不是回避（avoid）矛盾。

《你想买我就卖，"电商"太任性》是2019年6月人民网观点频道推出的"人民网三评'网售处方药'"系列评论之一。该系列评论在承认互联网+医疗的巨大市场潜力和优势的前提下，也不回避 "电商"在发展过程中存在的不规范与市场隐患。

人民网近日对网售处方药乱象做的调查，结果让人颇为震惊。"你"想买"我"就卖，至于治病的良药会不会变成致命的"毒药""我"不关心。不禁要问一句，人命关天，医药电商如此任性，良心何在？

药品安全关乎生命安全，药品买卖决不是一手交钱、一手交货的交易。那些"你想买我就卖"的任性是危险的，那些卖处方药像衣服一样随意的做法是错误的。对医药电商来说，不管是独立经营者还是第三方平台经营者，都必须履行好审核把关的义务，在医师资格审查、药店资质审核、在线开方、处方流转、网购售后等每一个环节都不能缺位，否则就难以成为呵护健康的帮手，反而成为制造悲剧的帮凶。

有专家呼吁，"对处方药的管控需要像对枪支管理般严格"。事实上，我国相应的政策和规范都不曾缺位。现行的药品管理法明确规定，必须凭执业医师或执业助理医师处方才能调配、购买和使用处方药物。2018年4月，国务院办公厅发布《关于促进"互联网+医疗健康"发展的意见》，也明确提出对线上开具的常见病、慢性病处方，需经药师审核。2018年12月，发改委、商务部印发《市场准入负面清单（2018年版）》，在"禁止准入类"更是明确规定，"药品生产、经营企业不得违反规定采用邮寄、互联网交易等方式直接向公众销售处方药"。无论是药品经营企业，还是提供药品经营第三方交易平台服务的企业，未尽到审方责任，触及法律红线，将会受到严惩。对医药电商来说，必须尽到应尽的把关责任，承担该承担的责任，在为患者安全用药做好保驾护航的基础上，才有资格获得相关回报。

近些年来，从网上挂号到网上求医，"医生在线问诊，在线开处方"逐渐走进人们的生活。互联网医疗的兴起为医药市场的繁荣注入了一针强心剂。药品触网，确实为患者提供了巨大的便利，一定程度上也反衬出巨大的市场张力。如何在需求和供给间营造安全的用药环境，值得深思。

（原文链接：http://opinion.people.com.cn/n1/2019/0628/c1003-31202203.html）

3. 好的选题要引起情感共振（great topics arouse emotional resonance）

对受众而言，除了期望从媒体上获取信息外，也希望能借助媒体平台获得心理认同感（the sense of psychological acknowledge）。在当前媒体环境下，一篇评论要得到更多的关注和传播就必须能激发受众的情感共振。

对于时评来说，不仅仅聚焦国家时政大事，也需要回归公众，想公众之所想，忧公众之所忧。《别让房子压垮我们的幸福》是《中国青年报》在电视剧《蜗居》热播时发表的一篇时评。《蜗居》一剧以"房价""居住"等话题戳中了时下中国人的心，而《别让房子压垮我们的幸福》一文也通过论证折射出公众的心声：高房价正在摧毁人们的幸福感。

腾讯网发起一项"看《蜗居》，热议房子与幸福"的调查，36万名投票网友中的八成人认为幸福与房子关联密切。

幸福是什么？不同人或许有不同答案，但它必定和生活密切相关。马斯洛需求理论把人类的需求从低到高分成五等，其中，居住和穿衣、吃饭、看病一起，是满足人类生存最原始、最基本的需要。虽然它处于最低等次，但却是最强烈的不可回避的需要，也是推动人类各种行为的原动力。从孟子"居者有其屋"的理想，到杜甫"安得广厦千万间"的疾呼，居住问题不仅是传统社会人们的生存梦想，也是一项关乎权利与福祉的民生工程。

如此看来，网民将幸福与住房挂钩，其实是一种再合理再朴实不过的选择。但遗憾的是，现在要实现这一选择，对很多人来说并不是件容易的事。从目前房价来看，买房不仅是低收入人群难以企及的梦想，就是城市中等收入者，也要付出艰辛代价。电视剧《蜗居》近期之所以受热捧，很大程度上是因为主人公的购房经历契合了很多人的心理感受。剧中一些经典台词，诸如"赚钱的速度永远赶不上房价上涨的速度""30年的贷款还完，利息都滚出一套房子了"，也实实在在地道出了城市"房奴"一族的心声。房子不仅是一个单纯的住处，更关联着生活质量、个人地位，连接着情感亲疏、家庭存亡、生活的酸甜苦辣。

其实，一个社会的良性运转，也是一个不断在经济社会发展与民众生活质量的提升之间找取平衡点和结合点的过程。作为检测社会良性运转的指标，公众幸福感不仅是"晴雨表"，也是"指示器"。如果一个社会在经济快速发展的同时，人民群众的幸福指数出现下滑，就要对这个社会发展的走向进行深入反思，并及时做出调整。

不难看出，如果把安居作为一项幸福考核指标，当下的公众期望值和社会现实间显然还存在一段距离。这段距离不仅承载着公众的生存之梦和幸福之梦，也寄托着政府对于民生权利和自身责任的理解与努力。

（原文链接：http://zqb.cyol.com/content/2009-11/24/content_2949761.htm，有删改）

二、能力拓展

（一）中文时评延伸阅读

访问新华网，阅时评读《这个基调是世界之福》，http://www.xinhuanet.com/comments/2019-07/04/c_1124705772.htm。

（二）英文时评延伸阅读

阅读时评"Why Coronavirus Conspiracy Theories Flourish?"，https://www.nytimes.com/2020/04/08/world/europe/coronavirus-conspiracy-theories.html。

（三）课后练习

1. 简答题

（1）什么是新闻时评？其具有哪些特点？

（2）"时评热"发展的本质原因是什么？

（3）"新闻时评"与"新闻报道"的区别是什么？

2. 论述题

（1）请简要论述如何做好新闻时评的选题。

（2）什么是"马拉犁"写作模式？

3. 实操题

（1）根据最近一周国内外发生的事件，任选一个你认为有价值的事件/现象，写一篇 600 字左右的新闻时评。

（2）对比"能力拓展"部分提供的中英文两篇时评，分析中西方时评写作的异同。

（3）Writing practice. Please write a short comment within 800 words based on the info. below：

PAYING FOR KNOWLEDGE, that is people paying for digests of books, has become popular among the time-pressured public, especially youngsters. But all parties involved should respect intellectual property rights.

参考文献

[1] 丁法章. 新闻评论教程[M]. 5 版. 上海：复旦大学出版社，2019.

[2] 辜晓进. 走进美国大报[M]. 广州：南方日报出版社，2004.

[3] 胡文龙，秦珪，涂光晋. 新闻评论教程[M]. 北京：中国人民大学出版社，1998.

[4] 康拉德·芬克. 冲击力——新闻评论写作教程[M]. 柳珊，译. 北京：新华出版社，2002.

[5] 李普曼. 新闻与正义：普利策新闻奖获奖作品集Ⅱ[M]. 展江，主译评. 北京：中国人民大学出版社，2009.

[6] 马少华. 新闻评论教程[M]. 北京：高等教育出版社，2008.

[7] 欧文·拉兹洛. 多种文化的星球——联合国教科文组织国际专家小组的报告[M]. 戴侃，辛未，译. 北京：社会科学文献出版社，2001.

[8] 周旭东，唐远清. 新闻评论精要与案例评析[M]. 北京：中国传媒大学出版社，2014.

[9] KOVACH BILL, ROSENSTIEL TOM. The elements of journalism: what newspeople should know and the public should expecet[M]. New York: Three Rivers Press, 2007.

[10] CALEB HENDRICH. The difference between reporting and commentary[J]. Collegian, 2013(2).

[11] 马丁·雅克. 当中国统治世界：中国的崛起和西方世界的衰落[M]. 张莉，刘曲，译. 北京：中信出版社，2010.

专栏评论

Learning Objectives

- Understand the definition and characteristics of column commentary.
- Understand the reasons for the prosperity of the current column commentary.
- Grasp the skills needed in developing and writing column commentary.
- Master the key terms and basic words and expressions in the text.
- Apply the strategies to make comments more convincing.

Part One   Preparing to explore

一、专栏评论

（一）定义

专栏评论是指在媒体固定版面、特定专栏中发表的评论。维基百科给出了这样的定义，"A column is a recurring piece or article in a newspaper, magazine or other publication, where a writer expresses their own opinion in few columns allotted to them by the newspaper organization."西方报人在 17 世纪中叶把版心横向等分，中间用垂直的空格或黑线隔开，形成"栏"这一概念。"栏"（Column）的出现改善了传统排版模式带来的阅读困难，使得版面更加明晰。在传统的西方报刊上，专栏评论一般发表在社论版对页（Opposite editorial or Op-Ed）的评论版上。

专栏评论仅代表个人意见，不代表媒体的立场。

专栏评论在美国有两种主要形式：一是个人署名专栏，另一个是辛迪加专栏。前者一般由本报的评论员、记者、编辑撰写，常发表与社论观点不一致的看法；辛迪加专栏是西方评论的一种特殊类型。

辛迪加专栏（Syndicated Columns）是除社论以外，重要程度位居第二的评论类型。两者之间的最大差异在于作者的身份和地位。辛迪加专栏作家，受雇于一些新闻企业，或者是拥有多家报纸的报系，或者是实力雄厚的通讯社、大报特稿社等。他们将专栏文章像通讯社为订户传送新闻稿那样提供给付钱购买的报纸，所以一般是一篇专栏同时为国内乃至国外的多家报刊采用。辛迪加专栏作家无论在选题还是观点表达上都拥有更大的自由，影响力也较大，辛迪加专栏已成为言论版具有举足轻重意义的重要组成部分。现在西方的专栏作家一般专指写作辛迪加专栏的人。

当前传媒环境下，"独家新闻"的定义已经从 "独家报道"到"独家解读"，媒体的竞争愈发激烈。媒体要想占领舆论制高点，抢夺话语权，就一定要抓住评论这面"大旗"。

近年来，社交媒体平台的开放性特点给予了受众一个相当开放的平台，也增加了受众对媒介的认知程度，一部分网络受众已经从受者的角色中间剥离出来，向新型的传者角色转变，这也是目前专栏评论发展的新环境。

（二）专栏评论繁荣的原因

1. 政治原因

改革开放 40 余年来，我国舆论环境发生了翻天覆地的变化，言论自由已成为国家从上到下的共识。网络媒体的发展，尤其是自媒体的发展极大地拓展了公民的言论空间和话语表达。在此自由言论风气下，媒体开辟了言论专栏，以提升竞争力。

2. 经济原因

随着中国经济的发展，经济生活与人们联系越来越紧密，经济的复杂性和民众的密切关注催生了经济评论专栏的火爆。公民对经济新闻的信息获取和深度解读的需求增大。

3. 社会原因

当前传媒竞争激烈，传统媒体在时效性上的优势逐渐被新兴媒体替代。内容为王（content first），是任何一个时代传媒业的竞争法则，因此具有深度的专栏评论则成为传统媒体竞争的新领域，大量的党媒、都市报均开设了专栏评论栏目。2013 年初《人民日报》改版，增设评论版，"我们将努力把评论版打造成干部论证的平台、学者争鸣的空间、群众议言的广场，在交流、交融乃至交锋中，传递'中国好声音'，谋求最大公约数，推进社会前进的步伐"。

此外，公民意识（civic awareness），也推动了专栏评论的发展。随着舆论环境日渐宽松，各行各业的公民有了参与社会公共事务、表达自我的意愿。

4. 技术原因

新媒体"双向性"的特点，改变了过去受众只拥有传播"权利"（right）却无真正"权力"（power）的状况。随着自媒体准入门槛的降低，任何人都有权利和权力向社交平台发布内容。

（三）专栏评论的特点及作用

专栏评论在我国已经有着较长的发展历史。中华人民共和国成立之后，专栏评论在一些专业性报刊或是城市类媒体上颇受重视。随着经济的发展，人们的思想也跟着日渐开放，专栏评论才真正引起了党报等主流媒体的重视，全国新闻界掀起了兴办大小言论专栏的热潮。新千年之后，传媒技术的发展也让专栏评论的传播载体和形式日趋多元化。

在经历了几十年的发展之后，我国已经出现名目繁多的报纸、网络专栏评论，从总体上看，呈现以下几个方面的特点：

1. 多元性（diversity）

专栏评论之所以受到追捧，最根本的原因在于其尊重百花齐放的多元性。专栏评论的作者有行业权威人士，有记者，亦有学生、工人、学者、干部……因其作者的多元性，专栏评论无论是从选题、立论还是写作风格上来看，都更多元，更开放。

2. 时效性（timeliness）

传媒技术的发展让传播从"及时性"向"即时性"演变。在新媒体迅速发展的今天，新闻评论的时效性也在提升，通常在热点事件发生的 12 小时以内就会有相应的专栏评论。

专栏评论以当前社会发生的热点事件为选题，从多侧面、多角度、多层次来体现惩恶扬善的时代思想，具有一定的时代性。

3. 独立性（independence）

西方新闻界为新闻评论确定了三项原则：保持独立性、为公众利益服务、争取在社会舆论中的领袖地位，其中独立性是首要原则。

独立性包括绝对尊重事实、持论公正、洁身自好、不做附庸、经济独立、允许持不同见解几个层面。如前文所言，由于作者的多元性和开放性，因此专栏评论人拥有相对的独立性，在不同的专栏评论中可以看到对同一事件截然不同的观点。

专栏评论对社会和公众而言，应起到以下作用：

（1）给公众提供思考问题的方法，理清头绪：To provide methods for public to ponder.

（2）带公众进行理性思考，提供不同的视角：To provide different perspectives for public to reason.

（3）提供一个讨论问题的平台：To provide a platform for public to discuss.

（4）维护社会民主自由的权利：To defend the right of social democracy and freedom.

（四）专栏评论者的分类及特点

当前专栏评论者的身份多样，彼此有着不同的专业和职业背景。通常来说，专栏评论者可以按照其职业划分为媒体评论人、专家学者评论人和公民评论者；也可以根据选题划分为政治评论者、文化评论者、经济评论者、体育评论者等。

1. 媒体评论人（media commentators）

无论国内外，专栏评论者中都有很大一批是媒体从业者或曾经是媒体从业者，历史上有代表性的包括美国媒体人和作家沃尔特·李普曼（Walter Lippmann），当代中国比较有代表的有《中国青年报》的曹林、南方报业集团的鄢烈山等。

这类评论人因其长期接触新闻，具有较高的新闻敏感性，眼界宽，见识深，且写作速度快，在事件发生后能够迅速发声。此外，由于媒体从业者本身具有一定的个人品牌（IP），因此其专栏较普通公众而言更容易产生良好的传播效果。

随着媒体从业队伍的不断升级，不少媒体从业人员本身就具有行业知识，甚至本身就是这个领域的研究者（财经评论员叶檀其自身就拥有经济史学博士学位）。这些评论人的作品一方面具有新闻作品的可读性，同时更兼具专业的深度，因此受到公众认可和追捧。

2. 专家学者评论人（experts & scholars commentators）

为了提升评论的深度和专业性，媒体也会邀请一些专家学者开设专栏，撰写评论。这些专家学者都具有某领域的专业背景和从业经历，对其要评论的事件和领域具有较深的理解，能够较深刻地剖析原因，展望趋势，具有深刻透析事例的分析能力和逻辑力量。

同时，专家学者本身也通过评论文章为社会、国家的发展建议建言，贡献计策，其稿件本身也具有一定的公信力。必须要注意的是，一些专家学者评论人虽具有较高的专业造诣，但文章中大量出现专业术语，太过于学术，从而导致受众的阅读障碍，进而影响传播。

3. 公民评论者（citizen commentators）

随着自媒体平台的开放，公民评论者大量涌现，给评论注入了鲜活的、富有生命力的血液。

一方面公民来自各行各业，对新闻事件和现象有最深的体会和最直接的接触，更贴近生活，更真实。另一方面必须要指出的是多数普通公民评论者全局观还比较欠缺，眼光狭窄，在评论上有失偏颇。

无论如何，公民评论者的崛起都是社会进步、民主进步的象征，碎片化的公民评论者各抒己见，更有利于还原事件的真相。同时，对公众而言，也需要有甄别真伪的媒介素养。

二、课前讨论

■ Please name out the Ivy League colleges.

■ Do you think college education can ensure one a bright future? Why or why not? Are the prestigious & costly institutions (Harvard, Yale, Stanford, etc.) worth the price?

■ What can markedly make a difference in job success for a student? Elite colleges, hot majors or anything else?

Part Two　Exploring the text A

一、中文专栏评论案例

美国招生舞弊案　重点是制度漏洞而非华人标签

张丰　媒体人

2019 年 4 月 28 日

这两天，"美招生舞弊案曝出中国家庭"登上了微博热搜榜。这起美国史上最大规模大学招生欺诈案，其实 3 月 12 日就已被曝出。只不过，随着调查的深入，越来越多的细节浮出水面。

有媒体报道，向"主犯"辛格行贿数额最大的两个都是华人家庭，而他们到目前为止都还没有被起诉。

在网上，这引发了一股对"有些华人家庭不惜一切代价挤进名校"的指责。

一、不必过度渲染这起舞弊案里的"族群因素"

这两个家庭，一个花 650 万美元把孩子送入名校，另一个则是花 120 万美元买通耶鲁大学的女足教练，把女儿以体育特长生的名义送进去。

相比之下，一般涉案的美国家庭，花费大多在 25 万到 40 万美元。看起来，这两个华人家庭担当的是"行贿主力"的角色。

尽管行贿数额排名前两位的都是华人家庭背景，但这仍不能说明华人家庭更"傻"。

我只能说，很大程度上，这只是一种巧合。这个案子最初引起美国人的普遍震惊，更多是因为大学招生的漏洞被暴露出来。人们更关心的是制度层面的防范，尽可能做到公平，而不是族群因素。

但华人家庭更愿意在学业上下赌注，也确实是一个普遍现象。不但美国的华裔家庭子女在学业上表现优秀，也有越来越多的中国本土中产家庭孩子投入美国"高考"的竞争中。

"亚裔"学生超强的考试能力，甚至让一些美国高校在 2018 年做出改革，降低 SAT/CAT 考试成绩在录取中的权重。

过去 40 年，几代中国人相信"读书改变命运"，在中国经济翻天覆地的进步中，这一观念催生了一个庞大的既有经济实力又注重教育的中产阶层。有时候人们用"残酷"这样的词，来形容这种应试教育的竞争。放眼世界，这种蓬勃的上进心也是极为罕见的。

二、"读书改变命运"也得靠金钱游戏推动？

所谓"改变命运"，很大程度上就是提升自己在社会中的阶层。作为社会主流价值观，美国在"二战"后就基本"完成"了这个进程。

到 60 年代，美国的阶层已经相对固化，进入中产阶层主导的社会。反映在教育上，大多数家庭会根据自己的家庭情况来预设子女的教育问题。底层家庭的孩子，也可以"享受生活"，而不必拼命去考常春藤名校。

这不是说美国孩子都不用功读书。近年来，随着互联网的发达，美国中产阶层孩子为了参加"高考"而辛苦奔波的故事，已经打破了过去人们对美国"素质教育"的印象。但在家庭层面，白人中产对教育的投入，仍然不能和华人家庭相比。

即便是在美国的华裔家庭，也普遍有这种在考试中胜出的信念。更大范围内理解，这也是中国人过去一百多年的"民族故事"：学习知识，赶超先进，改变命运。

这种在竞争中的"投入"，包括孩子的时间精力，家长的金钱和精力，以及一些对"盘外招"的琢磨上。

这次全美史上最大招生舞弊案，某种程度上意味着，即便在美国，在追求好结果的过程中，对规则的研究以及对漏洞的利用也会存在。如果美国的高考招生制度足够严密，也不会给华人家庭以可乘之机。

看上去，花 650 万美元把孩子送进名校难以理解——毕业后多少年才能挣回来？

但是，这样的问题本身就是"贫穷限制了想象力"。在一个新富阶层崛起的背景下，"一掷千金"的故事有很多，发生在教育领域也是再正常不过的事。

只是，当一些豪富家庭可以花高价钱把自己的孩子送进美国名校，更多普通家庭的孩子或者寒门子弟还为一张大学的门票而埋头苦读。

这样迥异的升学路径，也正在制造新的不公——即便是在国外，也不例外。（张丰 媒体人）

二、中文专栏评论分析

（一）作者简介

张丰，媒体人，"澎湃新闻"、《新京报》等媒体特约评论人，其选题范围包括社会、体育、经济等领域。

（二）事件背景与意义

2019 年，媒体曝出美国高校史上最大招生舞弊案，超过 30 位名流富豪为了让子女顺利进入常春藤名校，涉嫌透过空壳慈善机构，向常春藤高校老师或工作人员行贿，以增加子女的录取概率，名校耶鲁大学、斯坦福大学被卷其中，两个中国家庭涉案（其中一例高达 650 万美元，约 4374 万人民币）。

卷入此案的不乏社会名流和好莱坞明星，比如出演过《绝望主妇》的艾美奖获得者菲丽西提·霍夫曼，以及出演过《欢乐满屋》的洛莉·路格林等。该案之所以在国际引发轰动，一方面源于该案涉案人数多、金额巨大且涉案学校中不乏名校；另一方面有人表示该案伤害了很多人的"美国梦"，并损害了美国教育在国际上的形象。

由于涉案家庭中有两个中国家庭，加上美国仍是中国学生留学热门目的地，因此该事件在中国同样备受关注。

（三）本文立意分析

选题决定谈什么，立意决定怎么谈，角度决定从哪个方向谈。新闻评论中作者的创新思想则是通过立意和角度体现出来。

"舞弊案"无疑是当时全球范围内的一大热点，也是媒体（自媒体）追逐的选题，中国媒体（自媒体）的立意主要集中在"中国教育制度""名校热的是与非""诚信问题""贫富差距""寒门子弟"等方面。本篇评论跳出"种族论""中国教育制度"等热门角度，而站在全球角度分析，指出这并非一个国家的问题，而是全球的问题：这样迥异的升学路径，也正在制造新的不公——即便是在国外，也不例外。作者张丰作为媒体人，从制度层面来分析和反思该事件，较为理性与客观，也为公众提供了一个思考问题的新路径。

（四）作者主要观点

第一，不必过度渲染这起舞弊案里的"族群因素"。这个案子最初引起美国人的普遍震惊，更多是因为大学招生的漏洞被暴露出来。

第二，人们更关心的是制度层面的防范，尽可能做到公平，而不是族群因素。

第三，近年来，随着互联网的发达，美国中产阶层孩子为了参加"高考"而辛苦奔波的故事，已经打破了过去人们对美国"素质教育"的印象。

第四，这次全美史上最大招生舞弊案，某种程度上意味着，即便在美国，在追求好结果的过程中，对规则的研究以及对漏洞的利用也会存在。

第五，这样迥异的升学路径，也正在制造新的不公——即便是在国外，也不例外。

（五）本文结构分析及反思

本文论证结构较清晰，分析如下：

1. 开篇（1~3自然段）

新闻事件开篇。首先简单交代事实，进而指出华人家庭牵涉其中，最后指出在该事件中很多人的讨论焦点在"华人家庭对名校的狂热追求"上。

2. 论证（4~18自然段）

理性看待该事件。

（1）"华人家庭"并非"原罪"，无需过分渲染"种族因素"（4~10自然段）。该部分是针对开篇部分提到的"在网上，这引发了一股对'有些华人家庭不惜一切代价挤进名校'的指责"这一现象的回应。作者认为，华人家庭虽涉案，且涉案金额较大，但并不能掩盖事件折射出来的制度问题，"人们更关心的是制度层面的防范，尽可能做到公平，而不是族群因素"。

（2）"金钱游戏"同样出现在美国教育界，乃至全球教育界（11~18自然段）。在这部分作者提出，美国的"阶层固化"自20世纪60年代已经出现，美国的中产阶级同样也为子女的教育问题焦虑，并非只有华人家庭如此。新富阶层在教育领域"一掷千金"的故事有很多，是"再正常不过的事"。

3. 结论（19~20自然段）

贫富差距带来的"入学途径的迥异"，而这份迥异又将带来新的不公平，这是全世界都存在的问题。

本文标题为《美国招生舞弊案 重点是制度漏洞而非华人标签》，从标题便能看出论证的两个方面为"华人标签"和"制度漏洞"。但本文对"华人标签"的论述部分更为清晰，相反在"制度漏洞"上来说略显单薄，且第二部分 "'读书改变命运' 也得靠金钱游戏推动？"与"制度漏洞"之间的关系还有待厘清，这也是本文在行文中相对欠缺的环节。

但无论如何，该篇评论都为该事件提供了新的思考角度，也是本文最大的闪光点。

Part Three　Exploring the text B

一、英文专栏案例

The college admissions scandal isn't just about rich, entitled people

Michelle Singletary

March 21, 2019 at 6B31 PM EDT

Please, let's stop pretending that the college cheating scandal is just an indictment of overindulgent, wealthy helicopter parents.

The Justice Department has accused dozens of super-rich parents of making $25 million in illegal payments — and, in some cases, taking a tax break to boot — to get their children into selective colleges.

If true, these parents broke the law. They could face some prison time. But in the coming weeks, a lot of parents and their children, who've been legitimately accepted to pricey colleges, will make a move to put themselves in another type of prison.

Certain madness takes over this time of year — between late March and early April — when the college acceptance letters are sent out. Hearts are elated if children are accepted to prestigious public and private universities. Then comes the financial reality: Going to these dream colleges often means taking on substantial student loans.

Outstanding student loan debt at the end of last year was $1. 5 trillion. Education debt ranks second in consumer debt nationwide behind mortgages.

Parents will sentence themselves and their children to decades of debt because they believe attending a select school is a must for their children to succeed. They will trade financial stability for the status symbol of a brand-name college education.

The recent admissions scam has been used to underscore the pressure parents and students are under to get into "better" schools, as if the thousands of other colleges and universities in the country just aren't good enough. Heaven forbid you suggest a student attend a community college first, if money is woefully lacking. The pushback is typically substantial — and illogical.

Dripping with disdain, parents and students say that if the acceptance to an elite college doesn't happen, there is always the "safety school." What's financially sound and safe about struggling under the weight of enough debt to equal the price of a home?

And the financial imprisonment is even harder for low-income families, particularly minorities. Many students from these homes run out of money before they can graduate. They end up with debt and no degree.

Last fall, I met a mother at a financial-literacy program in Delaware who was very concerned about how to pay her parent PLUS loans. She had taken out more than $100, 000 to help send her child to the top-rated University of Michigan to study to be a teacher.

I asked her why she didn't send her daughter to a school in her home state or somewhere close by so she could commute and reduce the cost of attendance.

"It's where she really wanted to go, and she worked hard to get into Michigan, " the mom said with pride.

But studies have shown that the determination and hard work that the child demonstrated would have helped her succeed wherever she ended up going to college.

"A sort of mania has taken hold, and its grip seems to grow tighter and tighter, " wrote New York Times op-ed columnist Frank Bruni in his 2015 book "Where You Go Is Not Who You'll Be."

It's the "elite edge" that drives many parents and students to put themselves in financial jeopardy, Bruni pointed out.

What about the connections a child will make at a premier institution, you might ask?

Gallup asked 5, 100 graduates about the career helpfulness of their undergraduate alumni networks.

Just 9 percent of graduates said the school network has been very helpful or helpful to them in the job market, according to Gallup, which released the findings earlier this year.

Just 1 in 6 alumni from schools ranked in the top 50 by U. S. News and World Report reported that their alumni network has been useful to them in the job market.

"While these alumni are slightly more likely than alumni from lower-ranked schools to perceive their alumni network as helpful, the differences are relatively minor and unlikely to offset the significant differences in tuition costs, " Gallup said.

What can markedly make a difference in job success for a student?

What helps tremendously is an internship during college in which a graduate can apply what he or she is learning, Gallup said.

Long before the current admissions scandal, Bruni wrote, "The admissions game is too flawed and too rigged to be given so much credit. For another, the nature of a student's college experience — the work that he or she puts into it, the skills that he or she picks up, the self-examination that's undertaken, the resourcefulness that's honed — matters more than the name of the institution attended."

Stop the madness. Don't succumb to admissions mania that can condemn you and your kid to a life of crushing debt.

二、英文专栏案例分析

（一）新闻背景及意义

2019 美国高校招生丑闻（2019 college admissions bribery scandal），也被称为是校园蓝调行动（Operation Varsity Blues），由美国联邦调查局发起调查，揭露了轰动全国的大学招生欺诈案，美国司法部在 2019 年 3 月 12 日起诉了 51 名涉嫌行贿受贿的人，包括大学招生管理人员，大学体育教练以及 30 多名家长。据指控，在 2011—2018 年，共有 33 名家长向暗箱操作的核心人物威廉辛格（William Rick Singer）非法支付了 2500 多万美元，许多知名大学如斯坦福大学、耶鲁大学、哈佛大学以及南加利福尼亚大学等涉及其中，辛格以帮助考生在 SAT 和 ACT 考试中作弊和贿赂大学各种运动队教练，让学生以体育特长生的身份升学。遭起诉的家长中政界、商界以及娱乐界人士云集，其中美剧《绝望主妇》（*Desperate Housewives*）的女演员费利西蒂·赫夫曼（Felicity Huffman），和出演《欢乐满屋》（*Full House*）的女演员洛丽·洛克林（Lori Loughlin）的涉案，尤其引人关注。

（二）英语新闻结构分析

1. 标题（headline）

专栏是一种非常具有个人色彩的评论写作方式，因此，在题目中交代清楚由头，点明自己的观点尤为重要。本文标题开章明义，带有强烈的个人色彩，开门见山地指出高校招录丑闻并非只与权贵有关 The college admissions scandal isn't just about rich, entitled people.

2. 开篇（intro.）

如果说标题是新闻的眼睛，那么导语则是新闻灵魂，眼之所观，心之所想，要表达的观点都会在标题和导语中呈现，新闻评论更是如此，标题和导语的有机结合能全面地表达作者的态度和观点。

本文的导语实际是对标题的进一步证实和补充：并增加了许多带有个人情感的词，例如，please, let's stop pretending …，导语中还把学生家长比喻为"helicopter Parents"（直升机父母），事事都插手、事事都管的父母，这无疑都在劝诫甚至调侃、嘲讽那种觉得高校招录丑闻只与权贵有关的人。

评论的写作中，作者往往喜欢用一个"hook"（钩子）来激发读者的兴趣，吸引读者继续读下去，本文第 2~3 段是对热点"高校招录丑闻"的简单介绍并且提供最新进展，第 3 段最后一句（But in the coming weeks, a lot of parents and their children, who've been legitimately accepted to pricey colleges, will make a move to put themselves in another type of prison.）承上启下，将问题从权贵家长引至普通民众，等待有钱人的是"prison time"，等待普通家长的是"another type of prison"。

3. 新闻主体（news body）：论证过程（the process of argumentation）

论证，就需要条理清晰地提出自己将论述的问题，并用丰富的方法来对自己的观点进行佐证，本文的论证也遵循（是什么—为什么—怎么办）的写作逻辑。

第 4 段引出普通人家的烦恼：孩子好不容易被名校录取，但名校高昂的学费却又让他们背上沉重的贷款负担。

第 5 段援引数据说明助学贷款仅次于住房贷款，成为美国人民的沉重负担。

第 6~9 段分析学生和家长情愿负债累累也要上名校的原因，并且直抒自己观点，认为"除了名校，其他都不够好""除非穷困潦倒，千万不要建议学生上社区大学"等观点都是"The pushback is typically substantial — and illogical."大量存在且非理性的。

第 10~12 段举例论证家长们为了孩子上名校所承受的经济压力。

第 13~15 段驳论。第 13 段转折，立出悖论"孩子要成功必须上名校"；第 14~15 段用专栏作家布鲁尼的著作进一步佐证名校并非成功的必要条件。

第 16 段提出大家都关心的话题"名校与学生成才的关系"。

第 19~20 段引用顶级调查公司盖洛普数据和知名媒体《美国新闻与世界报道》的数据来论证名校与学生的关系（主要是通过校友会），得出结论：名校与学生就业、成才等虽有关系，但与巨大教育投入差异比就显得微不足道、更不能抵消了。

逻辑上进一步深入，提出问题：对学生成才影响最大的究竟是什么？

第 22~23 引用盖洛普的数据和布鲁尼的著作来回答第 21 段提出的问题，认为"学生在实习期间的技能展现"以及"在学习过程中自我反思以及磨练出的智慧"等比"大学名号更重要"。

4. 结尾（ending）

本文个人情感浓烈，在文章最后一段，作者发出号召：停止这种狂热。"别再为了追捧名校而让你和你的孩子陷入终身的债务负担！" Stop the madness. Don't succumb to admissions mania that can condemn you and your kid to a life of crushing debt. 本段作者用了 "madness" 抨击名校崇拜是疯狂的、不理智的，同样后面 succumb to、mania、condemn、crushing 等词词义都比较重，也展现了作者 "苦口婆心" 的劝诫。

（三）主要观点

（1）The financial imprisonment is even harder for low-income families, particularly minorities. Many students from these homes run out of money before they can graduate. They end up with debt and no degree.

（2）For many young Americans, the promise of a degree has turned to disappointment as they find themselves struggling to find their first job, still burdened by student debt.

（3）The admissions game is too flawed and too rigged to be given so much credit. For another, the nature of a student's college experience — the work that he or she puts into it, the skills that he or she picks up, the self-examination that's undertaken, the resourcefulness that's honed — matters more than the name of the institution attended. — Frank Bruni

（四）写作风格与手法

美国哈佛大学肯尼迪学院的学者杰弗里·赛格林（Jeffrey L. Seglin）是知名的专栏作家，曾为 CNN、CNBC、CBS Sunday Morning 等多家媒体工作。本文借鉴他的理论来对上文进行分析。

1. 篇幅短小
专栏文章一般比较短小，在 750~800 字。本文相比一般专栏偏长。

2. 论点清晰明确
专栏文章有清晰的、明确的论点（a clearly defined point）。

本文观点明确，从导语的写作就可见，导语是对标题的重述，进一步强化标题，同时，一个简单的 "please"，非常口语化，具有非常强烈的专栏特色——个人色彩浓郁，进一步阐释，高考招录并非只与权贵有关。那它与普通人有怎样的关系呢？这就激发了对作者观点的好奇心。

3. 紧扣热点，条分缕析
专栏紧扣热点话题（hot issues related），写作思路必须是清晰的（clarity of thinking）。

（1）本文的写作紧扣热点话题，从 2019 年 3 月的美国史上最大的高校招生丑闻入手，介绍案情的最新进展。

（2）过渡自然，从涉案父母的牢狱之灾到普通父母的另类牢狱。

（3）论证思路清晰，列出事实（助学贷款仅次于住房贷款）；举出实例（金融扫盲班上焦虑的负债母亲），条分缕析；层层深入，抽茧剥丝，分析名校崇拜原因；多方求证，得出答案，其实名校与学生成才关联甚微；最后解决问题，学生要成才，主要因素有哪些。

（4）结尾，作者紧扣开篇，再一次劝诫、呼吁学生和家长，停止非理智"名校热"，不要让自己的孩子和自己陷入终身债务负担。

4. 强烈的个人色彩

专栏写作的语气必须是强烈的（having a strong voice is critical to a successful column or op-ed），个人色彩浓郁。

专栏写作不同于社论和评论员文章，社论和评论员文章代表的是媒体，因而更加严肃和谨慎客观，而专栏代表的是记者或者作者自己，因而个人色彩就表现得淋漓尽致。例如：

（1）Please, let's stop pretending that the college cheating scandal is just an indictment of overindulgent, wealthy helicopter parents.

Please 一词，带着非常强烈的感情色彩，"拜托""别闹了"。这里有明显的规劝的意味。作者用 let's 祈使句，劝诫的意味更浓，"别再假装高校招录丑闻只是对过于放纵的、有钱的直升机父母的指控了"，pretend，overindulgent 等词语的运用表明作者强烈反对高校招录丑闻只针对那些恣意妄为的有钱父母，helicopter parent 指的是如直升机般盘旋在孩子的上空，啥都干涉，啥都管的父母。

（2）If true, these parents broke the law. They could face some prison time. But in the coming weeks, a lot of parents and their children, who've been legitimately accepted to pricey colleges, will make a move to put themselves in another type of prison.

在该句中，作者用了对比的手法，有些父母是真的遭到了指控，真的违法了，他们将面临牢狱之灾 "they could face some prison time." 但接下来，有更多的父母，没有违法却面临另一种牢狱 "another type of prison"，这里把沉重的助学贷款比喻成牢狱，语气强烈，形象地刻画了经济压力对人的约束。

（3）The recent admissions scam has been used to underscore the pressure parents and students are under to get into "better" schools, as if the thousands of other colleges and universities in the country just aren't good enough. Heaven forbid you suggest a student attend a community college first, if money is woefully lacking. The pushback is typically substantial — and illogical.

最近的招生骗局凸显了家长和孩子们争上"好"学校的压力，似乎美国其他的几千所大学就不够"好"了一样。该句中，作者用了 better 和 good 来表达对于追捧名校，作者是谴责的，尤其是后面，"如果不是穷困潦倒，千万不要建议孩子首选社区大学。对非名校的抵制情绪是大量存在的，并且也是毫无道理的。"这句话满含讽刺，讥讽"打肿脸充胖子"的行为。

（4）Stop the madness. Don't succumb to admissions mania that can condemn you and your kid to a life of crushing debt.

文章的结尾和开篇导语相呼应，作者在结尾处满怀深情地劝诫读者"停止这种狂热""别再为了追捧名校而让你和你的孩子陷入终身的债务负担！"。

5. 扎实的调查研究

专栏必须多做研究，论据基于坚实的调查研究之上（be grounded in solid research）。

专栏写作允许作者用个性化的语言风格去陈述意见，允许突出个人风格，并且成功的专栏作家也必须具备鲜明的个人风格。但是，成功的专栏写作并不仅仅是充满个人风格的写作，更是一系列的综合的研究工作，主要包括：事实、引用、可靠的数据和个人的观察总结。例如，

（1）事实论证。本文运用了大量的事实论证，论文的写作由头就是由热点新闻事件引起，并且在后面几段用更多事实来佐证，高校招录丑闻，费尽心机进名校，并非只与有钱人有关，其牢狱不仅针对违法者，普通家长也面临另类"牢狱"。事实论证贯穿全文，此处只简单举例。

The Justice Department has accused dozens of super-rich parents of making $25 million in illegal payments — and, in some cases, taking a tax break to boot — to get their children into selective colleges.

But in the coming weeks, a lot of parents and their children, who've been legitimately accepted to pricey colleges, will make a move to put themselves in another type of prison.

（2）引用。引用是论文常用的论述方式。引用他人的观点、论述可以让自己的论述显得更客观可信，尤其是引用权威机构、权威人士以及其他可信度较高的信源，会让文章更能让人信服。例如：

① 引语的引用。

第一，直接引语。

It's where she really wanted to go, and she worked hard to get into Michigan, the mom said with pride. 这位母亲的话就道出了普通学生父母的心声：孩子努力啊，学习又好啊，她那么想去好学校，就该支持她去啊——尽管，父母为此要背上沉重的债务负担。从这里可以看出，一句直接引语胜过千言万语。

同样，对于名校引发的家庭债务危机，作者援引的是纽约时报专栏作家富兰克林·布鲁尼的文章，A sort of mania has taken hold, and its grip seems to grow tighter and tighter。

第二，间接引语。

What helps tremendously is an internship during college in which a graduate can apply what he or she is learning, Gallup said. 盖洛普认为，对学生成才有巨大帮助的是大学期间的实习，学生在其间可以展示他们在学校学到的东西。

直接引语让人更信服，但间接引语更凝练，更能概括地表达观点。文中的引用非常多，此处不作展开。

② 数据的使用。

数据是理性的，任何的雄辩，卓越的口才都不及科学的数据经得住推究，论文中数据的使用，尤其是权威专业机构所提供的数据，尤其让人信服。例如，在论述学生贷款规模大，给家庭带来的冲击大时，作者引用了数据: Outstanding student loan debt at the end of last year was $1.5 trillion. Education debt ranks second in consumer debt nationwide behind mortgages.

在论述学生成才和就读学校的相关性时，作者使用了盖洛普（专业权威机构）的调查研究和数据: Just 9 percent of graduates said the school network has been very helpful or helpful to them in the job market, according to Gallup, which released the findings earlier this year.

还有权威媒体《美国新闻与世界报道》的进一步佐证: Just 1 in 6 alumni from schools ranked in the top 50 by U. S. News and World Report reported that their alumni network has been useful to them in the job market.

Part Four Further exploring the text

一、英文专栏评论作者简介

米歇尔·辛格尔特里（Michelle Singletary），华盛顿邮报财经专栏作家，其获奖专栏 "The Color of Money"《金钱的颜色》被 100 多家媒体转载；美国广播公司（ABC）日间节目 *The Revolution* 的财经专家；美国 TV ONE 上有自己的电视财经专栏节目 *Singletary Says*；也曾作为嘉宾参与 *The Oprah Winfrey show*（奥普拉脱口秀），*NBC's Today*（美国全国广播公司节目"今日"）还有哥伦比亚的早间秀（*The Early Show on CBS*）等。

其主要个人著作有：

The 21 Day Financial Fast：Your Path to Financial Peace and Free（Zondervan）。(《21天金融快车：你的财务自由之道》，桑德凡出版社）

Your Money and Your Man：How You and Prince Charming Can Spend Well and Live Rich（Random House）。(《你的钱，你的人：你和你的爱人如何花得聪明，过得潇洒》，兰登书屋出版社）

Spend Well，Live Rich：How to Live Well With the Money You Have（Random House）.(《花得聪明，过得潇洒：如何花好你的钱》，兰登书屋出版社）

二、英文专栏评论媒体介绍

《华盛顿邮报》（*The Washington Post*），1877 年创刊。总部位于华盛顿特区，注重报道国会新闻和联邦政府新闻，号称"国会议员和政府官员早餐桌上少不了的一份报纸"，与《纽约时报》《洛杉矶时报》一起被誉为是美国最有影响力的三大报。尤其以调查性报道见长，20 世纪 70 年代初，《华盛顿邮报》记者伍德沃德经过深入的调查，揭露了联邦政府的窃听丑闻——"水门事件"，该事件直接导致了时任总统尼克松的下台；2013 年，它又率先在美国刊登了斯诺登（Edward Snowden）揭发情报机构的窃听事件。与《纽约时报》一样，该报也多次获得普利策新闻奖，仅 2008 年，它就获得了6 个普利策新闻奖。除了调查性报告，它的社论、评论和专栏同样深受读者喜爱。2013 年 10 月，长期控制华盛顿邮报的格雷厄姆（Graham）家族将其以$2. 5 亿的现金价卖给了亚马逊创始人贝索斯（Jeff Bezos）。

三、英文新闻知识点讲解

1. Words and Expressions

indictment：*n.* the act of officially accusing sb. of a crime 起诉，指控

overindulgent：*adj.* Excessively tending to allow sb. to have or do whatever they want 过渡纵容的

helicopter parents：a colloquial, early 21st century term for a parent who pays extremely close attention to his or her child's or children's experiences and problems, particular at educational institutions. 指对子女的事情尤其是教育问题关心过度，事事包办的父母，犹如直升机一样，整天盘旋在孩子头顶。

a tax break：减税，税收优惠

take over：control, replace 控制，占上风，取代

to boot：in addition; additionally 另外，额外，加之

elate：*v.* To fill with high spirits 使……欢欣鼓舞，使……兴高采烈

substantial：*adj.* large in amount, value or importance 大量的，重要的

outstanding student loan debt：未偿还的学生贷款

sentence to：判决

status symbol：a possession that people think shows their high social status and wealth 社会地位与财富的象征

underscore：*v.* to emphasize, underline 强调，画重点

scam：*n.* a clever and dishonest plan for making money 欺诈，诈骗

pushback：*n.* negative reaction to a change or to something new that has been introduced 对变革、计划等的拒绝，抵制

disdain：*n.* the feeling that sb. /sth. is not good enough to deserve your respect or attention 对某事、某人轻视，看不起

safety school：在美国学生申请大学入学时，学校大体被分为三类，reach school，冲刺学校，fit school，合适学校，safety school 保底学校

financial-literacy program：a program to teach people who has little knowledge of finance how to manage money 金融扫盲计划

Op-Ed columnist：专栏作家

elite edge：精英优势

jeopardy：*n.* in a dangerous position or situation and likely to be lost or harmed 处于危险境地，危险

premier institution：顶级名校

alumni：*n.*（plural）the former male and female students of a school，college or university，校友（复数）；alumna，女校友；alumni，男校友

succumb to：to bend one's knee to，give in to 屈从于，屈服于

2. Sentences Comprehension.

（1）Please, let's stop pretending that the college cheating scandal is just an indictment of overindulgent, wealthy helicopter parents.

Please 在本句中不表请求,而是强烈的语气"拜托""别傻了"等意思;stop pretending 停止假装，这里同样也有调侃和谴责的味道，有说别人"装傻"的味道在里面；overindulgent 过分纵容的；helicopter parents 直升机父母，这是一个新词，指的是对孩子的事情（尤其是教育）事事都管，都亲力亲为，不让孩子接受挫折，像直升机一样盘旋在孩子头顶的父母。本句翻译时注意语气的表达。

参考译文：拜托了，别再假装高校招录丑闻只是针对那些恣意妄为的有钱的直升机父母的指控了。

（2）The Justice Department has accused dozens of super-rich parents of making $25 million in illegal payments — and, in some cases, taking a tax break to boot — to get their children into selective colleges.

The Justice Department 司法部；accuse sb. of sth. 指控某人某罪；a tax break 税收减免，但本文中，前面既然是 illegal payments 非法的支付，指学生家长行贿，因而，此处就不是"税收减免"而是"逃税"了；selective colleges，这里指的是名校，精英学校。

参考译文：美国司法部指控了数十位超级富豪家长，称他们为了把孩子送进顶级名校而非法行贿、豪掷 2500 万美金，并且在很多时候，他们还逃了税。

（3）The recent admissions scam has been used to underscore the pressure parents and students are under to get into "better" schools, as if the thousands of other colleges and universities in the country just aren't good enough. Heaven forbid you suggest a student attend a community college first, if money is woefully lacking. The pushback is typically substantial — and illogical.

本句中 admissions scam 是对 admission scandal 的同义替换；better 这里指学生和家长力争选名校，尽可能地"好"；后面一个由 as if 引导的 aren't good enough 指的是除了排名靠前的少数名校外，似乎其他的"都不够好一样"，这里带有明显的讽刺；heaven forbid 非常口语化的表达，这里带有强烈的语气，表达了"天理难容，千万不要"之意，也可用作 god forbid；pushback 这里指带有情绪的、对变化等毫无道理的 illogical 抵制。

参考译文：最近的招生骗局凸显了家长和孩子们争上"好"学校的压力，似乎美国其他的几千所大学就不够好了一样。如果不是穷困潦倒，千万不要建议孩子首选社区大学。对非名校的抵制情绪是大量存在的，并且也是毫无道理的。

四、中西文化比较

从本章所选择的相关内容（名校热）的中英文专栏评论来看，笔者发现中美两国在专栏评论上的一些差异。

1. 选题上的比较："命题"作文与"自由命题"

我国的报纸评论专栏是根据报纸和读者的需要而设置，也即，它是根据该专栏的明确栏目定位、确切的指导思想和固定的评论基调来命题，即便是群言性的专栏，作者非媒体人，编辑也会在来稿中严格把关，挑选符合长远媒体方针，也符合媒体近期布局的稿件；而美国的评论专栏设置则以作者为主导，根据评论员的特点（学科背景、所在领域以及个人喜好等），将写作人物分摊给不同的专栏作家，作者在写作上通常较少考虑媒体的约束和喜好，更多考虑的是读者，即读者会不会喜欢。受欢迎的专栏作家，通常会将自己零散发表的作品进行整理、集合，这便是很多畅销书的来源。

2. 专栏功能的比较：宣传与传播

我国新闻的功能就是宣传党的基本政策，传递人民的思想。

西方的新闻在功能上更注重传播，侧重于"沟通"和"交流"，在专栏的写作的功能上也是如此。此外，个人专栏，专栏作家们为了"取悦"受众，他们不仅"交流看法"，还会"娱乐大众"。本章所选评论就口语化，调侃、嘲讽和劝诫均有，宛如一个朋友与读者闲聊，但支撑的论据又掷地有声、扎实有力，让人信服。

3. 语言风格上的比较

我国的专栏评论严谨，西方则呈现多样化、鲜明的个人主义色彩。

我国报纸视论坛为重要的思想阵地，因而，对于言论的传递者、专栏的创作者的筛选是非常严格的。《人民日报》在人民论坛中谈到专栏作家素养时，要求评论员"有政治家的眼光和视野，有批评家的犀利和幽默，有文学家的激情和深刻，有理论家的冷静和论证……"，因此，可以看出，我国的主流媒体对于专栏作家有严格的"框架"

限制，要求高，尤其是政治上是极为谨慎的，其文风多数呈现出来的也是专业性和严谨性，尽管也提倡"有趣，幽默"，但真正"幽默的"并不多。对比而言，西方专栏评论则五花八门，评论员因为性格差异、语言表达差异，呈现出千姿百态，而且，很多西方的专栏人甚至以浮夸来博取眼球，标新立异。

近年来，拉锯持久的中美贸易摩擦中，有件特别引人关注的媒体事件。2019 年 5 月 30 日（北京时间），我国的 CGTN（中国国际电视台）主播刘欣与美国 Fox News 的女主播 Trish Regan 隔空展开了激烈的辩论。两位主播都是资深的媒体人，都有自己的专栏，在各自的节目中都有相当的影响力，因而，她们之间的辩论让中美两国的受众很是期待。随后在对两位主播相关报道的文章中，国内外的媒体大多选择了这样一些词，Trish Regan：reckless，tantrum-like，emotional，而对中国主播多以 calm，professional，graceful 等之类的词描绘，这无疑可以佐证中国评论人的严谨专业和美式评论人的自由和随性。

值得关注的是，近些年来，随着互联网的飞速发展，草根评论的崛起，在以博客为代表的互联网论坛上，中国草根评论员的影响力愈发强大，非专业性和"去框架化"的言论茁壮成长，涌现出一批新的评论员，形成了一种新的评论风格。

Part Five　Exploring beyond the text

一、知识拓展

（一）专栏评论人的基本素质

从近年来传媒发展情况来看，专栏评论人的门槛越来越低，专栏不再是精英的专场，普通作者，哪怕是在校学生只要有过人的见识、出色的文笔，均可成为专栏评论人。

1. 政治素养（political accomplishment）

无论是哪种类型的评论人首先都应具有较高的政治素养。需要说明的是"较高的政治素养"并非要求评论人的选题只集中在政治事件或"只说好话"，而是要求评论人具有与时俱进的精神，在评论中坚持国家的正确政治导向、政治原则。政治素质应该是所有评论人的基础。

2. 媒介素养（media literacy）

1992 年美国媒体素养研究中心对媒介素养下了如下定义：媒介素养是指在人们面对不同媒体中各种信息时所表现出的信息的选择能力、质疑能力、理解能力、评估能力、创造和生产能力以及思辨的反应能力。

近年来"发声"不再是媒体的专利，越来越多的普通公众可以通过社交平台开通自己的自媒体平台，发表自己的观点。在这积极的现象背后，有数据显示民众对媒体的信任度却在下滑。美国盖洛普咨询公司一项延续46年的调查、称在人人可以第一时间上传现场视频、发表自己言论的"透明"时代，民众对媒体的信任度却在下滑。在美国普利策新闻奖颁布2019年奖项前夕，其官网将一篇题为"为什么人们已经不再相信媒体？"的文章刊登在最显眼的位置。文中引用了美国盖洛普咨询公司一项调查，称美国民众对媒体信任感从20世纪70年代的72%下降到2017年的45%。目前，由于媒介素养教育在公众层面上的缺失，一方面很多评论人并非媒体人，因此对新闻的原则尚有认知上的漏洞。另一方面很多自媒体上所谓的评论人为了"流量"和利益，煽动极端观点，如2017年日本留学生江歌一案审判期间，某大V自媒体号在《刘某江歌案：法律可以制裁凶手，但谁来制裁人性?》一文中便写出"支持人肉刘某"（刘某，遇害者江歌的室友，在该事件中饱受争议）的观点。该言论一出，便极大地煽动了网友的情绪，也让该篇文章阅读点击量超过了10万人次。

媒介素养首先要求评论人能合理有效地通过媒介表达新闻信息，此外还要求评论人的活动符合新闻事业活动规律，尊重新闻的真实客观性。

3. 专业素养（professional quality）

评论人要对自己所评论对象的领域熟悉，甚至成为专家。从目前专栏评论人类型便知，越来越多专家学者加入媒体评论人的阵营，同时也受到受众的追捧，这说明公众需要真正专业的分析，让"专业的人做专业的事"。

4. 社会责任感（social responsibility）

作为评论人，必须要保持一定的新闻敏感性，而新闻敏感性在一定程度上源于写作者自身的社会责任感和人文关怀。《中国青年报》的曹林在《时评写作十讲》中说道："评论，不是个人的事情，不是小文人的创作，也不是孤芳自赏地玩弄文字；评论，是一种公民表达的实用文体，是在公共事务上运用自己的理性，必须与一个人身处的社会和时代发生关系，必须追问你评论的意义。"

被称为"南国啄木鸟"的鄢烈山，其评论中也体现着他的对社会矛盾的观察，对人民生活疾苦的关注。2009年1月他发表评论《铁道部的辩解难以服众》，对春运期间一票难求与铁道部的回应进行评论：

我相信，铁道部门从上到下，绝大多数人都尽心尽力做了大量的工作，他们紧张而辛苦的劳动应该得到尊重，但这不是阻止人们质疑铁道部门管理方式和效率的理由，铁道部门的官员对批评的回应中，他们自我辩解的两条主要理由都难以服众。

这篇评论体现了鄢烈山对社会的关注，也体现了他的社会责任感和对社会大众的人文关怀。

5. 稳定的价值观（sustainable sense of value）

一个成熟的评论者，不应被网友牵着鼻子走，更不能因为"民意"而随意改变自己的立场，为了"流量"而自欺欺人。评论人应拥有稳定的价值观，在面对不同的事件时，都能在自己的价值体系下进行独立的思考和理性分析。

（二）"YOU & I"结构

与中国评论中尽量撇开"你""我"这样的人称代词不同，西方媒体，尤其是美国传媒惯于在评论中用"YOU"和"I"（WE）的结构，拉近评论者与读者的距离，将抽象的事件具体化，让读者置身于事件中。

You don't expect.../ You are talking about.../ You could see... (你别想指望/你正谈论的/你可以看到)这样的表述在如《纽约时报》这样的美国媒体中并不鲜见。除了"YOU"，美国媒体还擅长使用"I"（WE）结构，"同我一起想象，我们都置身其中"。

这种充满个性化的结构拉近作者与受众的心理距离，同时将深奥的事物简化成受众可以理解的身边事物。这种强调"你我"的写作结构让专栏评论有别于普通的时政评论，"这是你我关心的小事"。需要说明的是，这种"YOU & I"结构在中文评论中并不常见，即便要使用也务必处理好"个性化"与"客观性"之间的关系。

二、能力拓展

（一）中文专栏评论延伸阅读

订阅微信公众号"吐槽青年：曹林的时政观察"（@zqb_caolin），从选题、立论、语言特色等方面分析专栏评论人曹林的作品。

（二）英文专栏评论延伸阅读

关注《华盛顿邮报》*OPINIONS* 和《纽约时报》*EDITORIALS，OP-ED AND LETTERS*，体会不同的媒体、不同评论形式下不同评论员的写作风格。

（三）课后练习

1. 简答题
（1）什么是专栏评论？
（2）什么是"辛迪加专栏"？

2. 论述题
（1）请简要论述专栏评论繁荣的原因。

（2）结合一篇评论，分析"YOU & I"写作结构的优势和局限。

（3）作为一名学习者，你认为应如何在生活和学习中培养自己成为"专栏评论人"。

3. 实操题

（1）分析一位你喜欢的专栏评论人。其作品最大的特色是什么？对你有什么启发？

（2）针对近期社会上的热点事件完成一篇800字以内的新闻评论。

（3）Writing practice. Write a short comment within 800 words based on the information below.

● Read the book *Where You Go Is Not Who You'll be — Antidote to the College Admissions Mania* by Frank Bruni, and try to figure out the factors makes one successful.

● The latest student loan debt statistics for 2019 show how serious the student loan debt crisis has become for borrowers across all demographics and age groups. There are more than 44 million borrowers who collectively owe $1.5 trillion in student loan debt in the U. S. alone. Student loan debt is now the second highest consumer debt category-behind only mortgage debt-and higher than both credit cards and auto loans. Borrowers in the Class of 2017, on average, owe $28, 650, according to the Institute for College Access and Success.

● Student Loan Statistics: Overview

Total Student Loan Debt: $1. 56 trillion

Total U. S. Borrowers With Student Loan Debt: 44.7 million

Student Loan Delinquency Or Default Rate: 11.4% (90+days delinquent)

Direct Loans-Cumulative in Default (360+days delinquent): $ 101.4 billion (5. 1million borrowers)

Direct Loan In Forbearance: $111. 1 billion (2. 6million borrowers)

（Source: As of 4Q 2018, Federal Reserve & New York Federal Reserve）

参考文献

[1] 曹林. 时评写作十讲[M]. 上海：复旦大学出版社，2011.

[2] 曹林. 不与流行为伍（对中国社会流行谬误的批判）[M]. 北京：中国发展出版社，2013.

[3] 丁法章. 新闻评论教程[M]. 5 版. 上海：复旦大学出版社，2019.

[4] 辜晓进. 走进美国大报[M]. 广州：南方日报出版社，2004.

[5] 胡文龙，秦珪，涂光晋. 新闻评论教程[M]. 北京：中国人民大学出版社，1998.

[6] 李良荣. 当代西方新闻媒体[M]. 上海：复旦大学出版社，2017.

[7] 马少华. 新闻评论教程[M]. 北京：高等教育出版社，2008.

[8]　殷俊. 媒介新闻评论学[M]. 成都：四川大学出版社，2005.

[9]　PHILLIPS ANGELA. Journalism in context — practice and theory for the digital age[M]. London: Routledge Publishing, 2014.

[10]　BRUNI FRANK, Where you go is not who you'll be — an antidote to the college admissions mania[M]. New York: Grand Central Publishing, 2015.

文艺批评

Unit Ten Criticism

Learning Objectives

- Understand what literary criticism is, its significance and main features.
- Master the structure, writing style and techniques of literary criticism.
- Grasp the grammar points, the writing pattern and strategies used in the case.
- Compare Chinese and Western cultures and writing style patterns according to the cases.
- Apply this strategy flexibly to writing literary criticism and other news reports.

Part One　Preparing to explore

一、文艺批评

（一）定义

俄国著名诗人普希金曾经说过："批评是科学。批评是揭示文学艺术作品的美和缺点的科学。"《论批评》中也提到"评论是一种洞察过去，启发未来的礼物"。"只有当评论是苛刻的、有破坏性的、不辨是非的或使人误解的时候，它才是有害的。在多数情况下，人们欢迎评论，并且接受有益的（富于建设性的）评论"。威廉·W. 韦斯特在《提高写作技能》中提出：New Criticism, post-World War I school of Anglo-American literary critical theory that insisted on the intrinsic value of a work of art and focused attention on the individual work alone as an independent unit of meaning. It was opposed to the critical practice of bringing historical or biographical data to bear on the interpretation of a work.

《宣传舆论学大辞典》中对文艺批评的定义是：文艺批评是根据一定的批评标准，对以文艺作品为中心的一切文艺现象进行分析、评价的科学活动。

而我国的《辞海·文学分册》对文艺批评的定义是：文艺批评指文艺批评者在一定政治文化背景下，运用一定的观点，对文艺家、文艺作品、文艺思潮、文艺运动所做的探讨、分析和评价。

这两种定义都有指导性作用，综合两家之言，可以从以下三个方面对文艺批评进行归纳：

对于文艺批评的对象，很多人都有着错误的理解，认为文艺批评就是单纯的对文艺作品的否定和批判，这是一个很大的误区，其实文艺批评离不开文艺欣赏，它建立在文艺欣赏基础上，但两者亦有不同之处，欣赏被纳入文艺批评的轨道之中，按照批评的规律和要求来进行欣赏。文艺欣赏带有更多的感性活动特点，文艺批评则是以理性活动为基本内容的科学分析活动。文艺欣赏的对象只是文艺作品，而文艺批评除研究具体文艺家文艺作品外，还要研究文艺流派、文艺思潮和文艺运动。

从文艺批评的方法上看，文艺批评着重于对文艺现象的分析、评论，文艺理论则注重探讨、总结文艺发展中带规律性的东西，建立一定的理论体系。文艺批评受文艺理论的指导，是文艺理论的具体运用和实践，反过来，它又不断总结文艺创作经验，发现规律，丰富和发展文艺理论。

从文艺批评的目的上进行分析，文艺批评和文艺创作就像是文艺事业的两翼，文艺批评以文艺创作为基础，同时又对文艺创作起积极指导作用。文艺批评是文艺斗争的重要方法之一，它的目的是帮助文艺家理解和掌握文艺的性质、特点，并反馈信息，促使文艺家更关心自己作品的审美价值和社会效果。它不仅帮助确定文艺作品的社会价值和艺术价值，还帮助欣赏者欣赏、理解、把握作品，使对象与欣赏主体结合发挥社会作用。

结合以上内容，我们可以将文艺批评理解为一种文艺研究活动，具有系统的、科学的理论框架和体系，通过仔细、严谨、不断深入的研究对文艺作品以及文艺活动现象做出的理性分析评价和判断。

（二）文艺批评的意义

文艺批评的意义，突出地体现在它对文艺创作产生的积极影响之中。

第一，科学的文艺批评可以帮助人们更好地鉴赏文艺作品，提高鉴赏能力和鉴赏水平，让欣赏者深入理解作品，对欣赏者文艺价值观的形成有积极影响。

第二，通过对文艺作品的评价，形成对文艺创作的反馈。文艺批评帮助创作者理解和掌握文艺的性质、特点，并反馈信息，促使创作者更关心自己作品的审美价值和社会效果。

第三，文艺批评一方面帮助确定创作者文艺作品的社会价值和艺术价值，另一方面帮助欣赏者欣赏、理解、把握作品，二者结合，使对象与欣赏主体形成有机的整体，起到了丰富和发展文艺理论，推动文艺的繁荣发展的作用。仅以电影评价为例，20 世纪 80 年代中期我国各种电影报刊曾经一度达到四百种之多，其中《大众电影》等刊物发行量曾经高达百万份，同时，群众性的影评活动也在全国城乡广泛开展，提高了广大观众的电影审美水平，促进了新时期电影艺术的蓬勃发展。

（三）文艺批评的产生与发展

1. 文艺批评的产生

文艺批评在我国古已有之。《庄子·田子方》对宋元君召集画工画图的记载，应该是我国最早的、也是最出色的文艺批评："宋元君将画图，众史皆至，受揖而立，舐纸和墨，在外者半，有一史后至，儃儃然不趋，受揖不立。公使人视之，则解衣般礴，裸。君曰："可矣，是真画者矣。""这一记录既是对众画工创作前的准备状态的描绘，更是对绘画创作必须拥有的精神状态的评论。"受揖而立，舐纸和墨"等相当于文艺术批评中对创作或作品的描写性陈述（descriptive discourse）；而宋元君所说的"可矣，是真画者矣"则是直截了当的评论，相当于文艺批评中的规范性陈述（normative discourse）。

自此之后，中国古代有关文艺批评的记载，代不乏人。不过总体上讲，这些批评基本上以二三子之间的品评鉴赏为典范。而这种批评典范的转移则在近代才完成。只有到了近代，艺术家才面临公共领域的转向，面向市场的潜在购买者或订制者。近代意义上的文艺批评，即作为艺术家与公众之间桥梁的艺术批评，应该追溯到近代的欧洲，特别是狄德罗时代的法国。

2. 文艺批评的发展

18 世纪启蒙时代是法国甚至人类历史上一个重要的转折时刻，各种现代性的因素从那里开始萌发。法国文化生活发生了巨大的变化，形成了一种独特的批判文化形态，这种批判的氛围在艺术领域中孕育出了沙龙批评，从而开启了现代文艺批评。

18 世纪法国沙龙文艺批评的产生与运行有着其特定的历史语境。在启蒙运动和君主专制的背景下，法国皇家绘画雕塑学院举办的沙龙展览因其所承担的职能——为国王服务，而受宫廷庇护，它促进了学院文艺竞争和水平的提高，树立了法国在欧洲文化的大国形象，进而成为官方、君主专制、学院的垄断性的代表，再加之其受公众欢迎的热烈程度，沙龙展览很快就成为启蒙批判精神影响下批评家们表达其艺术观点和改造社会愿望的最佳公共领域。

到 18 世纪中叶，特别是自狄德罗的沙龙批评以来，现代意义上的文艺批评，才在教化和培养文艺公共中起着关键作用，同时也宣告真正意义上的文艺批评的到来。1756年，法国学者狄德罗把他对沙龙中展示的同时代艺术家的看法写下来，这些文字开创了新出现的文艺作品给予批评的传统，狄氏是第一位现代意义上的文艺批评家，他开创了现代文艺批评，将画家的作品直接推向公众。他除了确立了批评的新典范，也确立了批评写作这一新的文类的基本面向（所谓描述、阐释和评价）。狄德罗的文艺批评强调艺术道德性的传统，一直延续到 19 世纪末的拉斯金时代。

如果说是狄德罗开创了现代文艺批评，那么为现代文艺批评奠定美学基础的，则是法国诗人波德莱尔、佩特等人，他们确定了现代文艺批评的基本原则，即党派原则和形式限定原则，建立在这个原则上，"思想才能益发强有力地喷涌而出"。他们将文艺批评导向纯粹化和去道德化方向，将文艺从善恶道德、科技理性、与宗教桎梏中拉出来。这一历程在罗杰·弗莱和格林伯格等人的形式批评中达到高潮。19 世纪的法国文艺批评家获得了被社会认可的地位，他们把限于上流社会狭隘空间的各项文艺作品和活动推向大众，把视觉观念和经验转译成为公众能为之展开探讨的文字。

（四）文艺批评的基本特征

文艺批评是一种文艺研究活动，它跨越的领域广，题材也多种多样，我国的文艺批评理论是从西方引进的，但是经过长期发展，也渐渐形成自己鲜明的特点，主要有以下特征：

1. 科学性（scientificity）

文艺批评具有科学性，文艺批评家需要在文艺鉴赏的基础上，运用一定的哲学、美学和艺术学理论，对文艺作品和文艺现象进行分析与研究，并且做出判断与评价，为人们提供具有理论性和系统性的知识。文艺批评的这种科学性特点，使得它必然要从社会科学和自然科学的各学科中吸取观点、理论和方法，呈现出多元化和综合化的趋势。

2. 艺术性（artistry）

文艺批评具有艺术性。文艺批评作为一门特殊的科学，与其他的科学不同，它既需要冷静的头脑，也需要强烈的感情，既离不开理性的分析，更离不开艺术的感受。文艺批评必须以艺术鉴赏中的具体感受为出发点，因而优秀的批评家应当具有敏锐的感知力、丰富的想象力和强烈的情感体验，这样才能真正认识和把握作品的成败得失。

3. 两重性（dual character）

文艺批评具有二重性的特点，即科学性和艺术性的统一。二者是在不同情景下进行讨论得出的不同性质，并不矛盾，而是辩证统一的。如新闻的文艺批评，它就以科学性为依据，运用大量事实材料支撑整个文章，但是在文章中又体现了作者的艺术感受。

二、课前讨论

■ From what angles can we evaluate Wandering Earth?

■ Through the "mutual Criticism" triggered by *Wandering Earth*, what inspiration and reflection do we have on the correct comments and criticisms of the literary works?

■ In the face of the different controversies and evaluations of *Wandering Earth*, do we need more tolerance and understanding to multiple values?

■ As *The New York Times* said, "China's film industry has finally joined the space race." What does it mean？ Do you agree？ Explain.

Part Two   Exploring the text A

一、中文文艺批评案例

傲慢与偏见：《流浪地球》引发的"互黑潮"（节选）

《中国青年报》
2019 年 2 月 22 日

《流浪地球》的票房奇迹仍在继续，近日已经突破 40 亿大关。而它带来的讨论仍在继续，这些讨论甚至导致了节日期间朋友圈的一次小规模选边战与互黑潮。除了对故事情节、科学理据、价值观等的各自张扬，这场争论的背后其实很能反映我们眼下舆论场的特点：易走极端，对多元价值缺乏包容。

"科幻"与"科幻电影"都是舶来品，无论是科幻电影还是科幻文学，在本土都称得上根基孱弱。所以，《流浪地球》引发的争议，其实还反映了另外一种紧张与焦虑——

"症状记录：一、看到办公室里地球模型时，80%会剧烈呕吐；二、听到中国科幻四个字时，90%会用头撞墙；三、听到吴京、刘慈欣、三体等名词时，95%会失禁……"在豆瓣网上，一位颇有知名度的书评人这样写道。

自《流浪地球》热播之后，类似的激烈表达渐成常态。

一方面，部分观众对该片评价甚低。在豆瓣上，《流浪地球》的一星率为 2.3%，而《复仇者联盟 3：无限战争》为 0.8%、《降临》为 0.8%、《大黄蜂》为 1%，甚至评分仅

7.0 的《飞驰人生》的"一星率"也低于《流浪地球》。

另一方面，部分观众对这种否定感到"震惊""不可思议"，产生了强烈的情绪反弹，甚至对打低分的网友进行骚扰和威胁，一些网友还将豆瓣网打成一星。

文艺作品本可多元评价，为何《流浪地球》竟引发如此激烈的意见冲突？正如影评人杨时旸先生所说："谁能想到，时间走到 2019 年，我们竟然还会因为喜不喜欢一部电影而站队、分裂、彼此拉黑、互相辱骂，甚而上纲上线到以此为指标检验对方是否爱国。"

《流浪地球》引发的这场"互黑潮"，说明了在接纳多元性上，我们的社会仍有漫长的路要走，但与此同时，我们还应从接受美学的角度，去寻找"互黑潮"背后的、更深层的原因。

我们只是在假装看电影

作为娱乐片，《流浪地球》显然是合格的。

在"硬科幻"的专业度、特效制作的水准、叙事节奏的掌控、细节的合理性等方面，《流浪地球》均有良好表现。正如《纽约时报》所说："中国电影业终于加入了太空竞赛。""标志着中国电影新时代的来临"。不论是批评方还是力挺方，就此本可以达成共识。

然而，电影从来不只是电影，人们会依据自己的偏好，从中剪辑出自己想看的东西，并"脑补"出电影中没有的逻辑，使剪辑合理化。换言之，即使看的是同一部电影，每个人看到的内容却不尽相同。

有这样一个心理学实验：在大学课堂上，教师安排一名"劫匪"闯入教室，开两枪后再迅速"逃走"，教师迅速发放调查问卷，让在场学生描述"劫匪"的着装。结果，只有不足10%的学生做出正确描述，而超半数学生认为"劫匪"系了领带（事实上没有）。

人类的记忆并不可靠，我们常常分不清"想看到的"和"确实看到的"之间有区别。

我们以为评判艺术作品是一个绝对理性、绝对自主的过程，但实验证明，事实未必如此：在估计一件物品的重量时，如果背景中有一个挂钟，当它显示的时间为上午时，超过70%的受试者会过高估计物品重量，如果挂钟显示的时间为下午，超过70%的受试者又会过低估计物品的重量。我们都知道，挂钟上显示的时间不会影响物体的重量，可人确实会因此做出错误判断。

其实，在走进电影院的那一瞬间，每名观众都带着不同的"观看期待"，只有影片内容与"观看期待"契合时，我们才会被电影所"打动"，产生积极的印象。最终，我们会调用自己的记忆，将积极印象"合理化"，从而形成判断。

不否认，这一过程也会向大脑输入新信息，但这些新信息会更偏向于强化人们已有的偏好，此外，输入的新信息远不如我们想象的多。

虽然印象是应激产生的，"合理化"是编造出来的，但人们却坚信：自己的看法是

"客观"的，因而带有普遍性。有了这种人同此心、心同此理的执念，所以我们常常忽略：观影是一个高度主观化的过程，我们自以为在看电影，其实是在看自己。

你看的是哪一版的《流浪地球》

有多少观众，就有多少种《流浪地球》。通过沟通、讨论，不同版本逐渐归并，最终形成了两个激烈对立的版本："彻底否定版"和"力挺版"。

在坚持"彻底否定版"的观众眼中，他们的"观看期待"是：一部思想深刻、不模仿别人的、更具原创性的作品，足以为世界文化做出贡献。

从这一国际化、精英化的视角去看，难免会对《流浪地球》感到失望：内容与好莱坞大片有太多相似之处，甚至将其中黑社会、赌场、边缘人等细节也搬了过来，因过度强调视觉冲击力，"中国元素"成了其中可有可无的贴片，这使它更像是一部中国人演的好莱坞大片。

如果说《流浪地球》的制作水准已达到世界一流水准，则其人文水准相对较低，除了老生常谈的"拯救人类"，刻意加入的亲情内容因用力过猛，显得有些做作。《流浪地球》的普遍关怀不足，故只能做到煽情，不易引人深思，从而变成了某种程度的消费灾难。

由此引发的问题是：讲一个好玩的故事，拍几个漂亮镜头，炫耀一番想象力和数字技术，就可以算是一部好电影吗？《流浪地球》真正礼赞的不是人类的牺牲精神，而是消费主义，当它僭用了民族性等标签时，自然会引起一部分观众的强烈反感。

相反，在坚持"力挺版"的观众眼中，他们的"观看期待"是：他们从小在国外科幻大片的熏陶下长大，这种观看体验与本土经验有着巨大鸿沟，他们渴望出现一部中国作品，能将二者连接起来，而《流浪地球》是目前为止，不多见的、达到（甚至超过）好莱坞大片水准的国产片。

从这一本土需求的视角看，《流浪地球》各方面都让人满意：情节为复杂而复杂，人物亦正亦邪，甚至地下城中的一些黑色因素也满足了观众们对猎奇的需求。

《流浪地球》还有一个特别显著的特点，即提供了知识考古的空间。与传统电影过多强调价值因素、较少知识含量不同，《流浪地球》可以引起深度争议。比如美国科幻大咖便提出疑问：如果停止地球自转，地球的磁场也将消失，大气层会因此消散，岂不是加速了人类的灭亡？但很快有学者予以解释：虽然自转停了，但地球内部的岩浆等依然在旋转，仍能保持足够强大的磁场。

现代社会如此多元，每个人的情感经验均不相同，在今天，形成共情反而变成难事。但绝大多数现代人的生命经历相同，都是从小便接受科学教育，直到青年时期才结束。在此期间，他们很少能接触社会，更多与知识为伴。《流浪地球》唤醒了这一共同记忆，自然比价值思辨更易得分。

对于"力挺版"的观众而言，谁否定《流浪地球》，其实也是对其人生经验的否定，很容易产生情绪化反应。

接受争议是成为经典的必修课

任何一部电影，都可能产生"彻底否定版"和"力挺版"的冲突，为何《流浪地球》引起的冲突如此巨大，其背后隐藏的，是经典化带来的紧张。

所谓经典化，指一部作品升格为经典，并获得历史地位的过程。

人们常常以为，经典化是理性过程，所谓"好作品必然会成为经典"，但揆诸事实，作品质量只是成为经典的必要条件，而非充要条件，经典化本身充满偶然。

以《诗经》为例，自古有"孔子删诗"之说，但最终确定下来的 305 首体现的是孔子的审美偏好，未必就是最佳。近年来，考古发现了不同版本的《诗经》，其中一些作品不见于今本，其艺术水准却并不低。

再如李白的《静夜思》，本非代表作，李白自己也不太重视，只是到了宋代，因它特别简单，适合儿童学习，被选入教科书中，从此走上经典化历程，不仅成为国人最熟知的唐诗，还被列为"古代十大名诗"之一。只读"举头望明月，低头思故乡"，我们会感到奇怪，它的艺术性真能到如此高不可攀的地步吗？

可见，经典化其实是一个社会博弈的过程，谁拥有话语权，就拥有了经典决定权，而一旦成为经典，后人就会不断为作品添加注释，力证其不同凡响，是优先被模仿、被学习的范本，所以经典化总是充满争议。

问题的关键在于，科幻小说也好，科幻电影也好，原本就是舶来品，清末才输入中国。在输入过程中，经典的标准长期游移：梁启超认为，科幻的作用是唤醒国民；鲁迅先生则认为，科幻小说以培植理性精神为己任；上世纪（20 世纪）50 年代，大量苏联科幻小说被引入，科幻又成了科普的代名词……

科幻小说能不能幻想？幻想的尺度在哪里？科幻小说可不可以自有趣味？……直到上世纪（20 世纪）80 年代，人们仍在为这些基础命题而争论，足见科幻传统之薄弱。

事实上，我们还未曾经历一个科幻文学、科幻电影的古典主义历程，未形成诸多可供后人打破的共识，这对发展造成负面影响。

在科幻文学领域，刘慈欣的创作正是一种新古典主义写作，他刻意将经典文学的思考、手法引入到科幻小说中来，所以从文本上看，与国内其他科幻小说截然不同。

相比之下，中国科幻电影刚刚开始这一过程，《流浪地球》巨大的口碑效应与市场反响，使它有立地成为经典的可能，因此承担更大的压力：一方面是建构传统的压力，另一方面是经典化的压力。所以，《流浪地球》必然会面对特别激烈的批评。

谁来终结"互黑潮"

"互黑潮"并不始于《流浪地球》，当年莫言获得诺贝尔文学奖，《狼图腾》走向世界等，都曾引起过巨大争论，其背后原因与《流浪地球》有近似之处，均体现出新传统建立的艰难。

旧传统与新传统，国际化与本土化，世界性与民族性，它们构成了不同的脉络，彼此牵扯，彼此排斥。可以预见，相关冲突将长期存在，甚至可能日趋激烈，关键看争论会激发出什么：它可能激发出更深入的思考，从而推动创作；也可能激发出人性恶，引诱人们竞相压低底线。

"互黑潮"引发的最坏结果是：互相压制言论，最终人人表态，甚至丧失了沉默的空间。

而最好的可能是，我们都能明白：审美本身不是一个完全的理性过程，我们谁也无法充分掌控它，毕竟人类的本能是为满足丛林生活的需要而形成的，只因现代世界发展太快，大大超越了我们本能的进化速度。

在今天，出现判断错误、感觉错误是常态，因为它植根于人性的缺陷，植根于环境与适应能力之间的脱节，无法从根本上予以超越。这意味着，我们自认为的"最客观"的看法、"最准确"的评价、"最合理"的判断，可能都是错的，这就需要建立一个缓冲地带。

这个缓冲地带至少要包括一点，即：不将题外诉求带入讨论中。《流浪地球》成功了，不等于它隐含的命题也成功了，文化接受同样充满偶然性，接受者常常会篡改创作者的主旨，为作品赋予新意。

接受即误会，观众真正接受的是自己，这可能与作品的主题、隐喻背道而驰。从这个角度看，执着于作品的题材、主题、思想内涵等，用它来判断作品的价值如何，可能依然是一种狭隘的、独断的、理性至上的狂妄。

特别值得注意的是：不论坚持"彻底否定版"，还是坚持"力挺版"，其中都隐含了暴力。它们都承诺了一个美好的未来。不论是国际化，还是本土化，如能实现，都让人心旷神怡，可如何才能达到这个明天呢？其实大家都只有一些"合理推断"，未经实证，这就很容易走入理性迷狂。

坚信自己绝对正确，有了高尚的目的，便觉得可以不择手段，这是造成诸多现代灾难的根本原因。一番"互黑潮"后，如果每个论辩者都觉得自己变得更圣洁了，那么只能说：下一轮"互黑潮"已在赶来的路上。

（文章来源：新浪网，https://news.sina.com.cn/c/2019-02-22/doc-ihqfskcp7417515.shtml）

二、中文文艺批评分析

（一）事件背景与意义

近十几年来，随着中国电影产业的不断发展，国产主流商业电影的题材越来越丰富，很多类型片领域都涌现出一批叫好又叫座的代表影片，但科幻片领域却迟迟没有开山立派的作品出现。其实在 20 世纪 80 年代国产电影还没成气候时，国产的科幻片领域也曾经出现过很多好的作品，比如 1980 年的《珊瑚岛上的死光》，这部电影启迪了一代人的科幻想象。1988 年《霹雳贝贝》出现，这部号称"国内第一部儿童科幻片"是很多"80 后"的集体回忆。随后《隐身博士》《法门寺猜想》《大气层消失》等早期国产科幻片陆续上映。然而在其后的 30 年里，中国拍出的科幻片却寥寥无几。

在各种主流商业电影当中，科幻片的综合制作难度相对较高，其中难度最大的地方在于故事创作和视觉效果。能拍摄出优秀的科幻题材主流商业片，是一个国家电影工业兴旺发达的重要标志，因此广大影迷一直期盼"中国科幻电影元年"的到来。在这个背景下，《流浪地球》的出现让大家真正看到了希望。

然而虽然这部作品好评如潮，但是争议也不少，"为什么我国之前那么多科幻体裁的电影没火，《流浪地球》却能大红大火？""为什么要将电影提高到国家层面，不喜欢这部作品就代表不爱国？"……无数争议，引发了一大波"互黑潮"，记者也就此做出新闻报道，探讨在"互黑潮"背后的、更深层的原因。

（二）写作立场与角度

1. 从接纳多元性的角度和接受美学分析

本文关注的是《流浪地球》引发的"互黑潮"问题，作者从作品引发的激烈讨论入手，开门见山地指出"这场争论的背后其实很能反映我们眼下舆论场的特点：易走极端，对多元价值缺乏包容"。由此进一步提出了"多元性"这个概念，本来现代化的文艺批评就是应该建立在多元性上，文艺作品也可多元评价，但是观看《流浪地球》后，部分观众却接受不了与其观影价值不同的评价。于是作者就不仅仅是从作品本身分析《流浪地球》为何会引起"互黑潮"，而是从接受美学的角度，去寻找"互黑潮"背后的、更深层的原因。

从接纳多元性的角度和接受美学着手分析问题，正是这篇文章的亮点之一。一直以来，人们都对文艺批评有着一个误解，认为对文艺作品的批判是一个绝对理性的过程，但是"一千个读者就有一千个哈姆雷特"，又为什么不能是"一千个观众，就有一千个《流浪地球》呢"？接受与自己观念和立场不同的评价，也是文艺批评中的一种美学。

文章中为了更有说服性，作者还举了一个心理试验的例子，说明观影是一个高度主观化的过程，每个人都可能看到不一样的内容，为此不必太过于偏执地想要证明自己的观点是正确的，作者对《流浪地球》引发的"互黑潮"做出了这样的思考，同时给我们带来启发。

2. 从"力挺版"和"彻底否定版"正反两个方面进行论述

关于《流浪地球》的争论，最终可以总结成两个激烈对立的版本："彻底否定版"和"力挺版"。在本文中，作者就站在这两个方面，分别进行分析论述。

站在"彻底否定版"的观众角度，作者指出他们"观看期待"是"一部思想深刻、不模仿别人的、更具原创性的作品，足以为世界文化做出贡献"。然而，《流浪地球》却借鉴了很多好莱坞元素，淡化了在之前宣传上贴上的"中国元素""民族性"等标签，在这一点上与观众的"观看期待"不符，于是《流浪地球》遭受了"彻底否定"。

　　站在"力挺版"的观众角度，他们的"观看期待"又有所不同，他们认为《流浪地球》是目前为止不多见的、达到（甚至超过）好莱坞大片水准的国产片，这给中国科幻片带来了曙光和希望，无论如何也要"力挺到底"。

　　从正反两个方面论述，体现了该文章的客观性，好的文艺批评是能够在一方面帮助确定创作者文艺作品的社会价值和艺术价值，另一方面帮助欣赏者欣赏、理解、把握作品的，所以一定要客观全面，这篇文章就做到了这一点，从两种对立的观点中指出《流浪地球》作品本身的优缺点，又通过观众两种不同的"观影期待"，间接说明了《流浪地球》引发"互黑潮"的原因。让读者了解到事件的前因后果，从而能够更理智地去对影片做出评论，能够有更好的观影体验。

（三）作者主要观点

　　（1）我们要对多元价值多些包容，在接纳多元性上，我们的社会仍有漫长的路要走，但与此同时，我们还应从接受美学的角度，去寻找"互黑潮"背后的、更深层的原因。

　　（2）观影是一个高度主观化的过程，审美本身也不是一个完全的理性过程，我们自认为的"最客观"的看法、"最准确"的评价、"最合理"的判断，可能都是错的，我们需要理性对待不同的评价。

　　（3）为了观影的最佳体验，我们有时不必执着于作品的题材、主题、思想内涵等，用它来判断作品的价值如何，也不必急于表态。

（四）写作风格与手法

1. 极具深意的新闻标题

　　新闻标题是"傲慢与偏见：《流浪地球》引发的"互黑潮"，这个极具特色的标题先是让人眼前一亮，然后是陷入思考，"《傲慢与偏见》是简·奥斯汀的一部长篇小说，为何要以此作为标题？""是谁的傲慢？又是对什么的偏见呢？这一切与影片有什么关系？"《流浪地球》为什么会引发"互黑潮"呢？"……

　　标题的"傲慢与偏见"其实就说明了《流浪地球》引发"互黑潮"的原因，观影者之间因对自己评判的傲慢和对其他不同观点的偏见，产生了激烈的争论。

　　这样的新闻标题能让读者拥有绝佳的阅读体验，在未阅读之前，让读者产生阅读的兴趣。在阅读之后，读者解开疑惑，再次审视标题，又体会到其内涵和深意。

2. 精心巧妙的布局

　　整篇文章的布局非常巧妙，在开篇先引出《流浪地球》"互黑潮"这个话题，后面的部分则是对这个话题展开论述，除了从作品本身，如特效画面、制作水平、思想内涵等方面思考，作者还从不同观众的"观影期待"进行分析，抽丝剥茧般地为读者揭示"互黑潮"背后更深层的原因。

在寻找完原因后，作者又进一步地说明了"互黑潮"将带来的结果，也是从两个方面思考，最坏结果是"互相压制言论，最终人人表态，甚至丧失了沉默的空间"。最好的结果是：在经历这一场激烈的争论后，大家都能明白，"审美本身不是一个完全的理性过程，我们谁也无法充分掌控它"，从而能够更加理性地对待多元价值观念下的评论。

文章的最后，作者先是在小标题中提出了一个引人深思的问题——"谁能终结：'互黑潮'"，然后展开说明自己的观点，不摒弃傲慢与偏见，"互黑潮"永远不会结束。

"我们只是在假装看电影""你看的是哪一版的《流浪地球》""接受争议是成为经典的必修课""谁来终结'互黑潮'"这几个小标题环环相扣，各部分紧密相连，文章的首尾形成了一个自然的不可分割的有机整体，对《流浪地球》"互黑潮"事件的原因后果进行完整论述，结构严谨，这都得益于作者构思巧妙地布局。

3. 文章有明确的主题

主题是文艺作品中所表现的中心思想，是作品内容的主体和核心，也是文艺家对文艺作品的认识、评价和理想的表现，主题是否明确是评判一篇文章好坏的标准之一，而这篇文章就有明确的主题。

《流浪地球》持续不断的热度和评论导致了网友的"互黑潮"，因为观影是一个高度主观化的过程，观众的观看期待不同，作品经典化面临着压力，所以《流浪地球》必然会产生争议。争议是不可避免的，要想结束这场"互黑潮"就必须学会接受，接受别人也是接受自己。整篇文章围绕《流浪地球》引发的"互黑潮"展开论述，阐述"互黑潮"现象的产生、原因以及解决办法。

标题是文章的眼睛和标志，其重要性不言而喻，它常常揭示了文章的主题，所以要想文章的主题明确，就要在标题上做好文章，本文标题《傲慢与偏见：<流浪地球>引发的"互黑潮"》就直接明确了主题，让读者在第一时间就知道文章要讲什么，更好地把握文章内容。

（五）表现形态

全文采用客观性报道的表现形态对《流浪地球》的"互黑潮"事件进行评判，对产生争议的"力挺版"和"彻底否定版"都有说明和阐述。除此之外，在说明"接受争议是成为经典的必修课"时，以《诗经》和李白的《静夜思》为例，在说到"互黑潮"现象时，提到莫言获得诺贝尔文学奖、《狼图腾》走向世界也产生过争议和"互黑潮"，使文章更加客观和有说服力，也帮助读者更全面地了解《流浪地球》这部影片。

Part Three   Exploring the text B

一、英文文艺批评案例

China challenges Hollywood with own sci-fi blockbuster
***Wandering Earth* on track to be one of highest-grossing films in country's history**

Mon 11 Feb 2019 13. 43 GMT First published on Mon 11 Feb 2019 09.38

The *Wandering Earth* been described as a cross between Armageddon and 2001: A Space Odyssey. Photograph: China Film Group Corporation/IMDB

China has entered the cinematic space race. *Wandering Earth*, the country's first blockbuster sci-fi film, is on track to be one of the highest-grossing films in China's history.

The film has brought in more than 2bn yuan (£232m) in the six days since its release on 5 February, lunar new year. So far, it is the highest-grossing film released over the holiday season, a peak time for the Chinese box office.

Set in the distant future, the governments of Earth, confronted with annihilation from an unstable sun, have strapped thrusters on to the planet, ejecting it out into the universe in search of a new home. But as the Earth approaches Jupiter, a malfunction in the system puts it on course to crash into the planet.

Facebook Twitter Pinterest

Described as a <u>cross between Armageddon and 2001: A Space Odyssey</u>, the film is seen by some as the dawn of Chinese sci-fi — a genre that has long been dominated by Hollywood. Several other Chinese-made sci-fi films are due to debut this year, including Shanghai Fortress, about an alien invasion, and Pathfinder, which follows a spaceship that has crashed on a deserted planet.

Frant Gwo, the director of *Wandering Earth*, told the government web portal China. org. cn: "2019 could be remembered as year zero of Chinese science-fiction blockbusters. It is not just about one successful movie but about the emergence of multiple films."

China is already home to a thriving science and speculative fiction literary scene. *Wandering Earth* is based on the work of Liu Cixin, the author of the *Three-Body Problem* series and the first Chinese author to win a Hugo award,

Facebook Twitter Pinterest

Actors NgMan-tat and WuJing attend a press conference of The *Wandering Earth* in Beijing. Photograph: VCG/via Getty Images

"The *Wandering Earth* fills the gap in Chinese science fiction movies. It means that China's science fiction movies have officially set sail, " one fan of the film wrote on the review site Douban.

China's film market is expected to overtake the US as the world's largest by 2022. In the first quarter of last year, the Chinese market surpassed that of the US, with films such as *Ready Player One* and *Pacific Rim* enjoying bigger box office debuts in China than the US.

Yet, Chinese studios have not invested in sci-fi films. According to Liu, the author of the novel *Wandering Earth*, the main difference between Chinese and US audiences is trust.

"Building trust between producers, investors and the audience is the biggest challenge here," he told the state broadcaster CCTV. "Not so many people have faith in a Chinese sci-fi movie," he said. <u>https: //www. theguardian. com/info/2016/feb/12/film-today-email-sign-up</u>

Indeed, *Wandering Earth* was slow to get off the ground in the first few days of its release, with many sceptical of a Chinese-made sci-fi film. As *Wandering Earth* received positive reviews for its special effects, pacing and arresting views of the Earth as seen from space, it quickly gained momentum.

For Chinese moviegoers, accustomed to sci-fi films made by US studios, Chinese elements such as references to spring festival, or Chinese new year, mahjong and road signs common in China (anquan diyitiao, "safety number one") were a welcome change.

Some noted that unlike <u>many Chinese blockbusters</u>, *Wandering Earth* dials back on the patriotism. Rescue teams from around the world scramble to get the thrusters back up and running. A Russian soldier sacrifices his life to help a Chinese colleague.

"This is not a patriotic film but a film about humans saving themselves," one reviewer said.

Critics of the film have pointed out plot holes, cloying sentimentality and one-dimensional female characters — traits *Wandering Earth* shares with its Hollywood peers.

In response to plot criticisms about the necessity of ejecting Earth from the solar system, Liu said: "Of course we don't need to escape soon … That's why it's a movie instead of a real-life crisis."

二、英文文艺批评分析

（一）事件背景与意义

票房登顶，外媒盛赞，《流浪地球》在海外到底有多火。

《流浪地球》这部由刘慈欣同名小说改编的电影，历时 4 年与观众见面，自上映以来，就在国内大火，被誉为是中国第一部大片科幻电影、中国科幻片的曙光 —— 这个类型的电影被好莱坞垄断多年。《流浪地球》在中国取得的成就足以令我们自豪，这部作品不仅在国内获得超高票房，也引发了外媒的热议，外媒各大报刊纷纷为《流浪地球》做出专题报道。

为什么《流浪地球》能有这么大的影响力呢？本文作者对此做出报道，揭示《流浪地球》引起现象级影响背后的原因。

（二）写作立场与角度

1. 大众视角寻找立足点

本文的新闻记者郭莉莉从大众的视角去介绍《流浪地球》影片成功的背后，以导演郭凡的访谈、粉丝在豆瓣网的评论、电影评论家的评判、原作者刘慈欣的回应作为依据支撑自己的论点。不同身份的人对《流浪地球》的评价为读者还原最真实的《流浪地球》。这些表现在原文中：Frant Gwo, the director of Wandering Earth, told the government web portal China. org. cn.""one fan of the film wrote on the review site Douban. one reviewer said. In response to plot criticisms about the necessity of ejecting Earth from the solar system, Liu said

2. 流浪地球是中国科幻片的曙光

文章旨在说明《流浪地球》现象级的成功及对中国科幻片的影响，《流浪地球》的成功，也意味着我国其他科幻片的发展，中国电影也可加入"太空竞赛"，正如作者在原文中谈道：A Space Odyssey, the film is seen by some as the dawn of Chinese sci-fi – a genre that has long been dominated by Hollywood. Several other Chinese-made sci-fi films are due to debut this year, including Shanghai Fortress, about an alien invasion, and Pathfinder, which follows a spaceship that has crashed on a deserted planet.

文章也说明《流浪地球》是中国科幻片的一座里程碑，令人惊叹的精彩特效打消了许多人对中国制作的科幻电影的怀疑态度：Indeed, *Wandering Earth* was slow to get off the ground in the first few days of its release, with many sceptical of a Chinese-made sci-fi film. As *Wandering Earth* received positive reviews for its special effects, pacing and arresting views of the Earth as seen from space, it quickly gained momentum.

除此之外，文章还说明了《流浪地球》大受欢迎的另一个原因，加入了有民族特色的"中国元素"：For Chinese moviegoers, accustomed to sci-fi films made by US studios, Chinese elements such as references to spring festival, or Chinese new year, mahjong and road signs common in China (anquan diyitiao, "safety number one") were a welcome change.

（三）主要观点

（1）China has entered the cinematic space race. *Wandering Earth*, the country's first blockbuster sci-fi film, is on track to be one of the highest-grossing films in China's history.

（2）China is already home to a thriving science and speculative fiction literary scene.

（3）China's film market is expected to overtake the US as the world's largest by 2022. In the first quarter of last year, the Chinese market surpassed that of the US, with films such as *Ready Player One* and *Pacific Rim* enjoying bigger box office debuts in China than the US.

（四）写作风格与手法

1. 精炼简明的写作风格

任何新闻报道都离不开对客观事实的概括，这里就要求精炼简明。作者在大量事实性材料中立足全局，抓住特征。比如抓住票房特征，精炼地对其进行概括："《流浪地球》在上映 6 天内，就已经带来了 20 多亿元人民币（2.32 亿英镑）的票房收入。它是节假日期间上映票房最高的电影，节假日是中国票房的高峰期。"整篇文章的风格都是精炼而简明，能够正确地反映整体而不显累赘。

2. 系列式报道手法的灵活运用

所谓系列式报道手法指的是重于组织报道事物各个侧面的稿件，集不同角度的报道为一体，达成报道的广度和深度的一种报道形式。本文作者就灵活地运用了系列式报道手法，从《流浪地球》的票房、对中国科幻片的影响等不同角度说明《流浪地球》的成功和意义，然后借不同身份的人对其的评价，进一步说明《流浪地球》象征着中国可以用自己的科幻大片向好莱坞发出挑战。

（五）表现形态

1. 条块式的组织结构

本篇采用的是条块式结构，这种结构通常用于那些受到全国关注的新闻，或有多个人物、事件、多个角度的报道以及特稿。《华尔街日报》和《今日美国》经常会刊登一些条块式结构的新闻报道。因为这种写作方式多用于那些有多个小报道组成的新闻中，所以运用到该文章中也非常合理。

在描写这篇《流浪地球》挑战好莱坞市场时，作者就采用特稿导语（描述性导语）的形式，首先介绍《流浪地球》取得的票房成绩和主要电影情节。紧接着这个话题，再说明《流浪地球》被一些人视为中国电影的曙光，在此之前科幻片一直都是好莱坞占主要地位，而《流浪地球》带动了其他国产科幻片的发展。然后再转向，分别描述不同身份的人从不同角度对影片的评价和看法。

文中的最后用《流浪地球》的原作者的一句话作为结尾: Of course we don't need to escape soon…That's why it's a movie instead of a real-life crisis. 这是条块式结构中通用结尾格式，引用主要人物的引语或其中一个小报道结尾，它不需要像循环式结构一样呼应开头。

采用这种结构的主要优点是，每一个小报道可以分别成篇，但是它也有一个缺点，那就是新闻被切割成几个部分，读者可能不会通读全文，因此错过一些主要消息来源的观点。

2. 概括式导语的应用

新闻导语是一篇消息的开头部分。它用简短的语言介绍主要内容，用简短的语言将最重要的新闻事实首先告诉读者，要求简明扼要，开门见山，揭示新闻主题，或采取其他生动形式引起读者的阅读兴趣。在本篇新闻报道中采用的就是新闻导语中的概括式导语。

"《流浪地球》步入正轨，成为该国历史上票房最高的电影之一"，这里作者就把新闻中最主要、最新鲜的事实，简单直接地概括叙述出来。《流浪地球》的成功，最主要的体现就是票房，这也是最受读者关注的一点。

这种导语的优点就是开门见山，直接触击最重要的新闻事实，有助于读者迅速获知事件的情况。

3. 直接引语的合理运用

本文大量运用不同身份的人的看法和观点作为事实性材料，直接引用了具体和有代表性的话语，能够为读者还原最真实的《流浪地球》以及其为中国科幻片带来的影响。

第一，《流浪地球》是中国科幻片进入新纪元的开端，他将带领其他科幻片的发展——在这篇文章中作者就直接引用了《流浪地球》的导演郭凡说的这句话，来说明《流浪地球》这个影片对国产科幻片的重大影响和意义。如：2019 could be remembered as year zero of Chinese science-fiction blockbusters. It is not just about one successful movie but about the emergence of multiple films.

第二，《流浪地球》填补了中国科幻电影的空白，这意味着中国的科幻电影已经正式启航——这是对电影粉丝在豆瓣写下的评语的直接引用，反映了观众对这部影片和中国科幻电影的期待。如：The *Wandering Earth* fills the gap in Chinese science fiction movies. It means that China's science fiction movies have officially set sail.

第三，《流浪地球》存在情节漏洞，太多煽情情节过于突兀，女性角色太过一维化——电影评论家的直接引语。如：This is not a patriotic film but a film about humans saving themselves.

第四，《流浪地球》是一部电影而不是现实——原作者刘慈欣回应关于从太阳系中抛出地球的必要性的情节评论的直接引用。如：Of course we don't need to escape soon... That's why it's a movie instead of a real-life crisis.

合理的使用引语是这篇文章亮点之一，将直接引语点缀在新闻报告中，直接引用具体而生动的话语或是描述性的话语，让提供消息来源的人与读者交谈，避免了间接交代信息可能会出现的遗漏和不准确概述，让读者拥有自己的见解和思考，吸引读者继续读新闻报道。

正如普利策奖获得者迈克尔·加特纳记者所说的："优秀的撰稿人知道怎样使用引语。他知道将引语当成标点符号、过渡句、强调句来使用……通过给文章增加一些事实或给读者带来兴趣使文章顺畅流动，将读者从这里带到那里。"掌握语法要点，学会正确使用引语是做新闻报告的一门必修课。

4. 标题突出

本文新闻标题为 *China challenges Hollywood with own sci-fi blockbuster*（中国用自己的科幻大片挑战好莱坞）这一标题直接说明作者想要表达的观点，又一定程度上制造悬念，引起读者的阅读兴趣。

Part Four   Further exploring the text

一、英文文艺批评媒体介绍

　　《卫报》最早创立于 1821 年，是一张地方报纸，原名《曼彻斯特卫报》，创刊者是约翰·爱德华·泰勒。报纸严肃和独立精神的定位也从泰勒开始。泰勒确立了《卫报》成功传承的三大传统：精确完整的报道标准；关注及服务社团的商业利益；绝对独立自主的立场，不受党派政治领导人左右。由于大胆和创新精神受到传媒大奖评委会各方的认可，《卫报》获得 2011 年英国新闻奖"年度报纸"荣誉。《卫报》主编艾伦·罗斯布里奇代表该报上台领奖，他高度赞扬其同事，誉其为"一个神话般的团队"。

　　同时，《卫报》还获得了其他的奖项。时政版记者 Andrew Sparrow 获得年度时政报道记者；他在大选期间因其生活博客而备受关注。Amelia Gentleman 赢得了年度最佳专栏作家称号。另外，《卫报》的体育版也获得了认可：其"2011 世界杯指南"板块获得年度特别副刊奖。

二、英文文艺批评语言点讲解

1. Words and Expressions

sci-fi：science fiction 科幻小说

blockbuster：*n.* an unusually successful hit with widespread popularity and huge sales （especially a movie or play or recording or novel）非常成功的，卖座的影片；相反，如果电影票房很差，可以用这个词：Flop（完全失败，不成功）

annihilation：*n.* total destruction 毁灭；溃败

thruster：*n.*（火箭）[航] 推进器

eject：*v.* leave an aircraft rapidly，using an ejection seat or capsule 喷射

malfunction：*n.* a failure to function normally 发生故障，不起作用

wandering：*adj.* having no fixed course 流浪的，漂泊的，无定所的

on track：字面意思是"在轨道上"，引申为"making progress and likely to succeed"有望成功，在达成……的正轨上。

high-grossing：*adj.* high income，or high box office 高收入的，高票房的（电影），同义词有 blockbuster

gross：*v.* to earn a particular amount of money before tax has been taken off   it 总收入为，总共赚得

dawn：*n.* the time of day when light first appears 黎明

genre：*n.* a particular type or style of literature，art，film or music that you can recognize because of its special features（文学、艺术、电影或音乐的）体裁，类型

dominate：*v.* be larger in number，quantity，power，status or importance 占优势；在……中占主要地位

thriving：*adj.* very lively and profitable，vigorous 茁壮成长的，繁荣

speculative：*adj.* based on guessing，not on information or facts 猜测的，猜想的

get off the ground：*v.* get started or set in motion，and make progress 取得进展

release：*v.* prepare and issue for public distribution or sale 上映

skeptical：*adj.* marked by or given to doubt 怀疑的

patriotism：*n.* love of country and willingness to sacrifice for it 爱国主义，爱国精神

sentimentality：*n.* falsely emotional in a maudlin way 多愁善感

2. Sentence Comprehension

（1）Set in the distant future, the governments of Earth, confronted with annihilation from an unstable sun, have strapped thrusters on to the planet, ejecting it out into the universe in search of a new home.

本句看似很长，其实是一个简单句。其主语是 the governments of Earth 地球政府，谓语是 have strapped 捆绑（推进器在地球上），宾语是 thrusters 推进器，其他的短语都作状语，Set in the distant future 在遥远的未来，confronted with annihilation from an unstable sun 面对来自不稳定太阳系的毁灭，ejecting it out into the universe in search of a new home 将其弹射到宇宙中以寻找新的家园。

参考译文：在遥远的未来，地球政府面对来自不稳定太阳系的毁灭，将推进器绑在地球上，将其弹射到宇宙中以寻找新的家园。

（2）China is already home to a thriving science and speculative fiction literary scene. *Wandering Earth* is based on the work of Liu Cixin, the author of the *Three-Body Problem* series and the first Chinese author to win a Hugo award.

短语 be home to 作谓语，本意是回家，是一个很好用的短语，在此处表示"已经能还原"，宾语 a thriving science 蓬勃的科学技术 and speculative fiction literary scene 科幻文学作品的银屏画面，但是翻译时需意译，灵活处理汉语句子的结构。

参考译文：中国的科幻电影正在蓬勃发展，已经能够将科幻作品中的画面在大荧幕上还原出来。《流浪地球》改编自刘慈欣的小说，他既是《三体》的作者，也是第一位获得雨果奖的中国人。

（3）*The Wandering Earth* is seen by some as the dawn of Chinese sci-fi — a genre that has long been dominated by Hollywood.

谓语短语 be seen as 意思是"被视为……"，指《流浪地球》被视为中国科幻电影的曙光。这个过渡句自然而然地将话题从《流浪地球》作为个体取得的成就转移到《流浪地球》的成功标志着中国科幻电影正式起航。由浅入深，衔接自然。

参考译文：《流浪地球》被认为是中国科幻片的曙光 —— 这个类型的电影被好莱坞垄断多年。

三、中西文化比较

1. 集体主义 VS 个人英雄主义

不同于好莱坞电影中拯救人类的超人、绿巨人、蜘蛛侠，《流浪地球》中拯救地球的是一群普通人——宇航员、军人、司机、中学生、电脑爱好者。他们的角色是父亲、姥爷、兄妹、同事，甚至是陌生人。拯救地球的光荣任务的完成，需要俄罗斯、日本、印度等各个国家的人的共同努力。这一光荣任务的最终完成，甚至需要到 2500 年，也就是一百代人的时间，这显然不是几个超人、精英所能完成的。西方文化往往强调个人主义，而中国文化有着提倡集体主义的传统。比如："先天下之忧而忧，后天下之乐而乐""位卑未敢忘忧国""天下兴亡、匹夫有责"等，都体现了国家集体利益高于个人利益的文化内涵。

2. 价值观：家国情怀 VS 英雄主义

好莱坞的传统科幻片，当世界末日或灾难来临时，人类通常是选择放弃地球而探索移居到其他星球，而小说《流浪地球》作者刘慈欣基于"中国文化"基因选择的是直接将地球搬走——带着地球去流浪。东西方的这两种选择，从根本上说是文化基因的差异。

家庭是中国人内心深处最不能割舍的一部分。只要有亲人在，家就在，而宇航员刘培强为了国家，为了世界与全人类的生存命运，毅然地选择了离开家人去执行艰巨的工作任务，这体现着一种舍小家为大家的精神，无私奉献，一心为国，以国家的利益为重，彰显出浓厚的家国情怀。

　　大多数的好莱坞科幻影片均以突出英雄主义或是人类在外太空探寻未知的生存家园为主要情节，如美国科幻类电影《银翼杀手 2049》《地心引力》《太空旅客》等。虽然说这些影片给观影人带来了一种气势磅礴的观影体验，使人们对未来、对宇宙充满向往，但回归电影本身，却缺少留恋与坚守的精神内涵。

Part Five　Exploring beyond the text

一、知识拓展

（一）文艺批评写作模式与策略

文艺批评主要是通过对文艺作品的鉴赏评论，洞烛幽微，评价得失。其作用表现为通过对具体作家作品真诚合理的分析评价，帮助作者总结经验，认识不足，从而提高创作水平。同时，通过批评阐释，传递真善美，帮助读者提高鉴赏水平和认知能力。

因为文艺作品的种类多样，涵盖领域广，所以文艺批评可以是书评，可以是影评，也可以是新闻报告。因此文艺批评的写作也没有固定的模式，主要就是针对艺术性、思想性或者创造性来写，但是它题材的多样性也决定了它表达方式的多样性，因此自我发挥空间很大。

在文艺批评的写作上我们可以采用这样一种策略：关注创作者的创作过程，分析创作者的创作心理和思维模式，然后借鉴和采用不同社会人文学科的方法，因为艺术家的创作具有多种文化理想与价值取向，他们关注的问题，广泛地涉及人类生存的不同方面，从而我们对文艺作品的理解和评价，也可以从不同的社会人文学科角度切入，以便更加确切地揭示作品的艺术内涵。

为了使写作更加吸引人，我们可以使用一些写作技巧，比如中文案例中的对比分析和英文案例中的引用。我们还可以适当设置悬念，引起读者兴趣。为了避免平铺直叙造成读者失去兴致，可以改变叙述方式，巧妙运用倒叙法、插叙法。写作技巧多种多样，在于平时积累，就不再一一举例。

（二）文艺批评的类型

1. 伦理批评

伦理批评是以道德为标准对艺术作品进行评价的一种批评形态，其基本范畴是善、恶。它以是否符合道德标准为尺度，衡量文艺作品，重视艺术的教化功能。它是发源最早的一种艺术批评形态，具有悠久历史和广泛影响。

案例：菲利普·肯尼卡特获奖文艺批评新闻报告。

菲利普·肯尼卡特2013年的获奖文艺批评新闻报告《奥巴马有爱的拥抱图片被社交媒体曝光》（"Loving image of Obamas is embraced by social media"），文章对大选之夜奥巴马在推特上发的一张照片被迅速转发这一现象进行批评，探讨婚姻与政治、与平等、与性别（同性婚姻）之间的微妙关系，这就是从伦理批评的角度来写，视角独到，耐人寻味。

2. 社会历史批评

从社会学和历史主义角度看待文艺作品与人类发展。

案例1：美国普利策新闻奖的优秀新闻作品。

"这真像一场噩梦，一切都可怕地颠倒了。在布热金卡，本来不该有阳光照耀，不该有光亮，不该有碧绿的草地，不该有孩子们的嬉笑。布热金卡应当是个永远没有阳光、百花永远凋谢的地方，因为这里曾经是人间地狱。""今天，在奥斯维辛，并没有可供报道的新闻。记者只有一种非写不可的使命感，这种使命感来源于一种不安的心情：在访问这里之后，如果不说些什么或写些什么就离开，那就对不起在这里遇难的人们。"

——《奥斯维辛没有什么新闻》

案例2：杜勃罗留波夫对《大雷雨》的分析。

《大雷雨》女主人公卡捷琳娜在宗教迷信、封建势力、愚昧习俗等层层压迫之下，勇敢地发出了自己的抗议，她的投河自尽，标志着在俄国革命日益成熟的形势下，一个善良美好的女子，终于忍无可忍，跨出空谷足音的一步，这是革命巨浪即将到来的先声，"最强烈的抗议，最后总是从最衰弱的且最能忍耐的人的胸怀中变化出来的"。

——《黑暗王国的一线光明》

3. 接受美学与读者反映批评

接受美学与读者反映批评在20世纪50年代就开始出现，70年代以后，达到高潮，美国批评家斯坦利·费什为其代表人物，它是一种专门研究读者、阅读过程和阅读反应的批评方式。

案例：唐山关于《流浪地球》的新闻报道。

《流浪地球》引发的这场"互黑潮"，说明了在接纳多元性上，我们的社会仍有漫长的路要走，但与此同时，我们还应从接受美学的角度，去寻找"互黑潮"背后的、更深层的原因。

4. 审美批评

审美批评也是世界上历史悠久、影响很大的一种文艺批评的方法。审美批评将情感体验与美感价值视为文艺的本质特性之一，将文艺作品视为审美对象，着力研究文艺作品的美的构成、审美价值等，具有某种赏析式评论的性质。

案例：花木兰"额黄妆"引争议。

在《花木兰》预告片放出之后，刘亦菲剧中的一个妆容打扮引发了群众的热议。为此新浪新闻站在审美批评的角度发表了看解：

"花木兰故事背景在南北朝时期，而木兰是北魏人，彼时女子最有特色的妆容就是额黄妆。所谓额黄妆是指女子模仿佛像，将自己的额头涂抹成黄色；如果用黄色的纸片或者其他的薄片剪成花的样子，粘贴在额头上，就成为'花黄'，是当时妇女较时髦的装饰。"

二、能力拓展

（一）中文文艺批评延伸阅读

访问南方周末官网，阅读新闻报道《女性角色是无法用"都挺好"笼统概括的》，http：//www. infzm. com/content/146105。

（二）英文文艺批评延伸阅读

访问经济学人（The Economist）官网，阅读新闻报道"Chernobyl Is the Highest Rated TV Series Ever"，https: //www. economist. com/graphic-detail/2019/06/04/chernobyl-is- the-highest-rated-tv-series-ever。

（三）课后练习

1. 简答题

（1）什么是文艺批评？其主要特点是什么？

（2）文艺批评的写作要点有哪些？

（3）中外对文艺批评的新闻报道的主要差异在哪里？

2. 论述题

（1）请简要论述新闻报道开头的写作技巧。

（2）文艺批评报道中作者是如何客观地阐述其观点的？

3. 实操题

（1）阅读并赏析近五年的普利策文艺批评奖作品。

（2）就自己观看的一部影片，写一篇 2000 字左右的文艺分析。

（3）Read the English passage mentioned above, and find out the author's points. Do you agree with him? Why? Please write a passage about it.

参考文献

[1] 艾丰. 新闻写作方法论[M]. 北京：人民日报出版社，2010.

[2] 端木义万. 传媒英语研究[M]. 北京：中国社会科学出版社，2000.

[3] 端木义万. 新编美英报刊阅读教程（中级本）[M]. 北京：中国社会科学出版社，2005.

[4] 端木义万. 美英报刊阅读教程（高级本）[M]. 北京：北京大学出版社，2005.

[5] 郭光华. 新闻写作[M]. 北京：中国传媒大学出版社，2007.

[6] 张浩. 新编新闻写作技巧与优秀作品赏析[M]. 北京：海潮出版社，2014.

[7] 单小曦. 新媒介文艺批评：走"内外综合"的专业化发展之路[N]. 中国社会科学报，2019-02-22: 004.

[8] 李鸿雁. 历史的选择——新时期引入西方文艺批评理论的衡估[J]. 毛泽东文艺思想研究，2000(7).

[9] 孙颖. 当代西方后现代文艺批评理论"主体"话语辨析[J]. 四川省干部函授学院学报，2019(3).

[10] 黄剑武. 文艺批评的独立精神[N]. 美术报，2019-08-17: 009.